Julius Landesberger

Währungssystem und Relation

Julius Landesberger

Währungssystem und Relation

ISBN/EAN: 9783743329430

Hergestellt in Europa, USA, Kanada, Australien, Japan

Cover: Foto ©ninafisch / pixelio.de

Manufactured and distributed by brebook publishing software (www.brebook.com)

Julius Landesberger

Währungssystem und Relation

Währungssystem und Relation.

Beiträge

zur

Währungsreform in Oesterreich-Ungarn

von

Dr. Julius Landesberger.

Wien, 1891.

Manz'sche k. u. k. Hof-Verlags- und Universitäts-Buchhandlung
I. Kohlmarkt 7.

Vorwort.

Die vorliegende Schrift zerfällt in zwei äußerlich sowie dem Inhalte nach selbstständige Abhandlungen. Für diese Sonderung war die Verschiedenheit der leitenden Gesichtspunkte bestimmend, sowie ihre Anordnung in der eingehaltenen Reihenfolge durch innere, leicht auffindbare Momente sich rechtfertigt, wiewohl die Abfassung der zweiten Abhandlung jener über das Währungssystem zeitlich voranging.

Für die Tendenz der Schrift war der Gedanke richtunggebend, daß die heimische Währungsreform der Beziehung auf die internationale Währungsfrage nicht entrathen, daß sie deren endgiltiger Lösung aber auch nicht vorgreifen kann und sich daher begnügen müsse, einen im Hinblick auf die letztere möglichst vortheilhaften Uebergangszustand zu schaffen. Darin mag auch der Umstand seine Erklärung finden, daß im II. Capitel der Abhandlung über das Währungssystem die Nachtheile des übermäßigen Umlaufes von metallischem Creditgelde hervorgehoben werden, während das III. und IV. Capitel für dessen Beibehaltung in der Monarchie eintreten.

Die Abgrenzung des Stoffes und das Maß der anzuführenden (wenn auch nicht der zu berücksichtigenden) Literatur mußten sich selbstverständlich nach dem Charakter der Schrift bestimmen, welche im Hinblicke auf die Bedeutung des Problems für die Gesammtheit sich auch einem weiteren Leserkreise zugänglich erweisen wollte. Auch die vorwiegende Citirung monometallistischer Autoren in einer Schrift, die für die Doppelwährung eintritt, erklärt sich daraus, da die öffentliche Meinung heute noch vorwiegend im Bannkreise der Goldwährungstheorie sich befindet. Um der Begrenzung des Stoffes willen mußten endlich die naheliegenden, aber begrifflich in das Problem des Währungssystems nicht hineinfallenden Fragen des Münzsystems und der Münzeinheit, für deren Lösung vorwiegend socialpolitische Momente maßgebend sind, von der Erörterung ausgeschlossen werden.

Wien, im April 1891.

Der Verfasser.

Inhalts-Verzeichniß.

Das Währungssystem.

Seite

Einleitung . . . . 1—3

I. Capitel.
Principielle Argumente gegen die Doppelwährung und ihr Einfluß auf die deutsche Währungsreform. Parallelismus der letzteren mit dem in Oesterreich zu lösenden Problem . . . . . 4—24

II. Capitel.
Stand der internationalen Währungsfrage. Die Preisdepression der letzten siebzehn Jahre. Symptome der voraussichtlichen monetären Entwicklung. Die Bedeutung des amerikanischen Silberexperimentes . . . . 24—84

III. Capitel.
Kritik der bestehenden Währungssysteme, insbesondere des deutschen und des französischen Typus der hinkenden Währung. Goldagio und Goldprämie. Discontpolitik und Prämienpolitik . . 85—137

IV. Capitel.
Concrete Gestaltung des künftigen Währungssystems . . . . 137—148

Die Relation . . . . 150—185

Anhang: Tabelle, die Bewegung des internationalen Geldmarktes während kritischer Perioden des Decenniums 1881—1890 darstellend . . . . 186—191

Druckfehler-Verzeichniß 192

Das Währungsystem.

Einleitung.

Entgegen der ehedem herrschenden Auffassung von der Tendenz der Währungsreform, welche die »Wiederaufnahme der Barzahlungen« in den Vordergrund schob, hat die öffentliche Discussion der letzten Jahre das Problem mit vielem Erfolge dahin richtiggestellt, daß die Reform die Befriedigung des gegenwärtigen und unabweislichen Bedürfnisses nach einem relativ werthbeständigen Werth= und Preißmaße — nicht die Erfüllung irgend eines solennen, in die Vergangenheit fallenden Tilgungsversprechens bezwecke. Wir haben es also nicht mit einer bloßen »Herstellung der Valuta« [1]) zu thun; anders als einst Italien und in gewissem Sinne auch die Vereinigten Staaten, welche für ihr Währungs= system lediglich die metallische Grundlage restituirten, steht die Monarchie, durch jenes Bedürfniß zur Aufnahme des Goldes in ihre Circulation veranlaßt, vor der Nothwendigkeit eines Währungswechsels, aber auch — innerhalb gewisser Grenzen — vor der freien Wahl des Währungssystems.

Angesichts dieser freien Wahl und der durch sie dem Währungs= politiker auferlegten Pflichten ist von uns bei der Charakterisirung jenes Bedürfnisses nicht ohne Absicht auf das Wort relativ constantes Werth= und Preißmaß Nachdruck gelegt worden. Nicht die Auffrischung der be= kannten Dogmen, daß es überhaupt kein absolut constantes Preißmaß gebe, und insonderheit die Edelmetalle für längere Zeitperioden durch ein zuverlässigeres (Getreide, Arbeitslohn ꝛc.) substituirt werden müßten, steht

---

[1]) Auf diese irrige Auffassung, welche theils weiter, theils enger ist als das richtig gefaßte Problem — sie schließt alles unbedeckte Papiergeld aus und würde sich andererseits auch mit der Rückkehr zur Silberwährung decken — ist der heute noch vorwaltende Irrthum zurückzuführen, es müßte der dem Gulden ö. W. zur Zeit des Tilgungsversprechens legal zugekommene Werth in irgend einer Form restituirt werden, so daß die Herstellung der Valuta nur auf Grund der Relation $1:15\frac{1}{2}$ erfolgen dürfe.

hier in Frage. Aber alle Währungspolitik muß von dem Gedanken ausgehen, daß das Geld nicht blos Werthmaß, daß es auch Werthträger, Tauschgut ist und als solches selbstständig wirthschaftlichen Gesetzen folgt (Angebot, Nachfrage, Inflation, Geldknappheit). Daher kann die Einführung des Goldes als Werthmaß in ein Wirthschaftsgebiet — mag es immerhin das beste unter allen denkbaren Werthmaßen sein — deswegen, weil es dadurch zugleich das Tauschgut katexochen, die allgemein benöthigte Waare, der Stoff des Circulationsmechanismus wird, eine nicht immer vortheilhafte Umgestaltung zunächst der Absatz= dann der Productionsverhältnisse herbeiführen. Und das ist denn auch der Kern des ungeschwächt fortdauernden Kampfes, der die Volkswirthe in zwei wohlbekannte Parteien theilt: ob nicht das Gold parallel mit der Expansion seiner Verwendung als vornehmstes Tauschgut in der Culturwelt auch für kürzere und sehr kurze Zeiträume an Werthconstanz eingebüßt habe? Die mit höchst vervollkommneten statistischen Hilfsmitteln durchgeführten Untersuchungen über diese Frage (Appreciation des Goldes) sind zwar noch nicht abgeschlossen; aber sie gewähren, wie dargethan werden soll, reichlich Material für die Annahme, daß wir mit der Einführung des Goldes in unseren Geldverkehr weder ein absolut werthbeständiges, noch auch ein hochgespannten Anforderungen an Werthconstanz entsprechendes Circulationsmittel gewinnen können und werden — sondern lediglich ein dem Währungssysteme der anderen Culturstaaten adäquates Umlaufsmittel, während wir andererseits auf eine Umgestaltung der Productions= und Absatzverhältnisse gefaßt sein müssen.

Das festzuhalten, ist von Bedeutung. Denn in der Discussion über die Währungsreform spielt bei uns wie ehedem in Deutschland der abstracte Gesichtspunkt des vollkommenen Werthmaßes eine überwiegende Rolle. Wären wir nun in der Lage, von unserem allerdings allzu mangelhaften und labilen Währungssysteme zum theoretischen Ideal absoluter Werthconstanz überzugehen, oder wäre die Theorie auch nur im Stande, unter den herrschenden Währungssystemen Eines als das dem Ideale unbestritten am nächsten kommende zu bezeichnen, dann hielten wir es vielleicht für berechtigt, das unliebsame Corollar dieses Gewinnes — die voraussichtliche Verschiebung der Productions= und Absatzverhältnisse — dagegen in den Hintergrund zu stellen. Da aber jene Factoren heute mehr denn je im Dunkeln liegen, da nur das eine Moment außer Zweifel steht, daß die in den anderen Culturstaaten herrschenden Systeme dem unseren vorzuziehen — welches von ihnen aber das zweckmäßigste sei, ebenso bestritten ist wie andererseits, ob überhaupt eines darunter dem Postulate der Werthconstanz entspreche: so müssen wir bei unserer Wahl auf jene Momente Bedacht nehmen, die unabhängig von diesen Streitfragen klarzustellen sind: den Preis nämlich, den der Erwerb, die Kraft, welche die Festhaltung eines dieser Systeme erheischt. Demjenigen Systeme unter den mit Gold gesättigten Währungsformen der Culturnationen gebührt demnach der Vorzug, zu dessen Erwerbung die geringsten Opfer, zu dessen Festhaltung der geringste Kraftaufwand erforderlich ist, durch dessen Einführung die Continuität der wirthschaftlichen Entwicklung am wenigsten gefährdet wird — mag es auch dem Ideale der Werthbeständigkeit vielleicht nicht am nächsten kommen — wenn es demselben unter den gegebenen Verhältnissen nur nahe genug kommt.

Von diesem Gesichtspunkte aus ist derzeit als das zweckmäßigste Währungssystem die **silbergesättigte hinkende Währung des französischen Typus** zu erachten; der Nachweis dieser Behauptung soll in Folgendem versucht werden.

Dieses Währungssystem ist im Laufe der letzten Jahrzehnte aus der Doppelwährung hervorgegangen, und seine natürliche Evolution würde, falls sich der heutige anormale Zustand des Geldwesens in der Culturwelt beseitigen ließe, in der Rückkehr zur Doppelwährung bestehen.

Es müssen daher 1. die **principiellen Argumente**, welche gegen die logische Zulässigkeit und praktische Durchführbarkeit des **bimetallistischen Systems** vornehmlich im Anschlusse an die deutsche Währungsreform vorgebracht wurden, sowie 2. die **Chancen der zukünftigen Verwirklichung** dieses Systems erörtert werden.

An die aus dieser Erörterung gewonnenen Gesichtspunkte schließt sich 3. die **Hervorhebung der Vorzüge** an, welche der hinkenden Währung des **französischen Typus** vor den übrigen Währungssystemen, so auch vor der hinkenden Währung des deutschen Typus zukommen.

4. erübrigt es, die so gewonnenen Gesichtspunkte und Zielgedanken zu vereinen und unter Anpassung an die bei uns bestehenden monetären Verhältnisse zu einem materiellen Vorschlage auszugestalten.

I. Capitel.

Principielle Argumente gegen die Doppelwährung und ihr Einfluß auf die deutsche Währungsreform. Parallelismus der letzteren mit dem in Oesterreich zu lösenden Problem.

Den Idealisten, welche auf die unerträgliche Last des bewaffneten Friedens hinweisen, um die allgemeine Abrüstung und das internationale Friedensbündniß zu befürworten, wird die Welt mit kühlem Lächeln gerecht: »Freilich legten die Erhaltungskosten der stehenden Heere und in noch höherem Maße die Verkürzung der nationalen Wirthschaft um ein so ungeheueres Maß an Menschenkraft derselben die schwersten Opfer auf! Aber — wo fände sich der Staat, der mit der allgemeinen Abrüstung beginnen wollte oder auch nur könnte? der nicht vielmehr bei der ersten günstigen Gelegenheit sich vom Friedensbündnisse loszusagen bereit wäre?«

Genau dasselbe Argument widerhallt im Streite über Goldwährung oder internationalen Bimetallismus. Auch die Anhänger der ersteren verkennen nicht, daß ihr unvermeidliches Corollar, der »struggle for gold«, zu Zeiten ebenso lähmend auf die Volkswirthschaft wirke, wie die Lasten der Riesenarmeen, und daß die gesetzliche Beschränkung oder Ausschließung des Silberumlaufes, indem sie das Silber der Fähigkeit als Umlaufsmittel zu dienen und damit der Grundlage seiner ökonomischen Güterqualität theilweise beraubt, der Weltwirthschaft ein großes Maß an Productionskraft entziehe. Aber — isolirt wäre keine Nation willens und im Stande, mit der Rehabilitirung des Silbers zu beginnen; auf ein internationales Währungsbündniß hingegen sei kein Verlaß.

»Jedenfalls wäre es ... der höchste politische Leichtsinn, auf Treu und Glauben aller Betheiligten auf ewige Zeiten rechnen zu wollen. Jener Staat, der irgend einmal das Gold in aller Stille ansammeln und dem Silber dann die Thüre weisen wollte, wäre immer im Vortheil; denn das Gold ist nun einmal seltener, handlicher und leichter zu transportiren.« (Referat des Kammerrathes R. Lieben in der Handels- und Gewerbekammer zu Wien. Beil. 7 zum Prot. der 632. Sitzung vom 30. December 1889.)

A priori kann diese Argumentation so wenig widerlegt werden, als sie zu beweisen ist; viele Erfahrungsthatsachen aber sprechen dagegen. So abgesehen von den engeren internationalen Währungsbündnissen (lateinische, skandinavische Münzunion), die Existenz großer internationaler Verwaltungsvereine (Weltpostverein), welche selbst im Kriege functioniren; wie ja auch in zollpolitischer Hinsicht gerade die Goldwährungspartei wärmstens für möglichst umfassende Bündnisse eintritt (continentales Zollbündniß gegen die Vereinigten Staaten). Daher dünkt es uns unfaßbar, dem Weltverkehr der Nationen gerade in der Währungsfrage Treu und Glauben schlechthin abzusprechen.[1])

Freilich — an dieser Argumentation lassen sich auch die Gegner des Bimetallismus nicht genügen. Sowie zu Gunsten des Krieges nicht selten ein teleologischer Beweis versucht wird, als eines »Erziehungsmittels der Völker«, so ward auch ehedem, und zwar mit ungeheurerem Erfolge, zu Gunsten der einfachen Goldwährung das logische Postulat der Einheitlichkeit des allgemeinen Werthmessers als Argument verwerthet. Ein Werthmaßstab und daher einfache Währung! Denn zwei Werthmesser (étalon double, double standard), die nicht in unverrückbarem Werthverhältnisse zu einander stünden, widersprächen der Idee und Zweckbestimmung des Geldes ebenso sehr, als zwei incommensurable Längeneinheiten der Bestimmung des Maßes.

Den Trugschluß in dieser Aufstellung, deren dialektische Kraft einst die Geister verwirrte, als es galt, nach kühler, blos durch Zweckmäßigkeit und Erfahrung geleiteter Erwägung das Gold in die Währungssysteme des Continents einzuführen — hat seit Wolowski, Cernuschi, Seyd u. A. der wissenschaftliche Bimetallismus wohl zur Evidenz nachgewiesen. In der That gab es auch zur Blüthezeit der Doppelwährung in Frankreich zur selben Zeit blos einen Werthmesser, einen étalon: Gold oder Silber, je nachdem zufolge der Constellation des Weltmarktes das eine oder das andere Metall die Circulation dieses Währungsgebietes thatsächlich erfüllte. Nach den Berechnungen Haupt's (Histoire monétaire de notre temps) betrug der Edelmetallbestand in Frankreich

	Gold	Silber
	(in Millionen Francs)	
im Jahre 1815 . .	600	1500
» 1852 .	639	3114

---

[1]) Mit Recht weist auch der dänische Nationalökonom William Scharling, ein sehr gemäßigter Bimetallist, darauf hin (»Die ökonom. Situation und die Währungsfrage« in Treitschke's Preuß. Jahrbüchern, 63. Bd., S. 370). Selbst Soetbeer in seiner Denkschrift über die Währungsfrage (Hildebr.-Conr. Jahrbücher, N. F. Bd. 1) hält das im Texte wiedergegebene Bedenken für unbegründet.

so daß beim Abschluß der Silberepoche (1803—1852) der französischen Doppelwährung das Gold an dem gesammten zu monetären Zwecken verwendeten Edelmetallvorrathe mit blos 17% participirte — ein Verhältniß, welches sich noch ungünstiger für das Gold stellt, wenn von diesen Ziffern der industrielle Verbrauch der beiden Edelmetalle in Abzug gebracht wird.

Umgekehrt überwog bei Abschluß der Goldepoche (1852—1870) die Circulation des gelben Metalles ganz beträchtlich: Haupt schätzt den Goldvorrath Frankreichs um diese Zeit auf 3429 Millionen Francs gegen 2468 Millionen Francs Silber.[1]) Zudem war das letztere meist aus dem Verkehre gezogen und thesaurirt worden, so daß gleichzeitige Schätzungen (z. B. De Parieu, Procés verbaux et rapport de la commission monétaire, 1868, S. 48) den Gesammtvorrath an Silbercourant blos mit circa 800 Millionen Francs annahmen.

Die **Werthmesserfunction** des Geldes aber wird erfahrungsgemäß im bimetallistischen Systeme von demjenigen Metalle **ausschließend** versehen, welches den Verkehr im gegebenen Zeitpunkt **thatsächlich** erfüllt — um so gewisser dann, wenn die Umlaufsmenge des anderen Metalles nicht nach Belieben vermehrt werden kann, sei es, weil dies gesetzlich (»hinkende Währung«) oder factisch durch den Stand der Weltmarktrelation ausgeschlossen ist. In Bezug auf die Werthmesserfunction des Geldes hat demnach die Doppelwährung bekanntlich den Charakter einer **Alternativ-Währung.**

Denn es ist nicht blos logisch, sondern auch praktisch unmöglich, daß der **allgemeine** Verkehr sich zweier verschiedener zu einander nicht in einem unverrückbaren Werthverhältnisse stehender Werthmesser **gleichzeitig bediene. Dieser Dualismus ist aber durchaus kein Kriterium der Doppelwährung.** Auch wir in Oesterreich haben ja die längste Zeit[2]) thatsächlich eine doppelte Währung besessen: die Silber- und die uneinlösliche Papierwährung. Hat es darum jemals im allgemeinen Verkehr Schwierigkeiten bei der Bewerthung der Güter oder gar eine doppelte Bewerthung gegeben? Gewiß nicht; jezuweilen wurde im Verkehre der Werth respective Preis eines einzelnen Gutes in Folge besonderer Parteivereinbarung in »klingender Münze« festgestellt und in

---

[1]) Nach Abzug der für diese Periode genauer bestimmbaren, auf den industriellen Consum entfallenden Quantitäten.

[2]) So lange nämlich das Silber dem Papiere gegenüber ein Agio genoß.

der Regel auch das Entgelt in derselben bedungen; allein der allgemeine Verkehr bediente sich ausschließlich des Papiergeldes als Werthmessers, und zwar aus dem Grunde, weil dasselbe als das schlechtere Geld sich im Sinne des bekannten ökonomischen Gesetzes überwiegend im Umlaufe befand.

So sind denn auch während des Bestandes der realen Doppelwährung in Frankreich die Güterpreise nach demjenigen Metalle bestimmt worden, welches gemäß der Constellation des Weltmarktes (der Weltmarktrelation) vorwiegend als Zahlungsmittel benützt und zu diesem Behufe importirt und in die Münze gebracht worden ist: in Gold oder Silber nämlich, je nachdem das eine oder andere auf dem Weltmarkte tiefer bewerthet wurde, als es das französische Münzgesetz bei der Festsetzung des alternativen Inhaltes der auf Währungsgeld lautenden Geldschulden angenommen hatte (1 : 15½ s. g. gesetzliche Werthrelation). Denn nicht das ist die Besonderheit des Doppelwährungssystemes, daß in zwei Metallen gewerthet, sondern daß in beiden Geldsorten nach einem fixen vorher bestimmten Verhältnisse gezahlt werden kann. Die sogenannte »gesetzliche Werthrelation« ist denn auch durchaus keine Rechtsnorm über ein Werthverhältniß — als welche sie völlig ohnmächtig wäre — sondern vielmehr eine privatrechtliche Bestimmung über den Inhalt von Geldschulden und die Zahlkraft der Geldsorten. Das in der Relation sich ausdrückende Werthverhältniß ist — mag es nun zur Entstehungszeit des Gesetzes wirklich bestanden haben oder vom Gesetzgeber blos aus Zweckmäßigkeitsgründen acceptirt worden sein — nicht mehr als ein Motiv des gesetzgeberischen Willens, ein Moment der ratio legis.[1])

Als aber die wahre Bedeutung des étalon double und der gesetzlichen Werthrelation nachgewiesen, und jene Argumentation, welche auf der internationalen Münzconferenz zu Paris 1867 bedeutenden Einfluß

---

[1]) Die unrichtige Auffassung ist neuerlich wieder von Hertzka »Das Wesen des Geldes«, Leipzig 1887, vertreten worden: „Ja selbst in den Ländern mit Doppelwährung fällt es den Gesetzgebern nicht bei, den Werth des Geldes im Allgemeinen zu tarifiren. Das französische Münzgesetz macht blos für den Preis des Goldes in Silber ausgedrückt und für den Preis des Silbers in Gold ausgedrückt eine Ausnahme; es versucht also etwas, was im Verkehr der civilisirten Nationen sonst nie und nirgends (?) unternommen worden ist" (S. 7). Aber statuirt denn das französische Münzgesetz die Verpflichtung, Gold gegen Silber nach dem Verhältniß 1 : 15½ auszutauschen?!

geübt hatte, als hinfällig dargethan worden war: da richteten sich die Angriffe der Goldwährungspartei wiederum gegen diese privatrechtlichen Besonderheiten der Doppelwährung, indem von der Logik an das Rechtsgefühl appellirt wurde, dem es widerspreche, daß dem Schuldner durch die nach Belieben aus zwei Geldsorten von ungleichem factischen Werthe zu treffende Auswahl eine Prämie eingeräumt werde. Auch diesem theoretischen Argument kam ehemals große praktische Bedeutung zu: es hat namentlich die Gestaltung der deutschen Währungsreform so sehr beeinflußt, daß es im Zusammenhange mit dieser dargestellt und erörtert werden muß.

Heute freilich besitzen diese theoretischen Bedenken gegen die Möglichkeit und Berechtigung des Bimetallismus auch für dessen Gegner blos akademisches Interesse. Denn der Wiedereinführung eines ehrlichen und realen Doppelwährungssystems — es wäre denn im Wege eines Währungsbündnisses von ausreichender Kraft — steht das weitaus schwerer zu bewältigende Hinderniß im Wege, welches durch den Preisfall des Silbers und dessen stetige, intensive Preisfluctuationen geschaffen worden ist. Sofern darin ein augenblicklich bestehendes praktisches Hinderniß für die Durchführung einer auf die Doppelwährung gerichteten Reform erblickt wird, mag dessen Bedeutung durchaus nicht geleugnet werden; wenn aber weiter versucht wird, aus diesem Thatbestande den **theoretischen** Schluß zu ziehen, das Silber habe dadurch seine Untauglichkeit dargethan, als allgemeiner Werthmesser zu fungiren, so verstößt dieser ungemein beliebte Syllogismus gegen den Grundsatz der Logik, daß ein empirisches Gesetz weder aus einem unzulänglichen noch aus einem anormalen Thatbestande abstrahirt werden dürfe.

Denn der monetären Geschichte der letzten Jahrzehnte ist dieser Charakter in hohem Maße eigen. Eingeleitet wurde diese Periode durch die gesetzliche Demonetisation des Silbers in einem der wichtigsten Culturgebiete, dessen Maßnahmen gerade damals mit verdoppelter Wucht auf die Weltwirthschaft einwirken mußten, weil es neben der Verfügung über ein ungeheures Maß freier wirthschaftlicher Kraft (Kriegsentschädigung) zugleich auch den Höhepunkt seines politischen Prestige erreicht hatte. Das Silber wurde aber im Deutschen Reiche nicht etwa aus dem Grunde demonetisirt, weil es seine Untauglichkeit zu monetären Zwecken dargethan hatte; an diese legislative Maßregel knüpfte sich vielmehr der Thatbestand **erst an**, dessen seitherige Entwicklung die Grundlage für jenes angebliche empirische Gesetz abgeben soll. Und wenn auch heute noch in

Abrede gestellt wird, daß hier das »post hoc« auch ein »propter hoc« bedeutete, so kann sich dies lediglich darauf beziehen, daß die Demonetisation die einzige, nicht aber daß sie die vornehmste Ursache, die conditio sine qua non der Silberpanik gebildet habe, in dem Sinne, daß, von ihr abgesehen, alle übrigen von dem Select Committee on Silverdepreciation im Jahre 1876 festgestellten Momente als: die Zunahme der Silberproduction, die Ersetzung der Silbersendungen nach Indien durch die sogenannten India-Council-Bills, der Stillstand des industriellen Silberconsums ꝛc. nur geringen Einfluß hätten üben können.

Allerdings darf die Untersuchung, soll sie den Causalzusammenhang zwischen der deutschen Münzreform und der enormen Preisverschiebung der Edelmetalle nachweisen, nicht bei den unmittelbaren Wirkungen dieser Reform, der deutschen Nachfrage nach Gold und den Silberverkäufen der Reichsregierung stehen bleiben, wenn anders sie nicht sofort jenem enormen Mißverhältnisse zwischen Ursache und Wirkung begegnen will, auf Grund dessen schon oft versucht wurde, diesen Zusammenhang völlig zu negiren. Aber auf dieses »volkswirthschaftliche Räthsel«, um mit Scharling zu sprechen, fällt einige Klarheit, wenn die gleichzeitige monetäre Entwicklung in zwei anderen Culturgebieten ersten Ranges in Betracht gezogen wird. Unmittelbar nachdem das Deutsche Reich — auf dem Gipfel seines Einflusses — durch die entschiedene Stellungnahme für die einfache Goldwährung eine ideelle Potenz von höchstem Gewichte gegen das weiße Metall geschaffen hatte, welche den Silbermarkt, lange bevor wirklich ein Angebot von »Reichssilber« stattfand, irritirte, gingen die Vereinigten Staaten und Frankreich an die Einziehung ihres unbedeckten Papiergeldes.[1]) Im Jahre 1873, als in den Vereinigten Staaten das kurze Regime der reinen Goldwährung begann, betrug die aus dem Bürgerkriege stammende Circulation von Greenbacks (Staatsnoten) 2814 Millionen Reichsmark (Neumann-Spallart), in Frankreich die zur Deckung der Kriegslasten 1871—72 emittirten ungedeckten Banknoten 1676 Millionen Reichsmark, zusammen 4490 Millionen Reichsmark. Im Jahre 1880 dagegen war die ungedeckte Circulation in beiden Ländern auf zusammen 1856 Millionen

---

[1]) Der Einfluß des gleichzeitigen (1872) Ueberganges der skandinavischen Länder zur Goldwährung darf nicht allzu hoch veranschlagt werden. Der gesammte monetäre Goldvorrath der skandinavischen Union betrug Ende 1885 nicht mehr als 115 Millionen Reichsmark (Soetbeer); dagegen der Notenumlauf 223 Millionen Reichsmark. Ein problematischer Erfolg!

Mark gesunken. Diese zum großen Theile durch Metall zu ersetzende Differenz von 2630 Millionen Mark hätte genügt, alles während der Jahre 1873–1880 neu producirte Silber (nach Soetbeer circa 2600 Millionen Reichsmark) zu absorbiren. Aber die lebhafte Irritation des Silbermarktes (Durchschnittscours 1871: 60½ d, 1872: 60⁵⁄₁₆ d, 1873: 59¼ d, 1874: 58³⁄₁₆ d, Pari: 60⁷⁄₈ d) zwang die französische Staatsverwaltung, schon 1874 Palliativmaßregeln gegen das Einströmen unterwerthigen Metalles in die Münze zu treffen (Beschränkung der Ausmünzung auf ein Tagescontingent, Ausstellung langsichtiger Bons de monnaie), so daß von 1873 bis zur völligen Einstellung der Silberprägungen (1878) in Frankreich nicht mehr als 360·5 (Soetbeer) — 371 Millionen Francs (Haupt) in 5 Francs=Stücken ausgebracht wurden. In den Vereinigten Staaten aber betrug die Silberausmünzung während dieser Periode 35,959.360 sogenannte Trade=Dollars und 63,734.750 Standard=Dollars, so daß die Gesammtsumme der Silberausprägungen (Scheidemünze inbegriffen) in beiden großen Culturländern während der Jahre 1873—1880 blos die Höhe von circa 749·5 Millionen Reichsmark (Soetbeer) erreichte, während gleichzeitig die unbedeckte Circulation sich um 2630 Millionen Reichsmark verminderte. Weitaus der größte Theil derselben mußte daher durch Gold ersetzt werden; in der That schätzt Haupt den Ueberschuß der Goldeinfuhr nach Frankreich für die Periode 1874—1877 auf 1841 Millionen Francs (Soetbeer sogar auf 2077 Millionen Francs), während für die Vereinigten Staaten der Ueberschuß der Goldproduction und =Einfuhr über die Ausfuhr für die Periode 1874—1880 auf 1185 Millionen Reichsmark veranschlagt wird (Soetbeer). Diese Riesenziffern, welche den Goldconsum der Siebziger=Jahre ausmachen, kennzeichnen die Tragweite des mittelbaren Einflusses, welchen die brüske — fast möchte man sagen doctrinäre Stellungnahme Deutschlands gegen das Silber auf die monetäre Entwicklung ausübte. Denn zweifellos war die acute Depression des Silbermarktes, welche Frankreich verhinderte, jenes Aufnahmsreservoir für das überschüssige Silber zu bilden, als das es sich zu Gunsten des Goldes durch zwei Decennien bewährt hatte, auf dieses moralische Moment zurückzuführen; und es sprechen Gründe genug für die Annahme, daß auch auf den überraschenden Uebergang der Vereinigten Staaten zur einfachen Goldwährung die deutsche Münzreform nicht ohne Einfluß geblieben war. Dieses erst in jüngster Zeit gewürdigte Moment — Otto Arendt in seinem überaus gründlichen Werke »Vertragsmäßige Doppel=

währung« (1880) zieht es als Ursache der Silberentwerthung noch nicht in Betracht — ist gerade deshalb von Bedeutung, weil es ermessen läßt, welch' starken Rückschlag auf die internationalen Währungsverhältnisse die Ersetzung der Papiervaluta durch die reine Goldwährung in Oesterreich-Ungarn üben könnte.

Ein gleiches Resultat ergibt die naheliegende Parallele mit der Geschichte des Goldes. Wenn in jener kurzen Epoche einer bis ans Märchenhafte sich steigernden Goldproduction (1852—1868), als der Ueberschuß des Goldimportes nach Frankreich allein die ungeheuere Höhe von circa 5 Milliarden Francs erreichte (also circa 29% des gesammten von Soetbeer im Jahre 1886 auf 13.600 Millionen Reichsmark geschätzten monetären Goldvorrathes der Erde), Frankreich auf die unbestrittene Autorität eines Michel Chevalier hin — welcher dazumal gegen die Beibehaltung des Goldes als Währungsmetalles gerade dieselben Gründe geltend machte, welche später im Deutschen Reiche für die Demonetisation des Silbers angeführt wurden — die Demonetisation des Goldes ausgesprochen hätte, kein Zweifel, daß heute ein »empirisches Gesetz« von der monetären Untauglichkeit des Goldes mit derselben Bestimmtheit, aber auch mit gleichviel Berechtigung aufgestellt werden würde, als dem Dogma von der Untauglichkeit des Silbers zu Geldzwecken zukommt. So gewiß die letztere im Augenblicke eine Thatsache ist, so wenig ist sie demnach eine dauernde Wahrheit. Das letztere behaupten wollen, ist gleichbedeutend mit dem Versuche, aus der Geschichte der Assignatenwirthschaft die Unzulässigkeit staatlichen Papiergeldes überhaupt zu beweisen oder die englische Verfassung deshalb zu verwerfen, weil dieselbe, fände sich ein doctrinärer Reformator, der sie etwa in Rußland einführte, das Volksleben daselbst in seinen dunkelsten Tiefen aufwühlen würde. Denn nicht minder als die politische muß die Münzverfassung, das Währungssystem eines Landes sich aus geschichtlichen Wurzeln, muß es sich organisch in dem betreffenden Gemeinwesen entwickelt haben. Das ist ein Gesichtspunkt, welcher bei der deutschen Währungsreform gar nicht beachtet wurde; und des nämlichen Versehens machen Jene sich schuldig, welche unserer Monarchie den unvermittelten Uebergang von einer isolirenden Zettelwirthschaft zum »theoretisch vollkommensten« System der reinen Goldwährung empfehlen, — ohne zu beachten, daß mit dieser Veränderung auch eine totale Umgestaltung wichtiger Productionsbedingungen (vornehmlich des Leihpreises des Geldcapitals und der auswärtigen Concurrenz) Hand in Hand ginge. Deutsch-

land erwies sich wirthschaftlich stark genug, um die aus seiner Münz=
politik entsprungene Reaction zum Theile auf die anderen Wirthschafts=
gebiete zu überwälzen; aber es wäre unklug, wenn auch wir auf die
Erwartung eines gleich günstigen Resultates unsere Währungspolitik auf=
bauen wollten.

Es ist anläßlich der deutschen Münzreform ebenso wie gegenwärtig
in Oesterreich vielfach verkannt worden, daß eine legislative Reform die
wirthschaftliche Entwicklung nicht völlig zu ersetzen vermag, daß sie sich
vielmehr begnügen muß, die nothwendigen Voraussetzungen für das als
geeignet erkannte Geldsystem herzustellen, um dann, wenn die Entwick=
lung bis zu einem gewissen Punkt vorgeschritten ist, die definitive
Gestaltung des Geldwesens in dem gewünschten Sinne auch durch
Zwangsmaßregeln zu sichern. Das ist der Weg, auf dem alle Cultur=
nationen, welche für die Währungsfrage in Betracht kommen,[1]) das
Deutsche Reich ausgenommen — in den Besitz ihrer derzeit geltenden

---

[1]) Wir verweisen nur kurz auf die jedem Kenner monetärer Geschichte
wohlbekannten Thatsachen, daß England ursprünglich der von Sir Isaac Newton
1717 vorgeschlagenen allzuhohen Tarifirung der Guinea die thatsächliche Er=
füllung der Circulation mit Gold zu verdanken hatte, welche 1816—17 nach
Abschluß der Papiergeldperiode (Bankrestriction) durch den Uebergang zur Gold=
währung rechtlich sanctionirt wurde. Frankreich, dessen Münzgesetze (Ges. v.
18. Germinal und 28. Thermidor an III und das berühmte vom 17. Germinal
an XI) blos das Münzsystem feststellten, wurde zum Doppelwährungs=
gebiete durch den Art. 1895 des Code civil (»L'obligation qui résulte d'un prêt
en argent n'est toujours que de la somme numérique énoncée au contrat«, welcher
dem Gläubiger die Zahlung nach dem Nennwerthe aufnöthigte, und durch den
Grundsatz der Prägefreiheit, welcher dem Schuldner ermöglichte, sich das Zahlungs=
mittel jeweils aus dem auf dem Weltmarkt tiefer als im Gesetze bewertheten
Metalle prägen zu lassen. Die Sättigung des französischen Verkehres mit Gold
vollzog sich auf diesem Wege langsam und allmälig während der Periode der
Golddepression. Seit 1876 (Einstellung der Silberprägungen auf Privatrechnung)
zählt Frankreich zu den Ländern mit hinkender Währung. — Ebenso hatten die
Vereinigten Staaten das Einströmen des Goldes in ihre Circulation ehedem
blos der gesetzlichen Höherbewerthung des Goldes (Einführung der Relation
1 : 16 im Jahre 1834, während die Weltmarktrelation durchschnittlich 1 : 15·6
betrug) zu verdanken. Die kurze Periode einfacher Goldwährung (1873—1878)
wurde durch Zwangsreformversuche zu Gunsten des Silbers (Blandbill, Windom=
bill) abgelöst. — Zwangsreformen, welche die Einführung eines neuen Wäh=
rungssystems bezwecken, haben in der Geschichte nicht allzuviel Erfolge aufzuweisen.
Auf den Mißerfolg der skandinavischen Reform ist oben schon hingewiesen
worden. Die Niederlande haben mehrfach unter großen Opfern ihr Währungs=
system radical geändert; gegenwärtig besitzen sie die hinkende Währung.

Währungssysteme gelangt sind. Das letztere allein ist durch eine im größten Style und mit Aufgebot ungeheurer ökonomischer Machtmittel unternommene Zwangsreform unvermittelt von dem System der einfachen Silberwährung zu dem der Goldwährung übergegangen oder hat vielmehr diesen Uebergang versucht, da die Reform über das Zwischenstadium der sogenannten hinkenden Währung nicht hinauskam. Die Geschichte dieser Münzreform ist in vielen Beziehungen von unmittelbarer Bedeutung für das in Oesterreich vor seiner Realisirung stehende währungspolitische Problem. Sie lehrt mit deutlichen Zügen, daß die abstracte Vortrefflichkeit eines Systems dessen praktische Eignung und Durchführbarkeit nicht zu verbürgen vermag: ein Moment, welches die publicistische Beurtheilung dieser Frage in Oesterreich häufig unterschätzt. Mag dies auch nicht genügen, um jenes System völlig von sich zu weisen, so kommt doch noch dazu, daß auch die theoretischen Prämissen, auf welchen die deutsche Währungsreform beruhte, und die mit den Argumenten zu Gunsten der einfachen Goldwährung überhaupt zusammenfallen, durchaus nicht als unanfechtbar sich erwiesen und daher auch heute noch keineswegs zu dem Schlusse nöthigen, daß sich die monetäre Entwicklung aller Culturnationen der von Deutschland eingeschlagenen Richtung werde anpassen müssen.

Die einfache Silberwährung hat bekanntlich im alten Reiche und im deutschen Bunde ihre Herrschaft unangetastet durch Jahrhunderte fortgeführt. Zwar gab es jederzeit Gold- als Handelsmünzen im Verkehr (Pistolen, Friedrichsd'or), allein dieselben waren im Verhältniß zum Silber zu niedrig tarifirt, um sich in größerer Anzahl im Verkehr zu erhalten. Einzelne Stimmen, welche um die Mitte unseres Jahrhunderts sich zu Gunsten der Goldwährung erhoben, blieben unbeachtet, so beispielsweise Hoffmann (Die Zeichen der Zeit im deutschen Münzwesen); Savigny (Oblig.-Recht, I S. 412) durfte noch 1851 die präponderante Rolle des Silbers im Geldwesen — nicht blos Deutschlands — in folgender Weise charakterisiren: »Jene vorzügliche Stellung als Währungsmetall ist meist dem Silber eingeräumt worden, welche namentlich in Deutschland seit dem 16. Jahrhundert fast ohne Ausnahme die Grundlage des Geldwesens bildet.« Die Abneigung gegen das Gold ging so weit, daß die Delegirten der Zollvereinsstaaten in den dem Wiener Münzvertrage von 1857 vorausgegangenen Conferenzen einer von Oesterreich ausgehenden Anregung, den allmäligen Uebergang zur Goldwährung auch nur als Programmpunkt zu fixiren, auf das entschiedenste, und zwar unter Hinweis auf die Werthschwankungen des Goldes, also aus demselben Grunde, welcher heute gegen das Silber geltend gemacht wird, entgegentraten. Dies Festhalten kam denn auch zum feierlichen Ausdruck in dem Münzvertrage vom 24. Jänner 1857 selbst: »Die vertragenden Staaten werden darüber wachen, daß die im Landes= münzfuße festzuhaltende Grundlage der reinen Silberwährung in keiner Weise erschüttert oder beeinträchtigt werde« (Art. 21).

Der in dem kurzen Zeitraume von 13 Jahren eingetretene radicale Umschwung der Ansichten zu Gunsten des Goldes ist heute noch ein geschichtliches Räthsel. Kaum vermögen auch die hervorragendsten Autori= täten der Goldwährungspartei zu seiner Begründung auf Thatsachen hinzuweisen. Soetbeer (Deutsche Münzverfassung 1874) schreibt in dieser Hinsicht dem enormen Silberabflusse nach Ostasien und der Steigerung des Silberpreises während der Jahre 1859 bis 1865, sowie der befürchteten weiteren Restriction des Silbers einen wesentlichen Einfluß auf den deutschen Handelsstand zu.[1])

Von entscheidendem Einflusse war ferner die Ueberfüllung des Verkehrs mit Creditgeld. Nach Soetbeer's Angaben befanden sich noch im Jahre 1873 mehr als 140 Arten papierener Werthzeichen im Umlauf. Dieser Uebelstand hätte jedoch auch ohne Uebergang zur Goldwährung beseitigt werden können, da schon die Verfassung des Norddeutschen Bundes, Art. 4, P. 3 und 4 (entsprechend dem Art. 4, P. 3 und 4 Reichs= verfassung), die grundsätzliche Gesetzgebung über die Emission von fundirtem und unfundirtem Papiergeld und das Bankwesen auf den Bund übertragen hatte. Weit schärfer aber wurde die Belästigung der Geldcirculation durch die allzu kleinen Noten=Appoints empfunden; ja, dieser Uebelstand, welcher ausschließlich der Silberwährung zugeschrieben wurde, wird auch von einem der namhaftesten Gegner der damals in Deutschland anschwellenden Goldwährungsströmung als solcher anerkannt.[2]) Auch die Motive zum

---

[1]) Wohl zu beachten! Denn wenn der deutsche Handelsstand durch die Furcht vor einer Restriction und Preissteigerung des damaligen Währungsmetalles für das Gold gewonnen wurde, das in überraschend großen Quantitäten aus dem Eldorado Amerikas und Australiens nach Europa strömte, so ist doch in dem Augenblick, da Vertreter dieses Standes in Oesterreich die »reine Gold= währung« fordern, das Verhältniß gerade umgekehrt, eine Restriction der verfügbaren Goldmenge und die Werthsteigerung desselben vorauszusehen.

[2]) »Dans la campagne récemment ouverte en Allemagne afin de réclamer le payement légal en or (Goldwährung) le désir de s'affranchir des petits billets de banque joue un grand rôle. Wolowski »La Question monétaire«, Paris 1869, p. 58.

Gesetzentwurf vom October 1871 betonen denselben aufs nachdrücklichste (Soetbeer a. a. O. S. 18).

Kaum zu bezweifeln ist ferner, daß auf die monetäre Gesinnung auch die Theorie von der logischen Nothwendigkeit des einheitlichen Werthmaßstabes (étalon unique), welche schon auf der internationalen Münzconferenz von 1867 als Argument gegen das französische Münzsystem eine hervorragende Rolle gespielt hatte, entscheidend einwirkte. Denn die Kraft und der Einfluß solch deductiver Argumentation darf nicht unterschätzt werden; sie wirkt gerade in wirthschaftlichen Fragen, deren Beurtheilung auf Grund eines großen statistischen Materials schwierig und undankbar erscheint, rascher und intensiver auf die öffentliche Meinung, als Zahlen und empirische Ausführungen. Reelle, aus der Erfahrung geschöpfte Nachtheile der Silbercirculation weiß denn — mit Ausnahme der Notenzersplitterung — auch die reiche Währungsliteratur jener Zeit nicht anzuführen; der Gesammteindruck dieses raschen Vordringens der Goldwährungsidee im öffentlichen Geiste geht dahin, daß die deutsche Nation durch abstracte Raisonnements — insbesondere auch juristischer Art, wie wir sehen werden — für die Reform gewonnen worden sei. Damit harmonirt auch der Radicalismus bei ihrer legislativen Behandlung. Denn die Reichsregierung stand von vornherein nicht auf dem Standpunkte der Goldwährung; der Motivenbericht zu dem am 10. October 1871 dem Bundesrathe vom Reichskanzler vorgelegten »Gesetzentwurf, betreffend die Ausprägung von Reichsgoldmünzen« machte »mit aller Entschiedenheit und Offenheit den Vorbehalt einer schließlichen Annahme der wirklichen und dauernden Doppelwährung«. (Soetbeer.) Die für die Goldwährung entscheidenden Bestimmungen des Reichsgesetzes vom 4. December 1871, nämlich § 10, welcher die Ausprägung von groben Silbermünzen untersagt, und § 11 al. 2, welcher den Reichskanzler ermächtigt, die Einziehung der groben Silbermünzen der deutschen Bundesstaaten anzuordnen, beruhen auf Amendements des Reichstages. Gerade dies aber waren die Bestimmungen, welche die Zukunft des Silbers völlig preisgaben.

Die Gründe nun, weshalb der Reichstag gegen die von der Regierung ursprünglich beabsichtigte organische Entwicklung des Währungssystems Stellung nahm oder — um mit Soetbeer zu sprechen — dazumal in Deutschland »von vornherein ein so großes Gewicht auf die entschiedenste Abweisung einer wirklichen Doppelwährung auch nur für die Uebergangsperiode gelegt werden mußte«, sind für die principielle Frage nach der theoretischen Berechtigung des bimetallistischen Systems von allzugroßem Interesse, als daß sie hier unerwähnt bleiben könnten.

Diese Gründe waren hauptsächlich »rechtlicher Art«. Die reale Doppelwährung (d. h. mit Prägefreiheit für beide Metalle), sagte man, begünstige in unzulässiger Weise den Schuldner auf Kosten des Gläubigers. Denn wenn dem Schuldner die Wahl zwischen den beiden Geldsorten und die Möglichkeit, seine Gold- oder Silberbarren jederzeit in die Münze zu bringen, freistehe, so werde er natürlich in derjenigen Währung zahlen, in welcher er die Schuldsumme wohlfeiler anschaffen könne. Die unvermeidliche Folge sei die alternative Circulation von Gold und Silber, wie sie in Frankreich bestanden habe. Die Gläubiger aber erlitten dadurch einen effectiven Verlust, weil sie sich die Zahlung in dem jeweilig wohlfeileren Metall gefallen lassen müßten. Speciell in Deutschland, wurde behauptet, müßte die vorläufige Einführung der Doppelwährung die Wirkung haben, »daß bei einem hochgestiegenen Silberpreis — beispielsweise von 93 Mark Reichsmünze per Pfund fein — ein Gläubiger, der seinerzeit 30.000 Thaler oder 1000 Pfund Feinsilber ausgeliehen hatte, sich nach dem Gesetze die Rückzahlung mit 4500 Zwanzigmarkstücken gefallen lassen müßte, dafür könnte er sich aber nur 968 Pfund Silber anschaffen, also 32 Pfund Silber weniger, als er ursprünglich ausgeliehen hatte.« Eine Preissteigerung des Goldes hingegen würde bewirken, daß der Verkehr sich nach wie vor blos des Silbers als Umlaufmittels bediente: die Doppelwährung würde in diesem Falle auf dem Papier bleiben. »Die Einführung der Doppelwährung in einem Lande mit solider Circulation auf Grund einer gesetzlich einfachen Währung sei daher entweder eine Ungerechtigkeit oder eine Illusion« (Soetbeer, S. 22).

Diese Empfindlichkeit des juristischen Gewissens verdient alle Billigung. Allein die Argumentation, zu der sie im vorliegenden Falle Anlaß bot, und die in der Einführung der Goldwährung culminirte, hat in der Praxis gerade zu der unerträglichsten Belastung geführt; in der Theorie aber ist sie keineswegs unanfechtbar. An die Stelle einer möglichen Verkürzung des Gläubigers trat nämlich eine abnorme Mehrbelastung des Schuldners. Jener Schuldner — um beim Beispiele Soetbeer's zu bleiben — welcher 30.000 Thaler, also 1000 Pfd. erhalten hatte, mußte im Jahre 1876, als der Silberpreis in London bis auf $46^{3/4\mathrm{d}}$, also um 23 Percent gegen das deutsche Umrechnungspari ($60^{7/8\mathrm{d}}$) gesunken war, dem Gläubiger in Goldstücken oder Repräsentationsmünzen für Goldwerth (Thalern) eine Summe bezahlen, wofür der letztere sich 1230 Pfund Silber anschaffen konnte. Ein großer Theil dieser Differenz war zweifelsohne der Entwerthung des Silbers zuzuschreiben; aber ein Guttheil davon war auch auf Rechnung einer Steigerung der Kauffraft des Goldes zu setzen. Am allerschärfsten machte sich diese Mehrbelastung der Schuldner gerade in Oesterreich-Ungarn fühlbar; sie führte zu den vielberufenen Couponprocessen der österreichischen Eisenbahnen, deren Verbindlichkeiten, insoferne sie auf Thalerwährung lauteten, sich in Folge der deutschen Münzreform um die ungeheure Summe von circa 10 Millionen Mark jährlich zu erhöhen drohten; hier war es — von der juristischen Seite des Falles abgesehen — eine vielbestrittene und endgiltig nie gelöste Frage, ob man es mit einer scheinbaren oder wirklichen Mehrbelastung zu thun habe, d. h. ob seit der Ausstellung dieser Schuldverschreibungen blos das Silber im Werthe gefallen oder auch das Gold gestiegen war. Die österreichischen Volkswirthe verfochten damals die letztere Meinung (vergl. aus der enormen Literatur über diese Frage für alle Anderen Hertzka in Faucher's V. J. Schr. LXIX. Band; Bekker, Couponprocesse; Hartmann, Internationale Geldschulden). Heute herrscht darüber kein Zweifel, daß die Werthverschiebung nach beiden Richtungen eingetreten war; blos ihr relatives Maß ist streitig.

Diese empfindlichen Härten der Praxis, deren socialen Einfluß — insbesondere im Hinblick auf den kleinen Grundbesitz — man erst jetzt vollauf zu würdigen beginnt, sind aber nicht zufällig eingetreten; sie sind die nothwendigen Ergebnisse eines **theoretischen Irrthums**, welcher um so verhängnißvoller wirken mußte, da die ganze Reform auf einem theoretischen Calcul aufgebaut war.[1])

Die Alternative nämlich, daß die Einführung der Doppelwährung entweder zu einer ungerechten Benachtheiligung des Gläubigers führen oder »illusorisch« bleiben müßte, war unhaltbar. Die deutsche Währungs-

---

[1]) Gerade in **rechtlicher Hinsicht** hat die seit der deutschen Münzreform fühlbar gewordene Aenderung des Geld- (i. e. Gold-) Werthes wegen ihres Widerspruches gegen die Rechtsfiction, daß der Werth des Courantgeldes zeitlich unverändert bleibe (Nennwerththeorie), solche Härten namentlich in Bezug auf langfristige Geldschulden (Hypothekarschulden ꝛc.) aufgewiesen, daß neuestens von sehr namhafter Seite die Ersetzung der Metallmünzen durch andere Werthmaße ernstlich postulirt wird. Hierher gehört: L. Walras' Billon régulateur, der Vorschlag Th. Laves' in »Die Waarenwährung als Ergänzung der Edelmetallwährung« (S. A. aus Schmoller's Jahrbuch 1890) u. a. Vielleicht ercentrische, aber bezeichnende Symptome für den **juristischen Erfolg** des »étalon unique«!

reform hätte in diesem Sinne anfangs jedenfalls »illusorisch« bleiben müssen. Denn durch den Uebergang eines so gewaltigen Gemeinwesens auch nur zur Doppelwährung wäre sonder Zweifel das Weltmarktverhältniß so sehr zu Gunsten des Goldes beeinflußt worden, daß nach wie vor Silber das vorwiegende Circulationsmittel geblieben wäre. Allmälig erst hätte Gold in den Verkehr eindringen können. Der befürchtete »illusorische« Erfolg hätte hier im Gegensatze zu den durch staatlichen Zwang hervorgerufenen, weit besser sichtbaren, aber auch weit empfindlicher einschneidenden Wirkungen jene stetige, langsame, organische Entwicklung des Geldwesens bedeutet, welche die anderen großen Culturnationen ohne alle Störung ihrer Wirthschaft in den Besitz des Goldes brachte.

Ein abschließendes Urtheil über den Erfolg der deutschen Münzreform zu fällen,[1]) überschritte die dieser Abhandlung gesetzten Grenzen und ist zudem, so lange die internationale Währungsfrage sich noch im Flusse befindet, nicht wohl möglich. Ein absolut negatives Urtheil ist der monetären Geschichte der letzten Jahrzehnte nur in Bezug auf die juristischen Gesichtspunkte dieser Reform zu entnehmen. Im Hinblick auf deren währungspolitische Zielgedanken i. e. S. muß wohl hervorgehoben werden, daß das Deutsche Reich heute über eine sehr beträchtliche Goldcirculation verfügt und die Quote des Silbercourantumlaufes weit unter jener in der lateinischen Union und den Vereinigten Staaten bleibt. Deutschland ist somit im Besitze des derzeit stabilen Werthmaßes. Allein nicht etwa um der Preisfluctuationen des Silbers willen ist das Nachbarreich zur Goldwährung übergegangen; und es ist eine offene Frage, ob dieser Vorzug des Goldes vor dem weißen Metalle ohne die deutsche Münzreform überhaupt existent geworden wäre. Was aber die münzpolitischen Bestrebungen speciell der productiven Classen betrifft, so können dieselben nicht wohl als verwirklicht bezeichnet werden. War es die Furcht vor der Restriction des weißen Geldmetalles, welche

---

[1]) Die Frage liegt nahe, warum hier nicht eher als auf die mit ungleich höheren Machtmitteln durchgeführte deutsche Reform auf die italienische Währungsreform Bedacht genommen wird? Die letztere ist für uns allerdings von der finanziellen Seite lehrreich; im Hinblick nämlich auf die Chancen des Gelingens der großen Finanzoperation, durch welche das für die Aufnahme der Baarzahlungen nöthige Gold angeschafft werden soll. Was aber das Währungssystem und die Relation betrifft, so war Italien in beiden Richtungen durch seine Zugehörigkeit zur lateinischen Münzunion gebunden. Die italienische Valutaregulirung beschränkte sich wirklich auf die Wiederaufnahme der Baarzahlungen, während die unsere zugleich einen Währungswechsel bedeutet.

den Deutschen Handelstag bewog, sich günstig zur Goldwährung zu stellen: so hat sich seither die Restriction des Goldes zu einem wirthschaftlichen Phänomen von weltumfassender Bedeutung entwickelt. War es die lästige Ueberfluthung des Verkehres mit Papiergeld in kleinen Appoints, welche denselben der Silberwährung abwendig machte: so wird gegenwärtig von den berufensten Vertretern der Goldwährungspartei als Palliativ gegen die zu befürchtende Einengung der Circulation gerade die Emission kleiner Noten vorgeschlagen.¹) Blos das logische Postulat des einheitlichen Werthmaßes (étalon unique) ist in Dentschland völlig verwirklicht worden, da die Silbercourantmünzen zum Repräsentationsgelde herabgedrückt wurden. Die namhaften Verluste, welche die Reichsregierung bei der Abstoßung von circa 3½ Millionen Kilogramm Feinsilber erlitt, seien hier, als mit der internationalen Währungsfrage nicht unmittelbar im Connex, nur anbei erwähnt.

Die deutsche Münzreform war ein mit den gewaltigsten materiellen — Kriegsentschädigung — und ideellen Machtmitteln — Prestige — begonnenes Unternehmen. Sie war gerichtet auf die Herstellung eines theoretisch möglichst vollkommenen monetären Systems, der reinen Goldwährung; ihre Durchführung war — allerdings blos im Rahmen des legislativen Willens! — mit den durchgreifendsten Mitteln gesichert: alle Silbercourantmünzen sollten aus dem Verkehre gezogen und durch Gold ersetzt werden. Das Gesetz vom 9. Juli 1873 enunciirte solenn, daß an die Stelle der Landeswährungen die Reichsgoldwährung treten solle; Silbercourantmünzen sollten nur bis »zu ihrer Außercourssetzung« angenommen werden. — Das Deutsche Reich besitzt aber heute noch eine beträchtliche Menge der letzteren im Umlaufe; und sein Währungssystem, die sogenannte hinkende Währung, ist — rein theoretisch betrachtet — ein durchaus unvollkommenes, ja das unvollkommenste System. —

Die innere Beziehung zwischen der Gestaltung der deutschen Münzreform in Absicht und Durchführung und der Währungsreform in Oesterreich-Ungarn ist nun dadurch gegeben, daß mutatis mutandis und in verjüngtem Maßstabe der nämliche theoretische Gedankenkreis auch bei uns die öffentliche Discussion beherrscht. Er beruht auf einer Ueberschätzung der staatlichen Machtmittel und auf dem doctrinären Zug, große Reformen — mögen sie nun socialer, monetärer, politischer Natur

¹) Vergl. Cap. II, S. 43 ff.

sein — möglichst abgeschlossen, vollständig und lückenlos zu sehen; »halbe« Maßregeln werden daher perhorrescirt.

Eine solche halbe Maßregel wäre damals der von der deutschen Reichsregierung vorgeschlagene Durchgang durch ein Doppelwährungsstadium gewesen. Unmöglich dagegen, irgend ein geschlosseneres, einheitlicheres und zielbewußteres Gesetz zu finden, als die beiden bekannten Reichsgesetze (vom 4. December 1871 und vom 9. Juli 1873) über die deutsche Währungsreform. In den Grundzügen liegen hier Anfang und Ende der wirthschaftlichen Maßregel geschlossen. Aber diese Geschlossenheit trug dazu bei, sie theilweise undurchführbar zu machen, so daß ein Jahrzehnt später einer der hervorragendsten Währungspolitiker in Deutschland (Lexis) einräumen mußte, daß »gerade bei währungspolitischen Reformen, deren Inhalt von der Frage der künftigen Zweckmäßigkeit abhänge, absolute Lösungen von vorneherein als die bedenklichsten erscheinen, während in sogenannten halben Maßregeln vielleicht am ehesten die Verwirklichung des Besseren mit der Sicherheit der Entwicklung vereinigt werden könne«. (»Erörterungen über die Währungsfrage«, Leipzig 1881, S. 10.)

Durch das Streben nach theoretischer Geschlossenheit der deutschen Reformgesetze war es nämlich bedingt, daß die künftige Demonetisation der Silbercourantmünzen in den Motiven- und Ausschußberichten, Debatten und schließlich auch im Gesetzestexte solenn ausgesprochen wurde, ehe das Silber aus dem Verkehre geschieden oder auch nur die Wahrscheinlichkeit gegeben war, daß der Verkehr seiner werde entrathen können. Damit war — in Anbetracht dessen, daß von den großen Culturländern durch ein halbes Jahrhundert England die reine Gold-, Frankreich die Doppel- und der Deutsche Bund die reine Silberwährung repräsentirt hatte — jene starke ideelle Potenz gegen das Silber geschaffen, welche zunächst den ausgleichenden Mechanismus des französischen Systems erschütterte und in weiterer Folge den Preisfall des Silbers herbeiführte, auf welchem im letzten Grunde die Schwierigkeiten der heutigen monetären Situation beruhen.

Als eine in gleicher Weise bedeutsame praktische Gesichtspunkte zu Gunsten einer theoretischen Vollkommenheit hintansetzende, doctrinäre Währungspolitik ist es aber u. E. anzusehen, wenn in Oesterreich-Ungarn aus der richtigen Prämisse, daß dem Golde gegenwärtig die größte relative Werthconstanz zukömmt, gefolgert wird, die Monarchie müsse womöglich die reine Goldwährung verwirklichen, um ein constantes

Werthmaß zu erwerben. Denn die Erfahrung zeigt, daß der Uebergang eines
großen Gemeinwesens zur Goldwährung durch Verringerung des verfügbaren
monetären Weltvorrathes leicht eine einseitige constante Kaufkraft=
erhöhung des Goldes herbeiführt, deren Wirkungen wir um so stärker
empfänden, je mehr unser Verkehr auf das Gold als Umlaufsmittel
angewiesen wäre. Dazu gehört es ferner, wenn aus den nachtheiligen
Wirkungen unserer bisherigen monetären Isolirung gefolgert wird, die
Monarchie müßte in dieser Richtung einen möglichst vollkommenen
Anschluß an die westlichen Culturländer anstreben. Denn es würde —
wir beziehen uns auf das III. Capitel — eine zu weit gehende Uni=
formität des unseren mit den westlichen Währungssystemen die Monarchie
allzu intensiv in den Wirkungsbereich der internationalen Edelmetall=
strömungen hineinziehen, denen sich anzupassen unser Verkehr nicht gewohnt
ist und sich kaum bald gewöhnen wird. — Der auffallendste praktische
Trugschluß wohnt aber jener Auffassung inne, welche die möglichst voll=
kommene Durchführung der Goldwährung aus dem Grunde postulirt, damit
die Monarchie von den Wirkungen einer künftig zu befürchtenden Restriction
des Goldes gesichert werde und in dem »Kampfe ums Gold« gleichsam
die Stellung eines »beatus possidens« einnehmen könne. Denn die
Erfahrung zeigt, daß umgekehrt ein Wirthschaftsgebiet auf dem inter=
nationalen Geldmarkte eine um so leichter und sicherer zu behauptende
Defensivstellung einnimmt, je mehr — bis zu einem gewissen Grade —
seine Circulation mit Silber gesättigt ist.

Nach Einführung der reinen Goldwährung oder eines der=
selben sich möglichst annähernden Systems wäre nämlich die Monarchie
in dem vorzusorgenden Falle, daß auf natürlichem Wege — durch Rück=
gang der Goldproduction — oder durch monetäre Reformmaßregeln
anderer Staaten dereinst eine Goldknappheit entstände, zur Vertheidigung
ihrer Circulation ausschließlich auf eine ins Aeußerste zu steigernde Dis=
contpolitik angewiesen — ein Mittel, welches schließlich, wie dies im
III. Abschnitt gezeigt werden soll, durch Lähmung der Production
vielleicht theurer zu stehen käme, als der erwünschte Erfolg. Dann
stünde es uns freilich offen, durch Wiederaufnahme des Silbers in die
Circulation diese Spannung zu erleichtern. Allein wozu dieser kostspielige
Umweg?

Daher kann nur derjenige Gelehrte oder Währungspolitiker, der
seine wissenschaftliche Ansicht dahin auszusprechen geneigt ist, daß die
Monarchie in den nächsten Jahrzehnten ihren monetären Goldvorrath

gegen eine Goldknappheit nicht zu vertheidigen haben werde, dafür eintreten, daß sich Oesterreich-Ungarn durch möglichste Annäherung an die reine Goldwährung in die »gesicherte« Stellung des »beatus possidens« begebe. —

Eine gewisse Beziehung praktischer Natur zwischen der deutschen und unserer Münzreform ist ferner dadurch gegeben, daß auch die Monarchie genöthigt ist, über das Schicksal einer bedeutenden Quantität gemünzten Silbers zu entscheiden.

Im Deutschen Reiche ist bekanntlich die allmälige Abstoßung der Silbercourantmünzen (1871: 1450 Millionen Reichsmark nach Haupt, 1500 Millionen nach Soetbeer) in den Münzgesetzen vorgesehen worden, konnte jedoch großer Verluste ungeachtet nicht völlig zur Durchführung gelangen. Oesterreich-Ungarn besitzt gleichfalls einen großen Silbervorrath, nämlich circa 200 Millionen Gulden ö. W., wovon in der Centralbank zu Anfang 1891 165·6 Millionen Gulden lagerten. Dieser Bankvorrath dürfte — einer allgemeinen Annahme zufolge — zum allergrößten Theile gemünzt sein. Die Schätzungen des im Verkehr befindlichen gemünzten Silbervorrathes schwanken zwischen 20 Millionen Gulden (Haupt) und 30 Millionen Gulden (Bunzl, Soetbeer); gegenwärtig ist wohl die letztere Zahl zutreffend. Ein namhafter Theil der Silbercourantmünzen — mindestens 80 Millionen Gulden [1]) — sind zur Zeit der Silberdepression aus entwerthetem Silber geprägt worden, so daß, um den effectiven Verlust zu berechnen, welcher aus deren Veräußerung resultiren würde, die Differenz zwischen dem Courswerthe der Münzen und ihrem Metallwerthe zur Prägungszeit von dem heute zu gewärtigenden Coursverluste in Abschlag zu bringen wäre, eine Operation, die sich aus leicht verständlichen Gründen nicht im Einzelnen anstellen läßt. Allein sie ist andererseits überflüssig. Denn es muß, abgesehen von den übrigen für die Beibehaltung dieser Münzen sprechenden Gründen, als ein leitender Gesichtspunkt festgehalten werden, daß die beträchtlichen Lasten der Beschaffung des Goldvorrathes nicht vermehrt werden dürfen durch vermeidliche Verluste bei der Abstoßung des gegenwärtigen Umlaufmittels, mögen nun diese Verluste unter die Kategorie des damnum emergens oder lucrum cessans (hier im Sinne von »aufhörendem Gewinn«) fallen.

[1]) Vgl. Cap. IV.

Nach den Berechnungen Bunzl's, der in seiner gediegenen Schrift über die Währungsfrage [1]) diesen conservativen Gedanken auf das eindringlichste vertritt, würden bei Einführung der reinen Goldwährung von dem gesammten Silberbestand circa 70—80 Millionen zur Ausprägung von Silberscheidemünze (monnaie d'appoint) verwendbar sein, so daß die enorme Summe von circa 100 Millionen Gulden (gegenwärtig etwa 110—120 Millionen Gulden) in Silber entweder todt liegen oder von der Regierung auf den Markt gebracht werden müßte. Beide Eventualitäten hätten sehr empfindliche Verluste zur Folge, die letztere namentlich dann, wenn nachträglich die Strömung zu Gunsten des Silbers umschlüge und die verfügte Zwangsabstoßung des Silbers als zwecklos erschiene. Insoferne durch die Beibehaltung des entwertheten Umlaufmittels die Verwirklichung des der Währungsreform gesteckten Zieles vereitelt werden könnte — was noch untersucht werden soll — werden selbstverständlich Gesetzgebung und Regierung, wobei letzterer jedoch die größte Freiheit zu lassen wäre, allmälig auf die Verringerung des Einflusses des weißen Metalles auf das gesammte monetäre System hinwirken müssen. Wovor aber das Geschick der deutschen Münzreform warnen sollte, ist, daß um eines theoretischen Programmpunktes willen, etwa der im Gesetze solenn anzukündenden »principiellen Annahme der Goldwährung« oder auch nur wegen »des schließlichen Ueberganges zur Goldwährung« die Abstoßung des Silbers als Programmpunkt in das Gesetz aufgenommen werde; wie denn überhaupt legislative Programmpunkte nach den Erfahrungen, die namentlich auch mit monetären Programmgesetzen gemacht worden sind (vgl. Art. XII des Gesetzes vom 24. December 1867, Nr. 4 R. G. Bl. vom Jahre 1868) allen Credit füglich längst verloren haben und nur noch schädlich zu wirken vermögen. Der nachtheilige Effect würde sich im vorliegenden Falle aus zwei Factoren zusammensetzen:

1. aus der moralischen Wirkung, welche es auf den sehr empfindlichen Silbermarkt ausüben müßte, wenn neuerlich ein großes europäisches Culturgebiet sich feierlich vom Silber lossagte;

2. aus dem materiellen Nachtheile eines unter diesem Eindrucke, also den ungünstigsten Umständen vollzogenen Zwangsausverkaufes, wenn der Regierung ein gewisser Termin zur Abstoßung des Silberbestandes gesetzt würde. Ohne dies ad quem aber der Regierung eine Pflicht auf-

---

[1]) Die Währungsfrage in Oesterreich-Ungarn. Wien 1887.

zulegen, ist kaum mehr als eine wirkungslose Demonstration, während eine möglichst allgemein gehaltene Vollmacht an die Regierung denselben Zweck gefahrlos erreichen würde. Allerdings würde die logische Geschlossenheit, die Architektonik des Währungsgesetzes darunter leiden, wenn nicht auch die letzten Ziele der Währungsreform darin ihren Platz fänden!

Das ist der erste bisher, wie wir meinen, in der Discussion nicht genug gewürdigte Gesichtspunkt. Er schließt — was übrigens auch eine praktische Unmöglichkeit wäre — den unvermittelten Uebergang zur reinen Goldwährung aus. Auch wir werden uns zunächst mit einer hinkenden Währung begnügen müssen. Aber er ist andererseits auch von großer Bedeutung für die Wahl, die wir zwischen den verschiedenen Typen der hinkenden Währung zu treffen haben.

II. Capitel.

Stand der internationalen Währungsfrage. Die Preisdepression der letzten siebzehn Jahre. Symptome der voraussichtlichen monetären Entwicklung. Die Bedeutung des amerikanischen Silberexperimentes.

Der zweite Gesichtspunkt, welcher für die Wahl des Währungssystems von Bedeutung ist, führt unsere Erörterung auf das unerfreulichste Problem der gesammten monetären Discussion: die Frage nach der Zukunftswährung der Culturwelt, insbesondere den Chancen der Verwirklichung des internationalen Bimetallismus. Unerfreulich aus einem doppelten Grunde. Erstlich weil die Controverse zum Theile diejenigen Gebiete, auf welchen auch die Politik als Wissenschaft betrieben wird, verlassen und, ehe noch die wissenschaftliche Klärung der Frage erfolgte, sich meist in Verbindung mit heterogenen Schlagworten, wie »nationale Münzpolitik« einerseits und »Schutz der agrarischen Interessen« andererseits — zu einem politischen Parteiprogramm umgestaltet hat.

Das zweite Moment ist in gewissen Sinne das Gegenstück des ersten. Es lassen sich nämlich in der wissenschaftlichen Discussion der Währungsfrage, geht man auch nur bis auf die deutsche Münzreform zurück, deutlich drei Phasen unterscheiden. In der ersten, von der Mitte der Sechziger-Jahre bis über die Hälfte des nächsten Decenniums reichenden, bewegt sich die Controverse meist in Argumenten deductiver, apriorischer Natur. Vom logischen Gesichtspunkte aus wird die Vortrefflichkeit des Währungssystems beurtheilt; das Postulat des Étalon unique, die angeblichen juristischen Schwächen der Alternativ-Währung spielen auf der Pariser Münzconferenz von 1867 und bei der Einführung der Goldwährung in Deutschland in der Discussion eine beiweitem größere Rolle als das praktische Bedürfniß und die Zweckmäßigkeit. Die Neigung zum Golde ist damals in vielen Kreisen, um mit Lexis zu sprechen, nur eine platonische und theoretische; auch die Gesetzgebung ist ihr hauptsächlich aus theoretischen Gründen entgegengekommen. Auf der anderen Seite bemühte sich der orthodoxe Bimetallismus in seinen hervorragendsten Vertretern Wolowski und Cernuschi um die Entkräftung dieser logischen Bedenken, und zwar mit Erfolg; denn heute dürfte kaum ein Münzpolitiker gegen den internationalen Bimetallismus — sei es auch in Verbindung mit anderen Gründen — die logische Nothwendigkeit des einheitlichen Werthmaßes einwenden. Zu Gunsten des Goldes werden allerdings jezuweilen noch Versuche einer deductiven Beweisführung unternommen. Dazu gehört beispielsweise die Auffrischung des nach Lord Liverpool benannten Gesetzes durch Hertzka (»Das Wesen des Geldes«, Leipzig 1887), wonach der Fortschritt der Cultur die Verwendung von immer kostbareren Stoffen zu monetären Zwecken bedinge. In treffender Weise hat Lexis, welcher diese Argumentation in den »Erörterungen über die Währungsfrage« (Leipzig 1881) vorlängst anticipirt hatte, dieselbe mit dem Hinweise darauf widerlegt, daß weder irgend einer dumpfen Vorliebe der großen Menge für eines der Geldmetalle noch dem Portemonnaie des Gentleman, welches durch die unhandlichen Silberstücke ungebührlich belastet werde, eine entscheidende Rolle bei der Lösung einer Frage zugewiesen werden kann, von der Production und Absatzverhältnisse, also die materiellen Grundlagen der Wirthschaft abhängen. Mit Recht hat ferner Lexis a. a. Orte dargelegt, daß die größere Handlichkeit und Transportfähigkeit des Goldes beim Silber supplirt werden könne durch die Ausgabe von vollbedeckten Silber-Certificaten, sowie daß im internationalen Verkehr die Circulationsfähigkeit des Silbers jener des Goldes nicht nachstehe, weil die Transportkosten der Edelmetalle sich nicht nach dem Gewichte, sondern nach dem Werthe der Sendung bestimmten (S. 51).

In der zweiten, bis in den Anfang der Achtziger-Jahre reichenden Periode betrifft die Discussion der Währungsfrage vornehmlich das Problem der Silberentwerthung, die Ursachen und voraussichtlichen Wirkungen dieses durch seine Intensität und raschen Verlauf in der monetären Geschichte beispiellosen Phänomens. Eine mustergiltige kritische Zusammenfassung der einschlägigen Controversen hat Neuwirth in seiner Abhandlung »Der Kampf um die Währung« (Hildebrand-Conrad's Jahrbücher, N. F. II. Bd.) geliefert, auf die hier verwiesen werden mag. Die Erscheinung der Preisdepression wird am Ausgange dieser Epoche in ihrer Bedeutung bereits gewürdigt — Neuwirth charakterisirt sie treffend als »den Cardinalpunkt des ganzen Währungsproblems« (S. 87) — allein die Forschung beschränkt sich in parlamentarischen Enquêten (Comittee on the depreciation of silver 1876) und den literarischen Publicationen der einen Seite (Bamberger »Reichsgold« 1876, Soetbeer's cit. Denkschrift) wie auch — von Seyd abgesehen — in den Schriften der Bimetallisten (Otto Arendt, »Die vertragsmäßige Doppelwährung«, v. Kardorff, »Die Goldwährung«, Cernuschi's und Haupt's Publicationen) noch vornehmlich auf den Preisfall des Silbers. Selbst Otto Arendt ist noch geneigt, die allgemeine Absatzstockung als Wirkung der Krise von 1873 aufzufassen. Erst die Forschung der Achtziger-Jahre rückt jenes wirthschaftliche Phänomen in den Vordergrund, welches »wie kaum jemals in der neueren Geschichte ein friedlicher Vorgang, in so kurzer Frist einen solchen Einfluß auf die Productionsverhältnisse, die Vertheilung des Einkommens und die wirthschaftliche Gesetzgebung der Culturstaaten gehabt hat« (Nasse): die seit der Mitte des achten Decenniums eingetretene allgemeine Preisdepression.

Die Thatsache der Preisdepression sowie annähernd auch ihr Umfang ist in fast allen Culturländern, so in England durch die Untersuchungen der beiden Royal-Commissions: »appointed to inquire into the Depression of Trade and Industry« und »appointed to inquire into the recent changes in the relative values of the precious metals« und die Arbeiten von Göschen,[1] R. Giffen,[2] Forssell,[3]

---

[1] »On the probable results of an increase in the purchasing power of gold«, Vortrag, gehalten im Institute of Bankers, London 1883.

[2] »Trade depression and low prices« im Contemporary Review 1885, und »Essays in finance, 2nd Series«, London 1886.

[3] The appreciation of gold«, London 1886.

Fowler,[1]) Laughlin, Wells u. A., in Deutschland durch die vielbezogenen, in den »Materialien zur Erläuterung und Beurtheilung ... der Währungsfrage« niedergelegten statistischen Aufstellungen Soetbeer's und die wesentlich auf dieser Quelle beruhenden Untersuchungen, insbesondere von Nasse,[2]) Kral,[3]) Wolf,[4]) Wasserrab[5]) u. A. in unzweifelhafter Weise festgestellt worden. Die überaus sorgfältige Aufstellung Wasserrab's, welche neben den Durchschnittszahlen der Güterpreise auch deren absolute Wichtigkeit für die Volkswirthschaft (Güter, deren jährlicher Consum in Europa die Werthhöhe von einer halben Milliarde Mark nicht erreicht, sind in die Berechnung nicht aufgenommen) und relative Wichtigkeit (durch Aufstellung von Wichtigkeitscoëfficienten nach der Werthhöhe des jährlichen europäischen Consums, je 1 für je eine Milliarde Mark) berücksichtigt, ergibt in Bezug auf 31 Welthandelsartikel mit einem jährlichen europäischen Gesammtverbrauche von circa 85 Milliarden Mark für die Periode 1882—1885 im Vergleich zum Jahrzehnte 1861—1870 einen Durchschnitts-Preisrückgang von circa 5% (a. a. O. S. 117). Diese an sich nicht allzu hohe Rückgangsziffer kann aber in ihrer vollen Bedeutung erst dadurch erkannt werden, daß man sie in ihre Componenten zerlegt. Es ist nämlich in dieser Periode gleichzeitig mit einer Preisdepression der wichtigsten Welthandelsartikel eine Preiserhöhung der wichtigsten animalischen Nahrungsmittel, als Fleisch, Butter, Eier u. s. w. (mit dem jährlichen europäischen Consum von circa 22 Milliarden Mark) um durchschnittlich 24% und des Weines (mit einem Consum von 4 Milliarden Mark) um 44% eingetreten, so daß der Preisrückgang bei den übrigen Haupthandelsartikeln sich auf durchschnittlich 15% stellt. Erwägt man nun, daß sonach Hand in Hand mit der Depression der Productionsergebnisse eine Vertheuerung gerade derjenigen Consumartikel ging, welche bei einer Hebung des allgemeinen Bedürfniß-Niveaus, des »standard of life« am ersten in Betracht kommen, und daß in den letzten zwei Jahr-

---

[1]) »The appreciation of gold«, London 1887.
[2]) In den »Preußischen Jahrbüchern«, Jahrg. 1885, ferner in Hildebrand-Conr. Jahrb. f. Nat. Oek. u. Statistik, N. F. XVII. Bd. u. XVIII. Bd.
[3]) »Geldwerth und Preisbewegung im Deutschen Reich 1871—1884«, in Elster's »Sammlung staatswissenschaftl. Studien«, Jena 1887.
[4]) »Die gegenwärtige Wirthschaftskrisis«, Tübingen 1888.
[5]) »Preise und Krisen«, Stuttgart 1889. Ueber die ältere Literatur vgl. Soetbeer, »Materialien« ... S. 81.

zehnten im Zusammenhange mit der Verschiebung der Volksbewegung zu Gunsten der Städte und insbesondere der großen Städte,¹) das Streben nach einer Erhöhung des standard of life immer drängender hervorgetreten ist,²) so lassen sich viele scheinbar paradoxe Phänomene des socialen und politischen Lebens als geschichtlich nothwendige Glieder einer von diesen Thatsachen ausgehenden Entwicklungsreihe erkennen. Ja man darf, ohne der Uebertreibung geziehen zu werden, behaupten, daß wer darauf ausginge, die Wirkungen dieser in ihrer Dauer und Intensität in der Wirthschaftsgeschichte unerhörten Depression darzustellen, fast den gesammten Kreis der socialen Lebensäußerungen in seine Betrachtung einbeziehen müßte. Die Trümmer von handelspolitischen Systemen, eingelebten socialen Gliederungen, ehemals herrschenden politischen Parteien kennzeichnen den Weg, den die Preisbewegung genommen. Die Preisdepression ist es, welche die Staaten des Continents zwingt, die Bahnen der Vertragspolitik zu verlassen, wiewohl die letztere mit der höchsten wirthschaftlichen Blüthe, welche dieses Jahrhundert aufzuweisen hat, zusammengefallen ist und wiewohl die »ökonomische Doctrin keine Leistung aufzuweisen hat, welche mächtig genug gewesen wäre, diese Politik in neue Bahnen zu leiten« (Nasse). Aber es gilt, die Industrie und insbesondere die Landwirthschaft auf dem heimischen Markte wenigstens vor der Einwirkung der Weltmarkttendenz zu schützen; und wenn dieses Bestreben zuweilen bei der Landwirthschaft so heftig zu Tage tritt, daß das Schlagwort vom »agrarischen Egoismus« fast stehend geworden ist im Munde der handelspolitischen Opposition, so muß gerechter Weise beachtet werden, daß gerade bei dieser mit langsichtigem Productionscredite wirthschaftenden Classe der Gegensatz zwischen der Wirklichkeit — stetige Steigerung des Geldwerthes — und der Rechtsfiction von der Unveränderlichkeit des Geldwerthes sich am intensivsten fühlbar machen mußte. Auf diese, alle Schichten des Volkes — mehr oder minder bewußt — ergreifende Wirkung der Preisdepression ist es auch zurückzuführen, daß der handelspolitische Umschwung sich so rasch vollziehen konnte und einflußreiche politische Parteien, welche sich ihm entgegenzusetzen versuchten, ohne Rücksicht auf ihre großen Leistungen in einer unmittelbaren Vergangenheit zersprengt wurden. Auf die Preisdepression ist, wie Wasserrab treffend ausgeführt hat, auch die Verschärfung

---

¹) Darüber vgl. Kral, S. 22.
²) Vgl. Soetbeer, »Materialien«, S. 93.

der socialen Gegensätze zwischen Groß- und Kleinbetrieb zurückzuführen. Er weist nach, daß das Sinken der Preise nicht, wie man erwarten sollte, eine Einschränkung des Betriebes erzwingt, sondern im Gegentheil den Großproducenten, der den Betrieb productiv erhalten will, nöthigt, denselben auszudehnen, damit der Betrag des vom Betriebsumfang relativ unabhängigsten Factors, der sogenannten Generalkosten (Lebensunterhalt des Producenten, Steuern, Passivzinsen des Etablissements u. s. w.), im Verhältniß zu den Specialkosten jedes einzelnen Productes möglichst herabgesetzt werde; daher die paradoxe Thatsache, daß niedrige Preise ebensowohl als hohe Ueberproduction hervorrufen können (vgl. auch Lexis in Hildebrand's Jahrbuch 1885, S. 340). Diese Ausdehnung des Großbetriebes kann sich nun nicht anders als auf Kosten des mittleren und kleinen Betriebes und unter Erscheinungen des heftigsten Concurrenzkampfes vollziehen. Daher dann das Verlangen nach einer reactionären wirthschaftlichen Gesetzgebung im Kreise dieser Betriebsformen; daher jene Erscheinungen socialen Hasses, für die Niemand verantwortlich ist, weil sie auf eine Bewegung von elementarer Wucht zurückzuführen sind. So knüpft sich ein Glied an das andere in der unübersehbaren Reihe der Wirkungen der Preisdepression, jenes »weltbewegenden Vorganges«, wie sie Nasse nennt, ein Gelehrter, dem es, abgesehen von seinem wissenschaftlichen Range, schon als principiellem Vertreter der Goldwährung kaum zugemuthet werden kann, daß er die Bedeutung dieses Vorganges, der ja als schärfstes Argument gegen die Goldwährung benützt wird, zu überschätzen geneigt sei.

Für die Währungsfrage ist nun dieser Complex wirthschaftlicher Erscheinungen vornehmlich in Bezug auf seine Ursachen von Bedeutung. Zeitlich fällt der Beginn der Preisdepression (1874) mit der Demonetisation des Silbers zusammen. Es warf sich daher nothwendig die Frage auf: Ist die Ursache der Preisdepression auf der Waarenseite oder auf der Geldseite zu suchen? Das heißt: Ist die Erhöhung der Kaufkraft des Geldes (und zwar des Goldes als des internationalen Tauschmittels) blos die Reflexwirkung einer primären, durch anderweitige Momente, namentlich durch eine tiefgreifende Verschiebung der Productionsverhältnisse, Vervollkommnung der Maschinen, Eintritt neuer Länder in den Concurrenzkampf, bewirkten Preiserniedrigung? Oder ist nicht vielmehr eine durch Einführung der Goldwährung und Demonetisirung des Silbers erzeugte Beengung der Circulation und Steigerung des Geldwerthes die unmittelbare Ursache der Preisdepression? Und wenn das letztere der Fall sein sollte, ist die Restitution des Silbers in seine monetären Functionen und die Freigebung der Silberprägungen in den Culturländern das geeignete Mittel, um die zerstörenden Wirkungen der an Dauer und Intensität in der Wirthschaftsgeschichte beispiellosen, schleichenden Absatzkrisis zu beseitigen oder abzuschwächen?

Das ist in allgemeinen Umrissen das Thema des wissenschaftlichen Streites, von dessen Ausgange allein das Schicksal des weißen Metalles endgiltig abhängt. In den einzelnen Fragen treten aber selbst die hervorragendsten Vertreter der gleichen Hauptansichten weit auseinander. Denn unter jenen, welche übereinstimmend die durch die Währungsreformen bewirkte Einschränkung der Umlaufsmittel (Goldknappheit, disette d'or) als die unmittelbare Ursache des Preisfalles ansehen (Appreciationstheorie), herrscht wiederum über den Verlauf des Processes, in welchem dieser Causalzusammenhang zur Geltung gekommen ist, Unklarheit.

So wird von einem Theile derjenigen Schriftsteller, welche den Zusammenhang der Preisdepression mit den Währungsreformen bejahen, derselbe einfach durch den Hinweis auf die sogenannte Quantitätstheorie¹) — allerdings in einer vertieferen, der großartigen Organisation des Creditwesens angepaßten Fassung begründet: Hauptvertreter dieser Richtung sind der englische Schatzkanzler Göschen und R. Giffen, in Deutschland Conrad, ferner in den Ländern des Lateinischen Bundes L. Walras, É. de Laveleye u. A. Eine Modification dieser Theorie, welche Nachdruck auf die häufigen Discontererhöhungen legt, rührt von O. Arendt her; die vornehmste Ursache der Preisdepression aber erblickt derselbe in der Steigerung der Production und Concurrenzfähigkeit der Silberwährungsländer, in erster Linie Ostindiens, zu deren Gunsten die fortschreitende Silberentwerthung wie eine Combination von Schutzzoll und Exportprämie wirke, während in den Goldwährungsländern die Geldwerthänderung in entgegengesetzter Richtung, also den Import fördernd, den Export hemmend, sich fühlbar machen mußte. Auf der anderen Seite stehen Haujard, Forssell, Nasse, Leroy-Beaulieu u. A., welche in der Appreciation des Goldes blos die Begleiterscheinung eines Preissturzes erblicken, der ganz unabhängig von den Währungsreformen durch

---

¹) Die vornehmlich von Ricardo formulirte Lehre von der unmittelbaren Abhängigkeit der Güterpreise von einer Vermehrung oder Verminderung der Goldcirculation.

die enorme Umgestaltung der Productions= und Concurrenzbedingungen, namentlich durch die Vervollkommnung der Technik, ferner durch die erleichterten Transportverhältnisse und den Eintritt wirthschaftlich kaum erschlossener Gebiete, ja ganzer Welttheile in den Concurrenzkampf be= bewirkt worden sei. Ihnen hat sich auf Grund der Ergebnisse der Kral'= schen Untersuchung auch v. Neumann=Spallart (in der von ihm ver= faßten Einleitung zur Kral'schen Arbeit) angeschlossen. Eine vermittelnde Stellung nehmen Wasserrab in seiner mit großer Selbstständigkeit durchgeführten Untersuchung und Scharling (Preuß. Jahrbücher, Bd. 63) ein. Soetbeer selbst hat sich in seinen Materialien, welche die vor= nehmste Grundlage dieser Untersuchungen sind, eines abschließenden Urtheils absichtlich enthalten. Der gleiche Zwiespalt kommt zum Ausdruck in den Endberichten der beiden englischen Royal Commissions, wo je ein Majoritäts= und ein Minoritätsvotum die erwähnten gegensätzlichen Standpunkte vertritt, zwischen denen vermittelnde Anschauungen als Separatvota eine Brücke zu schlagen versuchen. —

In absehbarer, geschweige denn in kurzer Zeit ist daher die Lösung dieser Controverse im Sinne einer als herrschend zu bezeich= nenden wissenschaftlichen Ansicht über das Verhältniß der monetären Entwicklung zur Preisbewegung nicht zu erwarten; denn wiewohl diese Discussion von einem unvergleichlichen Aufschwunge der monetären und Preisstatistik, sowohl in Bezug auf die Extensität des For= schungsgebietes als auch in Bezug auf die Intensität der Beobach= tung begleitet ist, so ist das vorhandene Material noch durchaus unzulänglich. »Man möchte,« sagt Wasserrab (S. 85)[1]) mit Bezug auf diese Unzulänglichkeit, »die Frage von vergleichenden Preisunter= suchungen zu denjenigen Problemen rechnen, welche sich in dem Maße von der Lösung zu entfernen scheinen, als man sich näher mit ihnen beschäftigt.« Und doch bezieht sich seine Untersuchung gerade auf die= jenigen wirthschaftlichen Phänomene, über deren Bestand und Wirkungen kein Zweifel obwaltet, so daß nur ihr Umfang in Frage steht, nämlich die Thatsache der Preisdepression selbst. Ungleich größer sind aber die Schwierigkeiten, welche sich dem Eindringen in den anderen Theil der Frage entgegenstellen, in das Problem nämlich, ob gerade durch die Währungsreformen die Menge der verfügbaren Circulationsmittel in den Culturländern sich im Verhältnisse zum Bedarfe vermindert habe. Hier

---

[1]) Vergl. auch Conrad in seinem Jahrbuch, N. F. Bd. XIV. S. 570.

steht nahezu Alles in Frage und ist bestritten, die einzelnen Elemente sowohl, welche für die Bestimmung des Geldbedarfes eines Volkswirthschaftsganzen in Betracht kommen, als ihre relative Wichtigkeit, die Methode der statistischen Erhebungen sowohl als deren Resultate.

Neumann-Spallart, welcher für die Ermittlung des Geldbedarfes eines Gemeinwesens die umfassendste Formel[1]) — mit Berücksichtigung des umzusetzenden Gütervorrathes, der Baarreserven, der Umlaufsgeschwindigkeit des Geldes, der Entwicklung des Zahlungscredites und der noch vorkommenden Naturaltauschgeschäfte — aufstellt, anerkennt selbst, daß einzelne Elemente seiner Formel statistisch gar nicht oder doch nur nach Symptomen bestimmt werden können. Andere Forscher bestreiten aber auch die Richtigkeit dieser Formel; so z. B. Wasserrab, indem er bezweifelt, daß der Zahlungscredit ein zur Werthmessung überhaupt brauchbares Werkzeug sei und der Entwicklung desselben (Check-Giro-Verkehr) in Bezug auf die Werthmesserfunction des Geldes und die Preisgestaltung (also gerade im Hinblick auf den Kern des Problems) alle Bedeutung abspricht. Endlich ist noch zu erwägen, daß bei der Frage nach den Ursachen der Preisdepression noch eine dritte Lösung übrig bleibt: daß dieselben nämlich sowohl auf der Geld- als auf der Waarenseite zu suchen seien, da ja eine primäre, durch Beengung der Circulation entstandene Kaufkraftsteigerung des Geldes und die Verschiebung der Productionsbedingungen und die erhöhte Concurrenz zusammengewirkt haben können. Diese Ansicht, welche zwischen den beiden Extremen vermittelt, ist bei dem heutigen Stande der Statistik so wenig zu widerlegen, daß selbst Nasse sich nicht ablehnend verhalten kann, sondern sich mit dem »non liquet« begnügt.

Mit einigem Rechte faßt daher der dänische Volkswirth Scharling in seiner Uebersicht über den Stand der Währungsfrage (Preuß. Jahrbücher 1889) den Eindruck dieser Controversen auf den Laien dahin zusammen, »daß die Nationalökonomie sich der Lösung des großen volkswirthschaftlichen Räthsels der Zeit — den Ursachen der Preisdepression und ihrer Beziehung auf die Währungsfrage — gegenüber fallit erklärt habe«. Dazu kommt aber noch, daß neben diesem Hauptprobleme der Streit unerquicklich auch auf solchen Gebieten fortwogt, wo weder auf deductivem noch auf empirischem Wege eine wohlbegründete Ueberzeugung erreichbar ist. Dazu gehört insbesondere die Frage nach

---

[1]) Einleitung zu Kral's Geldwerth und Preisbewegung.

der Betheiligung Englands an einem internationalen Münzvereine. Wenn auf der einen Seite behauptet wird, daß dieses für die Währungsfrage bedeutsamste Culturgebiet durch eine monetäre Vereinigung der anderen Culturgebiete binnen kurzem werde zum Anschlusse gedrängt werden, so wird andererseits dagegen geltend gemacht, daß gerade dann England, vergnügt und der Besorgniß wegen seiner indischen Revenuen überhoben, den Ausgang des Unternehmens abwarten könne u. s. w.: ein Streit, der eine bedenkliche Aehnlichkeit mit den Controversen über den endlichen Ausgang der orientalischen Frage oder den ewigen Frieden besitzt.

Die internationale Währungsfrage kann daher nicht anders der Lösung nahegerückt werden als durch die energische und zielbewußte Initiative einer oder mehrerer betheiligter Nationen; anders als bloße Erfahrungssätze wirken vollzogene Thatsachen auf die öffentliche Meinung. Eine solche Initiative scheint neuerdings von Nordamerika ausgehen zu wollen; und sie ist — wenn anders man den gegenwärtigen Zustand nicht als den relativ besten ansehen will — auch dann noch dankenswerth, wenn sie in ihren letzten Gründen von den Machinationen eines »Silberringes« beeinflußt sein sollte. Denn wenn auch nach dem Vorgesagten eine von wissenschaftlicher Erkenntniß ausgehende und die weiten Schichten des wirthschaftenden Volkes durchdringende positive Reformbewegung zu Gunsten des Bimetallismus — will man objectiv sein — nicht als bevorstehend bezeichnet werden kann, so darf doch das eine negative Moment inmitten des Streites als eine kaum mehr bestreitbare Wahrheit betont werden: daß von einer optimistischen Beurtheilung der gegenwärtigen monetären Situation der Culturwelt oder gar der Durchführbarkeit der Goldwährung die Theorie und das politische Leben gleich weit entfernt sind. Es ist durchaus verfehlt, ja leichtfertig, wollte man dies mit dem Hinweis auf das Fehlschlagen der internationalen Münzconferenzen (1878, 1881, 1885) in Abrede stellen. Denn deren Aufgabe war es, positive Maßnahmen zu berathen oder zu vereinbaren; und es ist ein Erfahrungssatz, daß die Ueberzeugung von der Unhaltbarkeit irgend eines politischen oder wirthschaftlichen Zustandes Gemeingut der ungeheuren Mehrzahl sein kann, bevor auch nur eine beachtenswerthe Minderheit bis zur Erkenntniß des positiven Hilfsmittels, geschweige denn des Modus seiner methodisch planmäßigen Anwendung vorgedrungen ist. In dieser Hinsicht könnte auf den Vergleich mit dem bewaffneten Frieden und dem immer stärker, aber vorerst noch planlos auftretenden Abrüstungsbedürfnisse neuerdings hingewiesen werden: ohne daß jedoch die Schwierigkeiten einer internationalen Münzvereinbarung denen des Abrüstungsbündnisses auch nur annähernd gleichgestellt werden sollten. Aber insoweit trifft die Parallele zu, daß Oesterreich-Ungarn der Währungsfrage gegenüber sich in einer analogen Situation befindet, wie eine Macht, welche die Mängel ihres Wehrsystems dem continentalen gegenüber empfindet — sagen wir etwa England — zur Abrüstungsfrage steht. Es wird wohl kaum einem ernsthaften Politiker beifallen, unter Hinweis auf deren künftige Möglichkeit England die Beibehaltung seines veralteten und unzweckmäßigen Wehrsystems anzurathen — ebensowenig als unserer Monarchie die Beibehaltung der zerrütteten Valuta — aber viel weniger noch den unvermittelten Uebergang zur theoretisch reifsten und vollkommensten Ausbildung des continentalen Wehrsystems, zur Verwirklichung des Scharnhorst'schen »Volks in Waffen« etwa; in Oesterreich-Ungarn aber finden sich einflußreiche Politiker, welche der Monarchie, die ja nicht auf einem vorgezeichneten Entwicklungswege fortzuschreiten hat, sondern denselben erst wählen soll, die Annahme des a priori freilich vollkommensten Systems der reinen Goldwährung empfehlen, zur gleichen Zeit, da jene Länder, die es auch nur annähernd verwirklicht haben, unter seinem Drucke auf Mittel zur Abhilfe sinnen.

Daß dies der Fall sei, geht aus einer Reihe von unmittelbaren und secundären Symptomen hervor, deren Zusammenfassung für die Beurtheilung der Währungsfrage einen festeren Boden gewährt als die Controverse über die Preisdepression. Zu den ersteren zählen wir die Ergebnisse der beiden erwähnten englischen Enquêten. Zwar hat auch ihre Thätigkeit eine Klärung der oben dargestellten Controverse in positiver Richtung nicht hervorgebracht. Derselbe Zwiespalt, welcher die wissenschaftliche Literatur beherrscht, kommt, wie bereits hervorgehoben, auch in den vielfach mit einander polemisirenden Berichten dieser zum großen Theil aus Praktikern bestehenden Commissionen zum Ausdruck. Von der Royal Commission on the depression of the trade and industry (vergl. darüber Nasse in Hild.-Conr. Jahrbüchern, N. F. XIV, S. 97 ff.) wird der Ernst der wirthschaftlichen Depression sowohl seitens der Majorität als auch der Minorität anerkannt (Final Report. S. XVII ff.) und wiewohl auch die Majorität die unerhört lange Dauer der Wirthschaftskrise hervorhebt, fügt ein Theil der Commission überdies den Vorbehalt hinzu, daß der Majoritätsbericht einer allzu optimistischen Auffassung huldige; von der Minorität der gesammten Commission wird noch besonders der nicht vorübergehende, sondern dauernde (permanente) Charakter der Ursachen dieser Wirthschaftskrisis betont (S. XLIII). Auf den Zusammenhang der Preisbewegung mit der monetären Entwicklung ist diese Commission allerdings nicht eingegangen, sondern begnügte sich mit dem Hinweise darauf, daß die Frage, ob der Preisfall durch eine Kaufkraftsteigerung des allgemeinen Werthmessers hervorgebracht worden sei, eine äußerst eindringliche, selbstständige Untersuchung erfordere (S. XIX, Nr. 72). Die auf Grund dieser Anregung im Jahre 1886 eingesetzte »Royal Commission to inquire into the recent changes in the relative values of the precious metals« (vergl. über deren Thätigkeit die Abhandlungen von Lexis in Hild.=Conr. Jahrb., N. F. Bd. XVI; Nasse, ibidem, Bd. XVII; Scharling, Preuß. Jahrb., Bd. 63) hat ihre Ansichten gleichfalls in einem Majoritäts= und in einem Minoritätsberichte niedergelegt. Die Majorität steht auf dem Goldwährungsstandpunkte, die Minorität ist bimetallistisch gesinnt. Nach diesen principiellen Standpunkten wird denn auch die Preisdepression einerseits auf eine unmittelbare Kaufkraftsteigerung des Geldes zurückgeführt, andererseits auf eine selbstständige Veränderung der Productionsbedingungen. Aber auch die monometallistische Hälfte der Commission — und dies ist ein Erfolg des Doppelwährungssystems, welcher auch von Nasse anerkannt wird (a. a. O. S. 667) — verhält sich dem Gedanken eines internationalen Währungsvertrages gegenüber nicht mehr schlechtweg oder gar principiell ablehnend; sie erklärt (Final Report. II, S. 107) geradezu, daß die Annahme der Doppelwährung seitens der vier vornehmsten Währungsgebiete (England, Lateinische Union, Nordamerika, Deutschland) zu einem dem derzeitigen nahekommenden Werthverhältnisse »nach apriorischem Raisonnement und den Erfahrungen der letzten 50 Jahre« den gegenseitigen Tauschwerth der Edelmetalle stabilisiren und die Preisdepression hemmen oder doch verlangsamen würde, sowie daß der Bimetallismus den Uebergang Oesterreich=Ungarns und Rußlands zur Metallwährung wesentlich erleichtern würde. Sie erklärt also den Bimetallismus für durchführbar, selbst wünschenswerth, und schwächt die Bedeutung dieser Einräumung blos durch den allgemeinen Vorbehalt ab, daß die übrigen Wirkungen einer solchen Reform bis jetzt noch allzuwenig festgestellt seien, als daß man die Sicherheit hätte, durch eine solche Reform nicht etwa andere Uebel zu schaffen als diejenigen, welche man bis jetzt erfahren habe. Nur gegen die Wiederherstellung der Relation $1:15^1/_2$ verwahrt sich die monometallistische Hälfte der Commission entschieden; allein dies ist, wie

wir hervorgehoben haben, auch nur eine Forderung des orthodoxen
Bimetallismus. Als Palliativmittel gegen die Einengung der Cir=
culation empfiehlt schließlich die monometallistische Majorität die Emission
kleiner, durch Silber gedeckter Noten oder Cassenscheine im Betrage von
10 und 20 Schilling.

Ueberaus beachtenswerth ist es aber, daß auch einer der hervor=
ragendsten wissenschaftlichen Vertreter der Goldwährung, Erwin Nasse,
in seinem Gutachten an die zweite englische Enquête=Commission (R. Commission on the recent changes in the relative values of the precious
metals) unter der Voraussetzung, daß die Vertragstreue der betheiligten
Nationen gesichert werden könnte, die internationale bimetallistische Münz=
union als wünschenswerth bezeichnet (vgl. S. 76, Anm. 2). Denn welches
Gewicht man diesen Zweifeln an der internationalen Vertragstreue bei=
messen mag, mit ihrer Hervorhebung ist eigentlich über den positiven[1])
Werth der Goldwährung das Urtheil gesprochen. Es ist ferner Nasse,
derselbe Forscher, welcher am eingehendsten und erfolgreichsten gegen die
Theorie vom Causalzusammenhang zwischen der Goldwährung und der
Preisdepression aufgetreten ist, der zugibt, daß dann, wenn die außer=
ordentliche Verwendung des Goldes als Ersatz von Papier= und Silber=
geld und die Einstellung der Silberprägungen nicht stattgefunden hätte,
der Stand der Waarenpreise wohl ein anderer wäre, als er jetzt ist
(Jahrbücher für N.=Oec. und Statistik, N. F. XVII, S. 158). Lexis,
so sehr er sich seit einem Jahrzehnte der Goldwährung genähert, kann
auch heute nicht als deren unbedingter Anhänger gelten. »Wenn,« sagt
er, »das deutsche und französische Courantsilber, das jetzt noch einen be=
deutenden Bruchtheil des Bankvorrathes ausmacht, demonetisirt oder auf
die Zahlkraft der Scheidemünze herabgesetzt werden sollte, so würde eine
specifische Geldkrisis mit einem scharfen Preissturze wohl unvermeidlich
sein. Die wirkliche und volle Vertreibung des Silbers aus dem Courant=
umlaufe auch nur der abendländischen Welt halte ich ohne scharfe Er=
schütterung und eine wenigstens zeitweilige Preisrevolution nicht für
möglich.«[2]) Daher bezeichnet er an anderer Stelle die finanziellen Schwierig=
keiten der Wiederherstellung der österreichischen und namentlich der russi=

---

[1]) Unter demselben Vorbehalte erklärt sich für die Doppelwährung E. Struck,
Schmoller's Jahrbuch 1889, S. 702, ein überaus gründlicher Kenner des euro=
päischen Geldmarktes.

[2]) Schmoller's Jahrbuch, N. F. Bd. X, S. 1328.

schen Valuta bei der heutigen Weltlage als unüberwindlich,[1]) eine Auffassung, die, wiewohl allzu pessimistisch, vor allzu leichter Anschauung füglich zu warnen geeignet ist. Auch Wasserrab (a. a. O. S. 195) bezeichnet die Frage der Goldpreissteigerung, wie sie sich jetzt darstellt, als eine ernste, welche die wachsamste Verfolgung erfordere. Er vindicirt ihr für die Zukunft einen geradezu beunruhigenden Charakter, »wenn nämlich dem weiter steigenden Bedürfnisse gegenüber die Goldproduction noch eine Reihe von Jahren sich in ähnlichem Maße weiter verringerte, als dies in der ersten Hälfte der Achtziger=Jahre der Fall war. Dann würde eine theilweise Rehabilitation des Silbers ernstlich in Frage kommen und der Gedanke einer internationalen Uebereinkunft . . . . . . näher rücken.«[2])

Die erwähnten, für die Zukunft der Goldwährung nicht allzu günstigen Urtheile gehören, wie dies betont zu werden verdient, durch= wegs principiellen Anhängern dieses Währungssystems an. Und wie sehr sie von der Theorie des Bimetallismus in Bezug auf positive Reformvorschläge abweichen mögen, in der Kritik des be= stehenden monetären Zustandes stehen sie augenscheinlich der letzteren an Pessimismus nur wenig nach. Es kann daher nicht angehen, der von Sueß in seinem vielbezogenen Buche »Die Zukunft des Goldes« auf inductiver Grundlage gestellten Prognose einer sich stetig verringern= den Goldproduction mit der Bemerkung entgegenzutreten, daß »es die Sache künftiger Jahrhunderte oder unserer Nachkommen im fünften oder zehnten Geschlechte sei, diese Eventualität in Betracht zu ziehen«. (Hertzka a. a. O. S. 101).

In der That wird der Aspect der internationalen Währungsfrage völlig verändert und es eröffnen sich Ausblicke ganz eigenartiger Natur, wenn die gebräuchliche Fassung des Währungsproblems um= gekehrt und statt der Frage nach den Chancen des internationalen Bimetallismus die Aussichten auf die Verwirklichung der einfachen Gold= währung in Erörterung gezogen werden. Denn der Grund, weshalb die Problemstellung gemeiniglich in der erstgenannten Form auftritt, liegt ja lediglich darin, daß der Bimetallismus dem in den meisten Cultur= ländern herrschenden Währungssysteme gegenüber sozusagen in der Oppo=

---

[1]) Hildebrand=Conrad, Jahrbuch, N. F. XVII, S. 79.

[2]) Nach Wasserrab's Ansicht vielleicht mit Ausschluß des freien Prä= gungsrechtes für Silber und der Restitution der lateinischen Relation.

sition steht und nach Geltung erst ringen muß. Man dürfte dabei a priori davon ausgehen, daß die Anhänger des Goldwährungssystems, da sie von dessen theoretischer Richtigkeit und praktischer Vorzüglichkeit auch die principiellen Gegner zu überzeugen versuchen, dessen allgemeine Verwirklichung in der Culturwelt als wünschenswerth und gewiß, wenn auch nicht nahe, bevorstehend erachten müssen.[1)]

Verwirklicht haben nun die einfache Goldwährung von den Culturnationen, die für die Währungsfrage in Betracht kommen, bisher blos England und seine amerikanischen, australischen und afrikanischen Colonialreiche, ferner die skandinavische Münzunion (mit enormer ungedeckter Papiercirculation), Portugal und Egypten. Deutschland, die Lateinische Union, Nordamerika hingegen besitzen derzeit noch die sogenannte hinkende Währung. Wir heben vorläufig blos Frankreich hervor. Dieses Land besaß 1888 nach Haupt neben 4450 Millionen Goldbarren und -Münzen (nach Soetbeer 4200 Millionen) etwa 3550 Millionen Francs weißes Courantgeld (nach Soetbeer circa 3000 Millionen), welch' letzteres also circa 44 % des Gesammtmetallumlaufes darstellt; davon zum mindesten 3000 Millionen Francs einheimischer Fünffrancsstücke. Eine Verringerung dieses ungeheueren Bestandes durch Einschmelzung ist durch die Coursdifferenz des gemünzten und Barrensilbers ausgeschlossen. Auch die Abstoßung eines Theiles wäre nicht anders als im Falle einer Währungsänderung und auf Rechnung des Staates denkbar. Diese enorme minderwerthige Circulation wird auf

---

[1)] In Wirklichkeit ist das Gegentheil der Fall. Die Goldwährungstheorie, welche aus dem Gedanken einer »Weltmünze« ihre erste Nahrung sog, hat sich allmälig auf den Standpunkt der »nationalen Münzpolitik« zurückgezogen. Die Goldwährung für sich — für die anderen womöglich die Doppelwährung — ist gegenwärtig ihre Losung. Daher auch die auffallende Erscheinung, daß gerade im Munde deutscher Monometallisten die ungünstigsten Prognosen über den Ausgang der österreichischen Währungsreform sich finden. Ueberhaupt ist das im Text aufgeworfene Problem der schwächste Punkt der monometallistischen Lehre und die Rollen sind hier häufig vertauscht. So schrieb der namhafteste Praktiker dieser Richtung: »Es ist daher das größte Interesse aller Länder, das gleiche Metall einzig und allein zur Basis ihrer Währung zu machen. Auch gehen wir dieser Zukunft mit Gewißheit entgegen« (Bamberger »Reichsgold«, S. 131). Hierauf erwiderte aber der hervorragendste Theoretiker, diese Regelung der Währungsfrage sei theoretisch die richtigste; aber ihre Unausführbarkeit sei so evident, daß es nicht verlohne, darauf einzugehen. (Soetbeer in der cit. Denkschrift, S. 12.)

dem Paristand erhalten durch den gewaltigen Geldbedarf und den hohen
monetären und wirthschaftlichen Credit Frankreichs. Da nun selbstver=
ständlich mit dem Vorbringen der Goldwährungsidee die Discreditirung
des Silbers fortschreiten muß — ein Parallelismus, welchen die auf
das Scheitern der bimetallistischen Bewegung 1885 gefolgte Silberpanik
nachweist — so muß der Uebertritt eines europäischen Culturgebietes
nach dem anderen zur Goldwährung, wie er gegenwärtig auch Oester=
reich=Ungarn zugemuthet wird, mit Nothwendigkeit den kritischen Augen=
blick herbeiführen, da ein weiterer intensiver Preissturz des Silbers auf
dem Weltmarkte die monetäre Rolle und Tauglichkeit desselben als
Courantgeld in der Culturwelt ernstlich gefährdet. Sehr räthselhaft, daß
ein Theil der Goldwährungspartei Symptome, welche auf eine derartige
Entwicklung hindeuten (z. B. die Reibungen in der Lateinischen Union,
den Mißerfolg bimetallistischer Conferenzen und der jüngsten Silber=
hausse 2c.) gewissermaßen mit Genugthuung betrachtet! Denn das End=
glied dieses Processes würde die Länder mit hinkender Währung, namentlich
Frankreich, wegen der Entwerthung des weißen Courantgeldes vor die
Alternative eines dauernd zerrütteten Geldwesens oder einer energischen
Annäherung an die Goldwährung stellen. Wir — hierin wohl in Ueber=
einstimmung mit den Vertretern der Goldwährung — zweifeln nicht, daß
Frankreich in dieser Lage die Annäherung seiner Valuta an die Gold=
währung der anderen Alternative vorziehen würde und wohl auch stark
genug wäre, dieses Ziel durchzuführen. Auf wessen Kosten, das ist
freilich die Kehrseite der Frage. Denn wenn Frankreich jemals in die
Lage käme, seinen Silbercourantumlauf auch nur auf das in Deutschland
bestehende Verhältniß zur Gesammtmetallcirculation (circa 21%) zu
reduciren und den überschüssigen Betrag, also circa 1500 Millionen
Francs, durch Gold zu ersetzen, oder wenn es sich gar dem englischen
System anschließen wollte (Verhältniß der Silber= [Scheide=] Münze zur
gesammten metallischen Circulation circa 16%) — theoretisch der
Triumph der Goldwährungsidee! — dann würde ein Kampf um
das Gold, von Disconterhöhungen, Exportstockungen, Preisstürzen be=
gleitet, entbrennen, mit welchem verglichen auch die höchstgehenden mone=
tären Fluctuationen der letzten Jahrzehnte unbedeutend zu nennen wären.
Der gesammte, zu monetären Zwecken verfügbare Goldvorrath der Erde
wurde (von Soetbeer) Ende 1885 geschätzt auf 13.360 Millionen Reichs=
mark, die Goldproduction der Jahre 1886—1889 zusammen auf
1860·2 Millionen Reichsmark (nach dem »Annual Report etc.« für 1890

des Münzdirectors Leech auf 433·3 Millionen Dollars = 1818·5 Millionen Reichsmark), wovon jedoch für Zwecke der industriellen Consumtion jährlich durchschnittlich 250 Millionen Reichsmark, für den Netto-Goldabfluß nach dem Oriente circa 83 Millionen Reichsmark, für Abnützung und sonstigen Verlust circa 3 Millionen Reichsmark in Abschlag kommen, so daß sich der monetäre Goldvorrath zu Ende 1889 auf 13.876 Millionen Reichsmark belief. Die Annäherung Frankreichs blos an das deutsche Währungssystem würde daher, indem sie die Conversion von circa 1500 Millionen Francs (= 1200 Millionen Reichsmark) Silber-Courant in Goldmünze voraussetzt, nicht weniger als 8·7% des gesammten zu Geldzwecken verfügbaren Goldbestandes der Erde in Anspruch nehmen. Dazu kommt aber, daß die übrigen Staaten der lateinischen Münzunion circa 950 Millionen Francs, Deutschland 450 Millionen Mark (neben circa 450 Millionen Silberscheidemünze), Nordamerika 350 Millionen Dollars an unterwerthigem Silbercourante im Verkehre haben. Ein beträchtlicher Theil davon könnte allerdings als Scheidemünze im Verkehre bleiben; aber ist wohl anzunehmen, daß auch nur die Hälfte davon durch Gold ersetzt werden könnte, ohne daß — vom Fall der Entdeckung eines neuen, unerschöpflichen Eldorado abgesehen — die ohnehin zu kurze »Golddecke« bis zum Aeußersten angespannt würde? Denn das hieße voraussetzen, daß aus den zu monetären Zwecken verfügbaren Goldvorräthen circa 2600 Millionen Reichsmark entnommen werden und an die Stelle der Silbercirculation treten könnten. Die Wirkungen dieses eventuellen wirthschaftlichen Kampfes sind nicht berechenbar; gewiß ist blos, daß er sich auf Kosten und Gefahr der wirthschaftlich minder widerstandskräftigen Länder — darunter auch Oesterreich-Ungarns — vollzöge. Und das letztere sollte ihn beschleunigen, indem es seinen moralischen Einfluß zu Gunsten der einfachen Goldwährung in die Wagschale wirft und an der Discreditirung des weißen Metalles thätig mitwirkt? Ja, wenn es anginge, sich durch rechtzeitigen und gründlichen Uebergang zur reinen Goldwährung vor der Theilnahme und den Wirkungen dieses Kampfes zu sichern! Aber solch' eine beruhigende Versicherung ist Phrase; denn hier gilt die regula juris: »Prior tempore potior jure« nicht. Vielmehr wird im dritten Abschnitte dargethan werden, daß umgekehrt unsere Defensivstellung gegenüber gefährdenden Goldströmungen nur dadurch stark gestaltet werden kann, daß wir der reinen Goldwährung ferne bleiben und eine silbergesättigte hinkende Währung einführen. —

Es ist weiters u. E. allzu optimistisch, mit Hertzka (a. a. O. S. 105) anzunehmen, daß die Verringerung der Goldproduction in ihren Wirkungen paralysirt werden könne durch eine langsamere Ausbreitung der Goldwährung oder durch das Eindringen des Silbers in den Scheidemünzumlauf des Westens. Was das letztere betrifft, so würde eine Ueberfüllung des Umlaufes mit entwertheter Silberscheidemünze die Zerrüttung des Geldwesens ebenso rasch, wenn nicht rascher bewirken, als die Uebersättigung mit allzu stark entwertheter Silber-Courantmünze, und diese Länder daher gleichfalls zu einer Annäherung an die Goldwährung trotz deren krisenmäßigen Folgen zwingen; denn die Inflation mit Scheidemünze ist keinesfalls günstiger als die Inflation mit entwertheter Silber-Courantmünze. Mit der Perspective auf eine verlangsamte Ausbreitung der Goldwährung aber sich zu trösten, ist u. E. gerade vom österreichischen Standpunkte aus verfehlt. Diese Verlangsamung kann nämlich — wenn nicht ein Uebergang zum Bimetallismus stattfindet — in nichts Anderem bestehen, als daß die wirthschaftlich stärksten Staaten auf Kosten des Geldwesens der schwächeren die Goldwährung bei sich ausbilden werden, so daß den letzteren, sei es schon die Einführung oder erst die Aufrechthaltung der Goldwährung mißlingen muß. Das Gegentheil anzunehmen, ist ebenso irrig als die Meinung, daß im Falle einer anhaltenden Preisdepression und starken Concurrenzkampfes große und kleine Producenten gleichmäßig ihre Production einzuschränken genöthigt sein würden. Ja die Erscheinungen des Concurrenzkampfes im heutigen individual-wirthschaftlichen System sind geradezu vorbildlich für die künftige monetäre Entwicklung, sobald einmal die Goldknappheit eine gewisse Grenze erreicht hat; denn die Goldwährung ist nichts anderes als ein Ausfluß der individual-wirthschaftlichen Doctrin im Weltverkehre der Nationen; der Bimetallismus würde auch auf diesem Gebiete das social-wirthschaftliche Princip zur Geltung bringen. Dies erklärt auch, weshalb jene Partei, die für Vertragspolitik auf handelspolitischem Gebiete eintritt, dessenungeachtet die bona fides der Nationen im monetären Verkehre in der geschilderten Weise a priori zu verwerfen pflegt; es besteht ein theoretischer Conner zwischen Freihandel und Goldwährung, wiewohl praktisch — wie dies oben bei der Erörterung der Preisdepression ausgeführt wurde - die Realisirung der Goldwährung die Grundlagen der Freihandelspolitik zerstört hat.

Es ist das Verhängniß der Goldwährungstheorie, daß der erste Schritt zu ihrer völligen Verwirklichung, von irgend einer der großen Culturnationen unternommen, gleichbedeutend wäre mit ihrer praktischen Vernichtung — mit ihrer deductio ad absurdum. Da aber die hinkende Währung — wie wir nachzuweisen noch Anlaß nehmen werden — unmöglich das Endglied der seit Jahrzehnten in Fluß befindlichen Entwicklung des Geldwesens in unserem Welttheile bedeuten kann, so muß entweder eine Fortbildung in der Richtung zur ausschließlichen Goldwährung oder gewissermaßen eine Rückbildung zum Bimetallismus erfolgen. Daher muß jedes Land, welches eines der modernen Währungssysteme acceptirt, zu dieser Zukunftsfrage Stellung nehmen. Wie hervorgehoben, könnte gerade eine radicale Expansion der reinen Goldwährung am ehesten den Anstoß zu einer bimetallistischen Entwicklung geben. Ob hiezu der Uebergang Oesterreich-Ungarns zur einfachen Goldwährung wirksam genug wäre, ist fraglich; eine Valutaherstellung in Rußland würde diese Eventualität nahe rücken. Am wirksamsten in dieser Hinsicht müßte sich zweifelsohne die in Indien schon im Jahre 1876 angeregte und auch im Endberichte der englischen Parlamentscommission über die Werthveränderungen der Edelmetalle als eventuell bevorstehend angenommene Einführung der Goldwährung in Indien, beziehungsweise die Einstellung der indischen Silberprägungen erweisen. Die Durchführbarkeit dieser Reform steht hier außer Frage. Sie hängt von der wirthschaftlichen Kraft Indiens ab, dessen Außenhandel dadurch sonder Zweifel zunächst ungünstig beeinflußt werden würde. Allein da Indien bekanntlich in der monetären Geschichte seit Jahrhunderten die Rolle des Landes spielt, aus dessen Grenzmarken Edelmetall — das stets einströmt — nie wiederkehrt, so wäre der dadurch entfesselte Kampf ums Gold vielleicht die Brücke, welche am raschesten und sichersten zu einer internationalen Vereinigung führte. Wir erblicken ja auch im engeren wirthschaftlichen Kreise täglich das Schauspiel, daß gleichberechtigte wirthschaftliche Factoren, nachdem sie einander im Concurrenzkampfe bis zur gegenseitigen Lähmung geschädigt, schließlich im Wege der Coalition (Cartelle) Erholung suchen und finden. —

Diesen unmittelbaren Symptomen einer ungesunden Gestaltung der Währungsverhältnisse reihen sich als Symptome secundärer Natur, aber keineswegs von geringerer Bedeutung, die Palliativ-Maßregeln an, welche gegen die empfindlichsten Härten der Goldwährung in Vorschlag gebracht worden sind. Denn wenn das bekannte Wahrwort, daß Staaten nur mit denselben Mitteln und nach denselben Grundsätzen erhalten werden können, durch die sie begründet worden sind, eine analoge Anwendung auch auf wirthschaftspolitische Einrichtungen und insbesondere auf die Währungsfrage zuläßt: so darf man für eine pessimistische Anschauung der Zukunft des geltenden Währungssystems als durchschlagendes Argument den Umstand anführen, daß die Goldwährungspartei sich von den Grundsätzen, welche sie bei der Demonetisation des Silbers geleitet haben, in der bedenklichsten Weise zu entfernen beginnt.

Es ist schon im vorigen Abschnitte auf die bedeutsame Rolle hingewiesen worden, welche der Wunsch nach Beseitigung der kleinen Noten-Appoints — nach Soetbeer »einer unerträglichen Belästigung des Verkehrs« — bei der deutschen Währungsreform gespielt hat. Bei den Berathungen über das deutsche Münzgesetz vom 9. Juli 1873 kam denn auch der allgemeine Wunsch nach Einschränkung dieser Creditcirculation so lebhaft zur Geltung, daß dieses Gesetz in der Session von 1873 zu scheitern drohte, weil in dem Entwurfe des Bundesrathes ein Termin für die Einziehung des Papiergeldes der Einzelstaaten und dessen Ersetzung durch Reichspapiergeld nicht vorgesehen war. Hierbei wurde auch die Höhe der Notenappoints berührt; nur vereinzelte Stimmen sprachen sich für Notenappoints zu 50 Mark aus; »entschieden vorwiegend war die Ansicht im Reichstag, und darin stimmten die Vertreter der Regierung völlig überein, daß das Minimum von 100 Mark für Banknoten jedenfalls festzuhalten sei« (Soetbeer, S. 227). In gleichem Sinne äußerte sich der fünfzehnte volkswirthschaftliche Congreß, welcher in einer Resolution vom 19. August 1874 betonte, daß »die Banknote im modernen wirthschaftlichen Verkehre die Aufgabe erfülle, Zahlungen von größerem Betrage und auf größere Entfernungen zu erleichtern«. Dieselbe Ansicht kam endlich auch zur Geltung in den Verhandlungen der zur Berathung des Bankgesetzentwurfes eingesetzten Commission, so daß schließlich § 3 des Reichs-Bankgesetzes vom 14. März 1875, welcher die Minimalgröße der Notenappoints auf 100 Mark festsetzte, fast einhellig angenommen wurde. Um die Bedeutung dieser Reform, welche Soetbeer als »außerordentlich« bezeichnet, zu würdigen, muß jedoch hervorgehoben werden, daß nach der officiellen, am 15. Jänner 1875 vom Reichskanzler veröffentlichten Nachweisung über den Stand des Banknotenumlaufes von der Gesammtsumme per 257,512.875 Reichsmark, welche in Appoints unter 50 Mark circulirten, auf die Notenabschnitte im Werthe von $17\frac{1}{7}$ Mark (10 Gulden südd. W.) und darüber bis 50 Mark nicht weniger als 253,485.965 Reichsmark (98·4%) entfielen, so daß die ganz minimale Summe von circa 4 Millionen Mark in Appoints von 1 Thaler, 5 Gulden und 5 Thalern circulirte. Die Agitation war also vornehmlich gegen die Notenappoints im Betrage von circa 20 Mark gerichtet. An der Richtigkeit der Anschauungen, welche dieses Verhalten der im deutschen Reichstag herrschenden Goldwährungspartei bestimmten, kann nicht gezweifelt werden. Sie sind begründet in der essentiellen Natur und Zweckbestimmung des Banknotenumlaufes, indem deren Emission eine Form der Capitalsübertragung zu productiven Zwecken, des Productionscredites, bildet, die sich weder für alle Zweige der Production, noch auch, selbst in den dem Bankcredite zugänglichen Productionsclassen, für alle Betriebsformen eignet. Es wird allgemein anerkannt, daß der Bankcredit für den commerciellen und industriellen Kleinbetrieb nicht geeignet sei. Schon dieser Umstand läßt die Emission zu kleiner Notenappoints als den Grundsätzen einer gesunden Zettelbankpolitik widersprechend erscheinen; dazu kommt noch, daß diese Noten durch ihr Eindringen in den Detail- und Consumentenverkehr die Entstehung von Ueberspeculation befördern, die Wirkung von Speculationskrisen verschärfen und beschleunigen. Auch kommt der kleinen Note im Verhältniß zu den großen Appoints eine ungewöhnlich lange Umlaufzeit zu, während nach dem bekannten Fullarton'schen Satze die regelmäßige Rückströmung der Noten zur Emissionsstätte das große regulirende Princip der Zettelbankpolitik bildet. (Vgl. insbesondere Wagner, Geld- und Credittheorie der Peel'schen Bankacte, S. 62 und 160.) In der Theorie ist die durch diese Momente begründete Abneigung gegen kleine Appoints, die schon auf die classische Nationalökonomie zurückgeht, noch heute als herrschend zu bezeichnen. Praktisch aber scheint dieselbe bei den Vertretern der Goldwährungspartei sich vermindert, ja in ihr Gegentheil umgeschlagen zu haben.

Denn die Wiedereinführung gerade dieses Uebelstandes, dessen Beseitigung ehemals als eines der Ziele der deutschen Währungsreform dargestellt wurde, wird heute von monometallistischer Seite als Panacée gegen die, wenn auch für die Vergangenheit abgeleugnete, so doch für die Zukunft befürchtete Goldknappheit gepriesen; und dies keineswegs von apokryphen Vertretern dieser Richtung. Paul Leroy-Beaulien, gerade derjenige Goldwährungstheoretiker, welcher die Ansprüche des Doppelwährungssystems auf wissenschaftliche Beachtung am ehesten mit einem hochmüthigen Achselzucken abzuweisen geneigt ist, hat schon vor einem Jahrzehnt in dem von ihm geleiteten »Économiste français« (Jahrgang 1881) die Erweiterung der Notencirculation um kleine Abschnitte von 20 und 50 Francs vorgeschlagen. Die von Lexis, der freilich seither der Goldwährungspartei bedeutend näher getreten ist, damals in seiner treffenden Polemik gegen diesen Vorschlag ausgesprochene Befürchtung, Leroy werde wohl nicht der einzige Monometallist bleiben, der unvermerkt auf die schiefe Ebene gerathen werde, die vom Golde zur ausgedehnten Notencirculation führt, hat sich seither bewahrheitet. Die Frage der Goldknappheit ist aber gerade in Frankreich vermöge seines der Doppelwährung sich nähernden monetären Systems minder acut als namentlich in Deutschland und England. Und in beiden Ländern ist dieser Gedanke bereitwilligst aufgenommen worden. Für Deutschland führen wir statt Aller E. Nasse an. Ihm[1]) gilt als das Ziel der ganzen Entwicklung, den Goldgebrauch für den inneren Verkehr auf ein Minimum zu reduciren. »Die kleinsten Zahlungen werden in Scheidemünzen, mit kupfernen und silbernen Marken erledigt; die größeren durch Banknoten, Anweisungen, Umschreibungen und Abrechnungen. Dazwischen bleibt ein gewisser Raum für Goldmünzen, aber derselbe wird im Laufe der Zeit immer mehr eingeengt. Banknoten von 1 Pfd. Sterling, 20 Mark oder 25 Francs, Bankanweisungen von 5—1 Pfd. Sterling und darunter setzen mit ihrer Function da ein, wo die Silbermünze aufhört.« Als dasjenige Land, in welchem die Entwicklung des auf Credit beruhenden Zahlungssystems in dieser Richtung bisher ihre höchste Ausbildung erfahren, bezeichnet er England.

Unzweideutig wird hier als das letzte Glied einer consequenten Ausbildung der Goldwährung die Aufrichtung eines Creditwährungssystems in größtem Maße postulirt.[2]) Soll die Bedeutung dieser monetären Prognose richtig gewürdigt werden, so muß zwischen der als wünschenswerth bezeichneten Ausgestaltung jener geldersparenden Institutionen, welche Baarzahlung durch rechtsgeschäftliche Operationen (Assignation, Delegation, Compensation) ersetzen, also des Check-, Giro- und Clearingwesens einerseits — wovon weiter unten die Rede sein wird — und der Erweiterung der Baargeldcirculation durch die Ausgabe kleiner Notenappoints andererseits unterschieden werden. Zweifellos wird die Herabsetzung der Abschnitte den Centralbanken zunächst eine Menge Gold, dem Verkehre einen beträchtlichen Zuschuß an Geldzeichen

---

[1]) Hildebrand-Conrad, Jahrbuch f. N. u. St., N. F. Bd. XVII, S. 154.
[2]) In England ist bekanntlich in allerjüngster Zeit dieser Gedanke vom Schatzkanzler Göschen aufgenommen worden.

zuzuführen. Aber fraglich ist, ob dieser Proceß als gesund bezeichnet werden kann, oder nicht vielmehr seine Gefahren die Vortheile bei weitem überwiegen. Nasse knüpft an seinen Vorschlag die Bemerkung, daß auch gegenüber dem Geldbedarfe bei großen und plötzlichen Creditstörungen ein wohl organisirtes Zahlungssystem der bezeichneten Art viel gesicherter dastehe als ein Geldwesen, das mit größerem Baarvorrathe, aber weniger entwickeltem Credite wirthschaftet. Das ist im Allgemeinen unzweifelhaft richtig, und es ist insbesondere durch die große Hamburger Krise von 1857 empirisch dargethan worden, daß auch das reichste Gemeinwesen mit durchaus metallischer Circulation, aber ohne genügende Bank- und Credit-organisation, einer Geldkrise hilflos preisgegeben sei. Aber die Wahrheit dieses Satzes geht nicht so weit, um auch ein Uebermaß fiduciärer Circulation zu rechtfertigen. Einen Erfahrungsbeweis für diese seine Ausführungen hat Nasse nicht geliefert; wohl aber ist die Abneigung gegen die kleinen Abschnitte nicht aus logischen Deductionen, sondern aus Thatsachen hervorgegangen. Zunächst müßte in den Goldwährungs-ländern, wenn dieses System durchgeführt werden sollte, den Banknoten Zwangscours eingeräumt werden, was bekanntlich in England, nicht aber in Deutschland der Fall ist. Denn wenn diese Maßregeln wirklich Erfolg haben und die kleinen Noten — unter Verdrängung der Münzen in die Bankgewölbe — in den Verkehr eindringen sollten, so müßte der All-tagsverkehr vor jenen Störungen geschützt werden, welche durch eine chicanöse Zurückweisung der Banknoten entstehen könnten — während bei der Beschränkung des Notenverkehres auf engere Kreise, wie sie die jetzt übliche Höhe der Notenabschnitte involvirt, solche Chicanen kaum zu befürchten sind. Schon mit der Einführung des Zwangscourses ginge man ab von jener Linie, welche bei der deutschen Währungsreform als richtunggebend bezeichnet wurde; aber dieses Moment wäre nicht allzu hoch anzuschlagen. Weitaus bedenklicher ist der Umstand, daß die Herab-setzung der Appoints die Noten popularisirt, b. h. den Umlauf in solchen Kreisen ermöglicht und befördert, welche feinerer ökonomischer Urtheilsfähigkeit ermangeln und ebenso bereit sind, die Noten noch an-zunehmen, wenn Einsichtige dieselben bereits zurückweisen, als aus blindem Vertrauen unvermittelt in blindes Mißtrauen, gegebenen Falls in eine ver-derbliche Panik umzuschlagen; welche Gefahr dies bei einem ausgebildeten Creditwährungssystem mit sich brächte, ist leicht abzusehen. In Bezug auf England muß beachtet werden, daß alle Geldkrisen, welche in diesem Jahrhunderte die Bankabtheilung (Banking Department) der Bank von England erschütterten, vor der Notenabtheilung (Issue Department) Halt machten und deren Solvenz, d. h. die Einlöslichkeit der Banknoten unbezweifelt blieb. Dieser Umstand gab als das natürliche äußerste Hilfsmittel bei Geldkrisen die Suspension der Bankacte an die Hand. Die Popularisirung der Noten würde die Anwendbarkeit dieses Nothankers vernichten, weil sie die Gefahren einer Geldkrise durch die Möglichkeit eines Runs auf die Notenabtheilung verschärfen könnte.[1]) In Deutschland hat das System der indirecten Contingentirung die Gefahr einer Geldklemme der Centralbank hinausgeschoben. Wenn aber die deutsche Reichsbank, wovon wir gleich sprechen werden, durch Centralisirung des Giro- und Clearingverkehres sich gleich der Bank von England zur Verwahrerin der letzten Baarreserve des Landes ausgebildet haben wird, müßte auch hier die Ausgabe kleinerer Noten perhorrescirt werden. Und dasselbe gilt für Oesterreich-Ungarn, wenn es dereinst im Besitze eines einlöslichen Notenumlaufes sich befinden sollte, ja für uns in allererster Linie. Bestand doch, wie die geschichtliche Erfahrung zeigt, bei uns trotz aller Gewöhnung des Publicums an den Papierumlauf jederzeit eine verhängnißvolle Sucht, bei den ersten kritischen Anzeichen einen Run auf die Bank zu unternehmen und das Metallgeld zu thesauriren; und es könnte nichts der Erhaltung des metallischen Geldsystems in Oesterreich nachtheiliger sein als die Popularisirung der Banknoten. Daher kann die Emission kleinerer Noten keineswegs als ein geeignetes Correctiv gegen die Nachtheile der Goldwährung bezeichnet werden, und es wäre, falls ein anderes Correctiv nicht bestehen sollte, damit ein starkes Argument gegen dieses Währungssystem überhaupt gegeben.

Allein abgesehen von diesen praktischen Bedenken, wie weit entfernt sich schon die Richtungslinie, in welcher diese Entwicklung gedacht ist, von den fundamentalen Grundsätzen, auf die sich einst die Goldwährungspartei stützte? Zwar die Entwicklung der auf rechtsgeschäftlichen Operationen beruhenden Formen des Zahlungsprocesses hatte man seit jeher im Auge. Allein dieses ganze künstliche Gefüge des Zahlungscredites sollte gestellt werden auf die breite und verläßliche Grundlage einer ehrlichen metallischen Circulation. Was aber wurde erreicht? Creditgeld in der Form entwertheter Silbermünzen mit voller Zahlkraft in der Gegenwart,

---

[1]) Hier ist offenbar der Grund zu suchen, weshalb Göschen in der erwähnten Programmrede zu Leeds für die proponirten 1 Pfund Sterling-Noten volle Deckung in Anspruch nahm.

Creditgeld als Auskunftsmittel für die Zukunft. Wenn es wirklich der Drang nach handlicheren und bequemeren Circulationsmitteln ist, welche die Culturvölker mit der Kraft »des Naturgesetzes« — als welches sich allerdings logische Deductionen aus einem willkürlichen Axiome gerne ausgeben — der Goldwährung in die Arme treibt, ist nicht Silber, welches im Bankgewölbe lagert und im Verkehre in der Form von Papierscheinen circulirt, ein ebenso handliches Zahlungsmittel als Gold? Wenn man aber das Gold aus dem inneren Verkehre entfernen will oder muß, so liegt es doch nahe, es nicht durch neuerliche Belastung desselben mit Geldzeichen, sondern durch Silber zu ersetzen. Aber zwischen diesem Gedanken und der That liegt eben — nothwendigerweise — eine internationale Vereinigung über irgend eine Relation, welche immer; und die ultima ratio der Goldwährungstheoretiker ist die mala fides der Völker.

Die Erwägung, daß sich Silber zur Bedeckung von Geldzeichen ebenso wohl eigne als Gold, ist übrigens auch den englischen Währungspolitikern nicht entgangen. In dem 1888 erschienenen Endberichte der königlichen Gold- und Silber-Commission findet sich ein von der Goldwährungspartei ausgehender Vorschlag, zur Behebung der Geldknappheit Silbercertificate, welche auf 10 und 20 Shilling lauten und durch Silber voll gedeckt sein sollten, auszugeben. Dieser Gedanke ist nicht zur Ausführung gekommen.[1]) Denn im Grunde entfernt er sich von den Intentionen beider Parteien, da die Bimetallisten ihn mit Recht für ein Palliativmittel ansehen, bestimmt und geeignet, die Hauptentscheidung hinauszuschieben, während die Goldwährungspartei in seiner Verwirklichung eine Preisgebung ihres principiellen Standpunktes befürchten muß. Daß sie dessen ungeachtet durch die Macht der Verhältnisse zu diesem Vorschlage gedrängt wurde, spricht deutlich für eine pessimistische Beurtheilung des herrschenden Währungssystems auch in den Kreisen seiner Anhänger.

Es sind in der That die Sorglosigkeit, mit welcher auch in den vorgeschrittensten Culturstaaten der Umlauf einer ungeheueren Menge metallischen Creditgeldes (Thaler, Fünffrancsstücke) hingenommen wird, andererseits die Hinneigung zur Vermehrung dieser labilen Circulation durch Geldzeichen befremdende Symptome. Denn sie legen den Gedanken nahe, es sei in der dogmengeschichtlichen Entwicklung, als deren Resultat

---

[1]) Wohl aber jüngst von Göschen in Leeds aufgenommen worden.

wir heute den fundamentalen Grundsatz erkennen, daß der Nennwerth des Courantgeldes durch dessen Metallwerth voll gedeckt sein müsse, eine Rückbildung zu anscheinend längst überwundenen monetären Irrthümern, zum »morbus numericus« eingetreten. Die Wurzeln dieser Erscheinung reichen indessen kaum so tief. Vielmehr mag zur Erklärung dieses Zustandes das Wort vom »monetären Fatalismus« eine gewisse Berechtigung beanspruchen. Es ist das Gesetz der wirthschaftlichen Beharrlichkeit, welches die Fortdauer dieses Zustandes bestimmt: die mit ihm verknüpften Interessen sind eben begrenzt und bekannt, während durch eine Reform nothwendig eine Interessenverschiebung bedingt werden würde. Dazu kommt noch, daß bisher kein Moment von geschichtlicher Bedeutung hervorgetreten ist, welches die latenten Gefahren des herrschenden Währungssystems vor Aller Augen gerückt hätte: Europa ist mit dem engbegrenzten Vorrathe international verwendbarer Baarmittel und der überreichen Fülle fiduciärer, an die Scholle gebundener Circulation noch durch keinen Krieg von Bedeutung hindurchgegangen.

Die Erweiterung der fiduciären Circulation ist aber, so bedeutsam dieses Moment in der jüngsten Phase der monetären Discussion hervortritt, keineswegs ein Programmpunkt der gesammten Goldwährungspartei. Ein namhafter Theil der letzteren verschließt sich selbst gegen die von anderer Seite zugestandene Nothwendigkeit von Palliativmitteln gegen die Beengung des Baarumlaufes.

Der Bestand, ja selbst die Gefahr einer Geldknappheit wird von dieser Seite in Abrede gestellt, und zwar mit dem Hinweise auf die großartige Entwicklung der zur Ersparung von Baarmitteln durch rechtsgeschäftliche Operationen bestimmten Institutionen des Check-, Giro- und Clearingverkehres. In der That ist der ungeheure Aufschwung dieser Institutionen in den Culturgebieten mit goldgesättigter Währung, sowie sein innerer Zusammenhang mit den monetären Eingriffen und Reformen der letzten Jahrzehnte, auf welchen insbesondere Rauchberg neuerlich in seiner reichhaltigen Schrift: »Der Clearing- und Giroverkehr« (Wien 1886) hingewiesen hat (S. 8), nicht zu verkennen. Diese Entwicklung wird — das Jahr 1873, welches wohl als Wendepunkt in der monetären Geschichte gelten darf, als Ausgangsjahr angenommen — durch die folgenden Ziffern illustrirt:

Höhe des jährlichen Gesammtumsatzes.

	London Bankers-Clearinghouse (Geschäftsjahr vom 20.4. bis 20./4. Millionen Pfd. Stlg.	Paris Chambre de Compensation (Geschäftsjahr vom 31./3. bis 31./3. Millionen Francs	Deutsches Reich Abrechnungsstellen der Reichsbank. Millionen Mark	Berlin Cassenverein. Millionen Mark	Italien Stanze di Compensazione Millionen Lire	Wien Saldirungsverein Millionen Gulden	Oesterreich Checkverkehr der Postsparcasse Millionen Gulden
1873	5.993	2.142·3	—	10.804·1	—	732·2	
1874	6.013	2.009·7	—	6.784·0	—	557·5	
1875	5.407	2.213·7	—	5.853·7	—	508·0	
1876	4.873	2.598·6	—	4.756·6	—	542·1	
1877	5.066·5	2.199·5	—	5.075·0	—	648·7	
1878	4.885	2.626·2	—	4.860·8	—	627·3	
1879	5.265	3.222·7	—	6.036·9	—	574·8	
1880	5.909	4.084·5	—	7.467·1	—	559·0	
1881	6.382	4.545·1	—	8.491·9	—	557·7	
1882	6.189	4.158·8	—	7.392·2	—	524·7	
1883	5.838	4.218·2	—	7.445·5	1.246·9	613·1	0·2
1884	5.696	4.142·5	12.130·1	7.918	2.390·6	631·8	41·4
1885	5.502	3.983·1	12.547	7.459	3.593·7	514·6	253·4
1886	5.902	4.207·0	13.357	8.278	5.747·1	539·8	469·5
1887	6.077·1	4.560·2	14.207·2	7.178	6.709·7	551·4	615·3
1888	6.942·2	5.216·3	15.514·6	10.105	7.387·7	264·6¹)	648·1
1889	7.649·7	—	18.049	14.099	—	262·9	755·9

Die Sprache dieser Ziffern ist ungemein anschaulich. Am auffallendsten ist wohl die absolute Höhe der Entwicklungsfähigkeit dieser Institutionen des Zahlungscredites, wie sie in den Riesenziffern des englischen Abrechnungsverkehres zum Ausdrucke kommt. Nicht minder interessant aber ist ein Vergleich des französischen, anläßlich der Leistung der Kriegsentschädigung zur Erleichterung des Geldverkehres begründeten Compensationsverkehres mit dem deutschen Abrechnungsverkehre; hier ein ununterbrochener, in großen Verhältnissen fortschreitender Aufschwung, dort eine langsame, öfters retardirende, fast widerwillige Entwicklung. Dieser Unterschied beruht sicherlich nicht auf einer geringeren ökonomischen Bildung und Empfänglichkeit des französischen Volkes für den Creditverkehr; vielmehr ist es die Verschiedenheit der Währungssysteme, die reichlich mit beiden Metallen gesättigte Circulation Frankreichs, welche in diesem Gegensatze zur Geltung kommt. In Folge des relativ hohen Spannungszustandes, welcher den deutschen Baarumlauf im Vergleiche

¹) Seit 1888 wird jede Post des Umsatzes, welche früher sowohl im Passivum als im Activum verzeichnet wurde, blos einmal angegeben.

zum französischen kennzeichnet und in häufiger und intensiver Discont=
verschärfung sich äußert, sieht sich nämlich der deutsche Verkehr bei jeder
außerordentlichen Steigerung der Umsätze, sei sie nun durch speculative
Preiserhöhungen oder durch eine anormale Entwicklung der Production
veranlaßt, immer ausschließender auf die Benützung der creditwirthschaft=
lichen Surrogate des Zahlungsverkehres angewiesen. In dieser Richtung
ist namentlich das Speculationsjahr 1889 lehrreich, welches neben einem
enormen Aufschwung des Abrechnungsverkehres (vergl. Tabelle)[1] und
der Umsätze im Giroverkehr der Reichsbank (79.026 Millionen Reichsmark
gegen 66.904 Millionen Reichsmark im Jahre 1888)[2] eine Vermehrung
des durchschnittlichen Banknotenumlaufes um blos 54·2[3] Millionen Reichs=
mark aufweist. Die Hebung des Preisniveaus vollzog sich also fast
gänzlich mit Hilfe dieser Surrogate des Baarumlaufes; dieses scheinbar
günstige Resultat war aber nicht von Dauer, und die seither eingetretene
Reaction hat die Preise zum größten Theile wieder auf ihren Tiefstand
zurückgeführt. Hierin liegt ein werthvoller Beleg für die von der Gold=
währungstheorie — wie wir sehen werden — öfter angefochtene Wahrheit,
daß die Ausdehnung der creditwirthschaftlichen Surrogate der Baar=
circulation wohl augenblickliche stürmische Preisbewegungen begünstigen
kann, eine nachhaltige Besserung des Preisniveaus aber nur von einer
Erweiterung des Baarumlaufes zu erwarten ist.

Durchaus erfreulich ist die stetige Entwicklung des erst anläßlich
der Valutaregulirung begründeten Compensationsverkehres in Italien,
indem sie geeignet ist, vor einem pessimistischen Rückschlusse aus der auf
localen Verhältnissen beruhenden Stagnation des Wiener Saldirungs=
verkehres auf die Entwicklungsfähigkeit des Clearingwesens in Oesterreich=
Ungarn nach der Reform zu warnen.

Daß auch bei uns die modernen Formen des Zahlungsprocesses
und insbesondere das Checkwesen weder unüberwindlichen Hindernissen
noch principieller Abneigung begegnen, legt die Entwicklung des Check=
verkehres bei der Postsparcasse dar. Allerdings wird nach Durchführung
der Valutareform der Schwerpunkt des ganzen Abrechnungssystems auch
bei uns in die Notenbank verlegt werden müssen. Denn die volks=
wirthschaftliche Bedeutung des Buchdepositen= und Checkverkehres besteht
nicht so sehr in jener primären Function, welche Zahlungen ohne den
kostspieligen Transport effectiven Geldes ermöglicht, als vielmehr in der

---

[1] D. i. um 25·5%, [2] um 15·4%, [3] um 5·8% gegen das Vorjahr.

den Depositenbanken im regelmäßigen Verlaufe des Zahlungsprocesses gegebenen Möglichkeit, einen namhaften Theil auch der täglich fälligen Depositen dem Verkehre in den verschiedenen Formen des bankmäßigen Credites wieder zuzuführen — eine Function, welche zu erfüllen die Postsparcasse wenig geeignet ist. Seit der Einführung des neuen Bankstatutes, welches auch in Oesterreich das System der indirecten Contingentirung zur Geltung brachte, ist diese Function denn auch von der Oesterreichisch-Ungarischen Bank mit unleugbarem Erfolge übernommen worden[1]), und durch das zu Anfang des Jahres 1889 zwischen der Bank und der Postsparcasse geschlossene Uebereinkommen bezüglich des Check- und Giroverkehres wurde auch ein vielverheißendes Zusammenwirken dieser beiden Institute gesichert.

Diese überraschende Entwicklung der creditwirthschaftlichen Formen des Zahlungsverkehres auf dem Continent ist zweifelsohne das wirksamste ausgleichende Moment, welches zu den monetären Reformen der letzten Jahrzehnte hinzugetreten ist. Ja man darf mit Fug behaupten, daß die Herstellung eines metallischen Währungssystems in einem Gebiete, wo die wirthschaftlichen Bedingungen für diese Institutionen des Zahlungsprocesses fehlten, undurchführbar wäre.[2]) Auch der internationale Bimetallismus könnte — namentlich unter Voraussetzung einer stärkeren Entwicklung des Verkehres als der Edelmetallproduction — dieser Surrogate der Circulation nicht entbehren. Das Buchdepositen-, Check- und Clearingwesen ist demnach heute mit Recht als das unentbehrliche und wirthschaftlich reifste Correlat der Hartgeldcirculation anzusehen.

Von dieser Auffassung ist jedoch ein weiter Schritt zu der von namhaften Anhängern der Goldwährungstheorie verfochtenen Doctrin, welche die großartige Entwicklung der creditwirthschaftlichen Zahlungsformen als absolut gefahrlos ansieht und denselben eine blos durch das Bedürfniß begrenzte Expansionsfähigkeit zuspricht: so daß a priori die Gefahr einer Beengung der Circulation als ausgeschlossen gelten müßte. Der theoretische Obersatz lautet in der Form eines Axioms: die creditwirthschaftlichen Formen der Zahlung sind fähig, sich an die Stelle der Baarzahlung zu setzen, dieselbe zu substituiren. Die allzu bereitwillig gezogene praktische Folgerung geht dahin, daß eine Geldknappheit sich

---

[1]) Vergl. darüber Franz Bubenik: »Die Technik des Giroverkehres bei der Oesterreichisch-Ungarischen Bank«. Wien 1888, S. 18 ff.

[2]) Daher darf im legislativen Programme der Währungsreform in Oesterreich auch die gesetzliche Regelung des Checkwesens nicht fehlen.

nie fühlbar machen könne, weil und so lange es dem Verkehre möglich sei, in Ermanglung von Baarmitteln sich dieser Surrogate der Baarzahlung zu bedienen; diese Entwicklung sei aber a priori gar nicht begrenzbar.

Diese Conclusion ist unseres Erachtens verfehlt. Gerade diesen vorgeschrittensten Formen des Zahlungsverkehres ist — im Gegensatze zu den wirthschaftlich niedrigeren Surrogaten der Baarcirculation: der Bank- und in gewissem Sinne der Staatsnote[1]) — die specifische Gefahr eigen, in Zeiten acuter Geldknappheit nicht blos ihre Expansionskraft, sondern durch das mit jeder Einschränkung des Credites parallel sich einstellende Mißtrauen sogar die normale Leistungsfähigkeit einzubüßen. Sie erheischen gerade in jenem Augenblick eine Erweiterung des Baarumlaufes, da sie berufen wären, einen außerordentlichen Abgang der Circulation zu ersetzen. Eine allzu hohe Entwicklung dieser Zahlungsformen bewirkt daher in der Regel eine Prädisposition des Wirthschaftsorganismus für die Entstehung von Geldkrisen und einen stürmischen Verlauf derselben. Als classischer Beleg dafür mag England gelten; hier ist unter allen europäischen Ländern das System des creditwirthschaftlichen Zahlungsprocesses am höchsten ausgebildet; die oben angegebenen Ziffern über das Revirement des Londoner Bankers Clearing House erscheinen nach continentaler Auffassung geradezu unbegreiflich. London hat zum großen Theile diesen Institutionen seine Entwicklung zum mächtigsten Geldmarkte der Erde zu danken; allein es zählt andererseits auch zu den am leichtesten verwundbaren Geldplätzen.

Das ungeheure Gefüge des großbritannischen Handels, dessen Antheil am Weltverkehre nicht weniger als 20% beträgt, wird erschüttert durch eine verhältnißmäßig winzige Störung, welche im Mittelpunkte des Betriebes, in der Bankabtheilung der Englischen Bank, sich einstellt.

---

[1]) Auch die Banknote ist ein creditwirthschaftliches Surrogat des Geldes. Aber ihre Function ist gerade zur Zeit einer Panik wesentlich von der des Checks und der ihm gleichstehenden Creditzahlungsmittel verschieden. Eine verständige Bankleitung kann — sofern nicht die Solvenz der Bank selbst in Frage steht — in einer Krise dem Markte durch vorsichtige Ausdehnung der Circulation zu Hilfe kommen; der Checkverkehr aber muß sich bei jeder Geldnoth in Folge des Mißtrauens unvermeidlich zusammenziehen, denn er beruht auf dem Credit der Einzelnen, die Note auf dem Credit der Bank. Zudem bilden auch für die letztere ausgedehnte Giroverbindlichkeiten in kritischen Perioden ein weit bedrohlicheres Moment als umfassende Einlösungsverpflichtungen, da der Bank größere Beträge auf Giroconto viel rascher entzogen werden können als durch Präsentation.

Wie sehr verschwindet beispielsweise neben der gigantischen Summe von mehr als 6000 Millionen Pfd. Sterling, welche das Revirement des Clearingverkehres für das Jahr 1887 darstellt, die Summe von 375.000 Pfd. Sterling; und doch hat ein anläßlich des Jubiläums der Königin zu ungewohnter Zeit in den Binnenverkehr abgeflossener Betrag von gleicher Höhe hingereicht, um das Gleichgewicht der Bank merklich, wenn auch nicht bedeutend, zu verrücken.

Jene ganz specifische Beängstigung (»Apprehension«), welche den Londoner Markt nicht gerade selten erfaßt und für deren Verlauf sich eben so genau wie für den einer Krankheit eine Prognose aufstellen läßt, sowie die periodisch wiederkehrende Ausartung dieser Beängstigung zu einer förmlichen Panik, sind bekannte Erscheinungen, welche gerade die jüngste Zeit vor Aller Augen gerückt hat. Hier aber sind es ihre Ursachen, welche unser Interesse beanspruchen.

In dieser Richtung hat der vormals herrschenden Anschauung, welche diese krankhafte Empfindlichkeit des Geldmarktes auf den vielberufenen »geistlosen Mechanismus« der Peels Act zurückführte und über die Nachtheile des Contingentirungssystems der Banknoten eine ebenso langwierige als unfruchtbare Discussion entfesselte, den richtigen Weg zur Erkenntniß der bekannte Nationalökonom Walter Bagehot[1]) gewiesen: »in my judgment«, sagt er, »the Act of 1844 is only a subordinate matter in the Money Market« (S. 3). Der schwache Punkt in dessen Organisation sei vielmehr in einer ganz anderen Richtung zu suchen.

England leidet nach seiner Ansicht daran, daß der gesammte Geldverkehr blos eine einzige namhafte Baarreserve, und zwar in der sogenannten Totalreserve der Bank von England besitzt. Ein nachhaltiger Angriff auf die letztere, namentlich zu Exportzwecken, erweckt daher leicht Beängstigung in den Kreisen der Geschäftswelt; denn da es unmöglich ist, sich Geld anderswoher als — unmittelbar oder mittelbar — aus den Cassen der Centralbank zu beschaffen, so ist ein Versiegen der letzteren gleichbedeutend mit einer völligen Stockung des Credits, des Circulationsmechanismus. Die Bank selbst steht — im Rahmen ihrer normalen Organisation — einer solchen Lage machtlos gegenüber. Nur mit großer Gefahr für ihre Solvenz vermag sie den gerade in der Panik verdoppelten Ansprüchen des Marktes gerecht zu werden; noch größere

---

[1]) Lombard-Street. A Description of the Money Market. 8. Auflage. London 1882.

Gefahr liefe sie jedoch, wollte sie diesen Ansprüchen sich entziehen, um ihre Mittel zu stärken. Denn eine Einschränkung des Escomptes — und ihre besten Wechsel würden unter Protest gehen; eine Reduction des Lombardes — und nicht 50 Pfd. Sterling der besten Anlagewerthe wären in London verkäuflich. Aus diesem fehlerhaften Cirkel, in den der Geldverkehr bei jeder Panik geräth, vermag die Bank nur ein Eingriff von außen: die Suspension der Bank-Acte oder ein Anlehen, wie in jüngster Zeit, zu retten.

»Ich müßte meine Aufgabe als ungelöst betrachten,« resumirt Bagehot (a. a. O. S. 66), »wenn es mir nicht gelungen ist, nachzuweisen, daß das System, unsere ganze Reserve einer einzigen Stelle, wie sie durch die Directoren der Bank von England gebildet wird, anzuvertrauen, völlig abnormal ist, daß es große Gefahr birgt, daß seine unheilvollen Folgen, mögen sie auch dunkel gefühlt worden sein, doch nie klar zum Bewußtsein gelangt sind, indem diese Einsicht durch althergebrachte Argumente verdunkelt und im Staube alter Controversen erstickt[1]) worden ist.« Das one-reserve-System in England ist nach Bagehot's Ansicht heute allerdings nicht mehr zu beseitigen. Thöricht Derjenige, der es versuchen wollte, an die Stelle einer hergebrachten Creditorganisation eine neue, wenn auch theoretisch vortheilhaftere zu setzen. Er wird den ganzen Verkehr in Verwirrung stürzen, keineswegs aber durchbringen. Dieses System hänge mit der ganzen Entwicklung des englischen Geldverkehres zusammen; es ist — wie fast alle öffentlichen Institutionen in England - aus den geschichtlichen Verhältnissen herausgewachsen.

Neben der in England heimischen großartigen Organisation des Buchdepositensystems weist Bagehot auf die übermächtige, ja monarchische Stellung der Bank von England hin, unter deren Einflusse die wirthschaftlich hochstehende Gewohnheit, den Cassadienst durch Banquiers besorgen zu lassen, das one-reserve-System auf eine gefahrvolle Entwicklungshöhe bringen mußte. Denn die Productivität dieses Geschäftszweiges ist bedingt dadurch, daß eine möglichst hohe Quote der Depositen fruchtbringend in Creditgeschäften angelegt werde, und wächst natürlich, wenn auch die Reserve fructificirt werden kann. Der centralisirende Einfluß des privilegirten Noteninstitutes führte die Reserven der Provinzbanquiers in die Cassen der Londoner Privat- und Actienbanken

---

[1]) Gemeint ist der Streit über Currency oder Banking principle und die Controverse über das Contingentsystem überhaupt.

und vereinigte deren Reserve in den Kellern der Bank von England als dem letzten und einzigen Sammelpunkte unverwendeten Bargeldes, mit der direct oder indirect Alle zusammenhängen, von deren Leistungsfähigkeit daher die Solvenz auch des entferntesten Provinzbanquiers und -Producenten abhängt. Zugleich entwickelte sich London zu einem Geldplatze, wo immer Leihcapital in Fülle, aber mitunter nur unter den größten Schwierigkeiten Bargeld zu erhalten ist.

Aus dieser, zu großer Autorität gelangten Schilderung, welche den äußerlich glänzenden, im Grunde aber verkünstelten Zustand des englischen Geldmarktes zum ersten Male rückhaltlos enthüllte, spricht eine beredte Warnung vor dem Versuche, diese so ungemein empfindliche Organisation in andere Länder zu verpflanzen, wo unter den gegebenen Verhältnissen die Entwicklung des Geldmarktes in gesünderer Richtung noch durchführbar ist.

Dennoch ist mit wissenschaftlicher Sicherheit abzusehen, daß auch auf dem Continente das verkünstelte System der centralisirten Barreserve, wenn auch nicht das bewußte Ziel, so doch den natürlichen Abschluß jener Entwicklung bilden muß, welche von der Goldwährungstheorie mit der Formel, daß der Check- und Clearingverkehr berufen sei, die knappere Circulation zu ersetzen, begünstigt wird. Denn die zweite Voraussetzung für die Ausbildung des one-reserve-Systems — die überwiegende Machtstellung der Centralbank — ist auch auf dem Continente und speciell in Deutschland und Oesterreich vorhanden. Was die Deutsche Reichsbank betrifft, so haben die bei ihrer Schöpfung vorwaltenden centralisirenden Tendenzen, die in den § 9 Abs. 2, § 19 Abs. 2, § 44 Abs. 9, § 46 u. a. des Reichs-Bankgesetzes vom 14. März 1875 zum Ausdrucke kommen, im Vereine mit der Befugniß, Zweiganstalten in allen Theilen des Reiches zu errichten, dem sehr beträchtlichen Grundcapitale, ihrer Steuerfreiheit und anderen begünstigenden Momenten die Entwicklung bereits dahin gefördert, daß nach dem Urtheile des jüngsten Kritikers des deutschen Bankgesetzes, Walter Lotz (Geschichte und Kritik des deutschen Bankgesetzes. Leipzig 1888, S. 273), »keine der Privatnotenbanken, auch nicht die bayerische Bank, der letzte Rückhalt des Creditverkehres ist, sondern daß überall eine Centralisation sich angebahnt hat, am energischesten im Norden Deutschlands, aber doch auch sehr wahrnehmlich im Süden, so daß nicht blos die Banken ohne Notenausgabe, sondern auch die Privatnotenbanken ihren anerkannten Mittelpunkt im Wirken der deutschen Reichsbank finden.«

Diese überwiegende Machtstellung der deutschen Reichsbank spricht überdies deutlich genug aus den früher hervorgehobenen enormen Ziffern, in welchen sich der noch junge Abrechnungsverkehr derselben bewegt, sowie aus dem raschen Aufschwunge des Giroverkehres, indem der jährliche Durchschnittsbetrag der Giroguthaben bei der deutschen Reichsbank im Jahre 1887 bereits die sehr beträchtliche Summe von 229·1 Millionen Reichsmark, im Jahre 1888 aber 235 Millionen Reichsmark und 1889 240 Millionen Reichsmark aufwies.

Auch für die indirecte Verknüpfung des Depositen- und Giroverkehres mit der Centralbank finden sich bereits namhafte Belege. So haben insbesondere die Hamburger Banken, bei denen ein überaus lebhafter Giroverkehr besteht, ihrerseits ein Giroconto bei der Reichsbank und lassen daselbst einen beträchtlichen Theil ihrer Reserve als Giroguthaben stehen.

Es sind daher im Deutschen Reiche merkliche Spuren einer auf die Centralisirung der Baarreserve hinzielenden Entwicklung vorhanden, welche unverkennbar mit der Gestaltung des Währungssystems zusammenhängt. Bestrebungen, welche in dieser Richtung stimulirend wirken müßten, wie beispielsweise dem vielfach geäußerten Wunsche nach Verzinsung der bei ihr auf Giroconto erliegenden Guthaben hat die deutsche Reichsbank bisher allerdings Widerstand geleistet. Aber immerhin weist, wie in den anderen, der Goldwährung sich annähernden Wirthschaftsgebieten, auch im Nachbarreiche die Entwicklung des Geldmarktes die Tendenz auf, eine wachsende Unabhängigkeit von der Baarcirculation um den Preis der Solidität und Widerstandsfähigkeit des Geldmarktes zu erringen.

Wer die noch weitaus bevorzugtere Stellung kennt, welche die Notenbank in Oesterreich-Ungarn einnimmt, kann nicht zweifeln, daß auch bei uns eine durch Beengung der Circulation veranlaßte intensive Ausbildung der creditwirthschaftlichen Formen des Zahlungverkehres zu einer centralistischen Organisation des Geldmarktes in diesem unerwünschten Sinne führen müßte.

So wenig daher die Berechtigung und Nothwendigkeit der im Check-, Giro- und Clearingsystem verkörperten, hoch entwickelten Formen des Zahlungsverkehrs in Abrede gestellt werden kann, so unfruchtbar und einseitig erscheint jene stereotype Formel der Goldwährungspartei, welche die Emancipation des Verkehres vom Baarvorrathe in Aussicht stellt: »mag auch objectiv ein Goldmangel, disette d'or, bestehen oder zu erwarten sein, derselbe kann im Verkehre niemals fühlbar werden, so lange in die Lücken der Circulation der Check- und Clearingverkehr und die Gewohnheit, den Cassadienst durch Banquiers besorgen zu lassen, in immer höherer Ausbildung ergänzend eintreten kann,« — und dieses ganze System einer unbegrenzten Entwicklung[1]) fähig hält. Das bedeutet nämlich in dieser Einseitigkeit — nichts anderes, als ein acutes Uebel durch ein Mittel zu saniren, welches eine chronische, latente Disposition zu umso schlimmeren Ausbrüchen zurückläßt.

Denn durch die creditwirthschaftlichen Formen des Zahlungsverkehres, deren Werth darin liegt, daß sie die äußerste Ausnützung des Baarmittelvorrathes gestatten, läßt sich die Barcirculation ebenso wenig — weder ganz, noch zum Theile — ersetzen, als mit einer Dampfmaschine, mag auch mit ihrer Vervollkommnung eine gesteigerte Ausnützung der Dampfkraft Hand in Hand gehen, jemals auch nur der kleinste Maßtheil von Kraft producirt werden könnte, der ihr nicht in Gestalt von Kohle und Wasser zugeführt worden ist. Ein Fehlschluß in diesem Sinne liegt aber den Ausführungen der Goldwährungspartei regelmäßig zu Grunde.[2])

Die häufige Wiederkehr und gläubige Aufnahme dieses Trugschlusses hängt zusammen mit dem oft gehörten, blendenden ökonomischen Schlagworte, die Stufenleiter der Wirthschaftsformen führe von der

---

[1]) Selbstverständlich nur im inneren Zahlungsverkehre. Die Bedeutung der Baarzahlung im internationalen Verkehre wird auch von monometallistischer Seite nicht verkannt (vgl. Nasse a. a. O. S. 156). Aber der äußere und innere Zahlungsverkehr lassen sich eben nicht scharf trennen. Starke Edelmetallabflüsse ins Ausland, welche die Baarreserve so sehr verringern, daß Discontsteigerungen und Creditrestrictionen einen krisenartigen Charakter annehmen, lähmen die Functionen des Zahlungscredites gerade in dem Augenblicke, da er berufen wäre, im inneren Zahlungsverkehre die verringerte Circulation theilweise zu ersetzen.

[2]) Vgl. selbst Nasse in Hildebr.-Conrad, Jahrb. XVII, S. 153: »Es darf als ein Resultat der Erhebungen und Vernehmungen der englischen Gold- und Silbercommission betrachtet werden, daß selbst in England die Sparsamkeit im Gebrauche des Goldes noch weiter gehen kann, als das schon geschehen ist, und daß auch dort der ganze so überaus kunstreiche und doch verhältnißmäßig feste Bau des englischen Geldwesens durch diesen Fortschritt an Solidität nur gewinnen würde.« (!) Die Baringkrise, bei welcher nur dank der bereitwilligen Unterstützung der Bank von Frankreich sowie der hohen Opferwilligkeit der haute finance das Uebergreifen der Panik auf den ganzen Geldmarkt und eine unberechenbare Katastrophe verhütet werden konnte, hat diese Prognose widerlegt, und England geht daran, seine Barcirculation zu erweitern.

Naturalwirthschaft zur Geldwirthschaft, von dieser zur Creditwirthschaft hinan. Dieser Satz sagt, wie alle Schlagworte, nur die Hälfte der Wahrheit. Er verschweigt nämlich, daß die Ausdehnung der creditwirthschaftlichen Formen des Zahlungsverkehres keineswegs eine Verringerung der Barcirculation zulasse, sondern vielmehr von einer Erweiterung derselben begleitet sein muß, wenn die Entwicklung nicht einen krankhaften Charakter annehmen soll,¹) so daß von einer geldersparenden Bedeutung dieser Institutionen nur in dem Sinne mit Recht gesprochen werden darf, daß mit ihrer Ausdehnung blos eine absolute, nicht aber eine proportionale Vermehrung des Barvorrathes verbunden zu sein braucht. Letzteres erklärt sich daraus, daß sich, je größer die Umsätze werden, desto leichter eine Ausgleichung vollzieht.

Nun fehlen allerdings statistische Aufstellungen und Berechnungen über das zweckentsprechende Verhältniß der Barcirculation zur Ausdehnung des Zahlungscredites bisher vollständig; in seiner Beurtheilung ist die Volkswirthschaftspolitik daher gänzlich auf gewisse äußere Symptome angewiesen, in denen sich jede ungünstige Verschiebung desselben zu äußern pflegt. Zu denselben gehören die Hyperästhesie des Geldmarktes, periodisch in immer kürzeren Zeiträumen wiederkehrende Geldkrisen, ungewöhnliche Depression der Preise, gerade jene Erscheinungen also, deren häufige Wiederkehr in der neuesten Wirthschaftsgeschichte auch von monometallistischer Seite als bedenklich anerkannt wird.

In einem weiteren Sinne ist hieher auch ein Phänomen zu rechnen, welches gemeinhin blos als Exceß der capitalistischen Productionsweise aufgefaßt und verurtheilt wird. Es ist das die regelmäßige Wiederkehr der auf eine rasche, künstliche Preissteigerung abzielenden Capitals-Associationen, der Hausse-Syndicate, Ringe, Corners u. s. w. Ihre Häufigkeit gestattet kaum mehr, sie als intermittirende Wirthschaftsphänomene zu bezeichnen. Jeder gegebene Zeitpunkt findet in irgend einem Wirthschaftsgebiete eine solche Vereinigung in ihrem Entstehen, der Blüthe oder dem Verfalle vor. Von den hervorragendsten Erscheinungen dieser Art in den letzten Jahren seien beispielsweise der Cotton-Corner in England, der Zuckerring in Magdeburg, das Kupfersyndicat in Paris und der jüngste Silberrummel genannt, der ungezählten kleineren Booms und Corners in den Vereinigten Staaten nicht zu gedenken.

---

¹ Vgl. Lexis, »Zur Währungsfrage« in den Hildebrand-Conrad'schen Jahrbüchern, N. F., V. Bd., S. 3.

Man mag diese Erscheinungen einseitig unter dem Gesichtspunkte der wirthschaftlichen Moral betrachten; von da aus sind sie allerdings unbedingt zu verwerfen. Allein eine Beurtheilung, welche sich auf diese Erkenntniß beschränken wollte, wäre ebenso unfruchtbar als etwa eine Kritik ungünstiger Ergebnisse der Moralstatistik, die in Klagen über die wachsende Verderbtheit ausliefe, ohne auf die socialen Verhältnisse, durch welche dieselbe bedingt wird, zurückzugehen. Wer aber über den ethischen Standpunkt hinaus den ökonomischen Existenz- und Entwicklungsbedingungen dieser Fluthwellen der Speculation nachforscht, dem muß zu allererst auffallen, daß nicht etwa das Gelingen dieser »Ringe« ihre periodische Wiederkehr erklärt, daß vielmehr der erfahrungsgemäß fast ausnahmslos ungünstige — oft weltkundige — Ausgang dieser Unternehmen die Bildung neuer durchaus nicht verhindert, und auf den Trümmern des einen Ringes sofort ein anderer sich erhebt. Es sei blos darauf verwiesen, daß die oben genannten, verunglückten Verbindungen von internationaler Notorietät sämmtlich dem letzten Triennium angehören. Das sind wohl krankhafte Symptome — aber nicht blos einer Depravation des Erwerbssinnes. Wir glauben nicht fehl zu gehen, wenn wir in dieser Sisyphusarbeit der Speculation auch eine Reaction des wirthschaftlichen Organismus gegen die ungeheuere Depression des historisch gegebenen Preisniveaus erblicken — verderblich in ihrer Ausschreitung, aber unvermeidlich, wie das Fieber in einem inficirten Körper. Im Jahre 1881, als diese Depression ihren Tiefpunkt noch keineswegs erreicht hatte, bezeichnete sie Lexis als »eine so unheilvolle Erscheinung, daß alle wirthschaftlichen Kräfte des Volkes sich gegen dieselbe anstemmen und daß sie, wenn der Druck während einer längeren Periode fühlbar wird, sich zu einer schleichenden Krankheit der schlimmsten Art gestaltet (»Erörterungen«, S. 39). Sie währt aber nunmehr durch mehr als ein halbes Menschenalter und lastet als ein schwerer Druck auf der ganzen menschlichen Gesellschaft. In diesem Lichte erscheinen auch »Cartelle« und »Ringe« als — meist ohnmächtige, oft mit verwerflichen Mitteln unternommene — Versuche, das weitere Sinken des Preisniveaus zu hemmen, beziehungsweise das frühere Niveau zu restituiren. Durch diesen Zusammenhang mit der Preisdepression ist mittelbar ihre Beziehung zur Währungsfrage hergestellt; in unmittelbaren Conner mit der letzteren aber treten sie erst durch die auffällige Erscheinung ihres regelmäßigen Mißlingens.

Es ist denn auch von namhaften Vertretern der Goldwährung der Conner jener speculativen Excesse mit der Währungsfrage anerkannt, ja selbst als Argument verwerthet worden; so wurde gerade von dieser Seite während der Blüthe des französischen Kupfersyndicats, als der Preis der Tonne Chilikupfer nahe an 100 Pfd. Sterling notirte, der Umstand, daß es gelungen sei, in kurzer Zeit den Preisstand eines Welthandelsartikels auf diese Höhe zu bringen, mit Nachdruck gegen den Bestand einer Goldknappheit eingewendet.

Der Rückschlag, der bekanntlich bei diesem Unternehmen mit besonderer Stärke eintrat und nebst der Vernichtung enormer Vermögenswerthe auch die Zerstörung eines Creditinstitutes von internationaler Bedeutung herbeiführte, keine der erwähnten speculativen Bewegungen aber gänzlich verschonte, hat jenes Argument nicht blos in sein Gegentheil verkehrt: die Häufigkeit und Intensität dieser Reactionserscheinungen ist auch ein Moment von typischer, theoretischer Bedeutung, da sie geeignet ist, auf das noch nicht völlig aufgehellte Problem, in welcher Weise sich der Zusammenhang zwischen der Höhe der Circulation und der Waarenpreise zur Geltung bringt, einiges Licht zu werfen. Denn die Schwierigkeit, diesen Proceß völlig aufzuklären, ist von der Goldwährungspartei öfter benützt worden, um den Causalzusammenhang zwischen den Währungsreformen und der Preisdepression gänzlich in Abrede zu stellen.

Die als Ringe, Corners u. s. w. bezeichneten Fluthwellen der Speculation weisen sämmtlich in ihrem Verlaufe und Ausgange einen Parallelismus auf. Sie vereinigen ungeheure Vorräthe in wenigen Händen; sie stützen sich auf eine abnorme Anspannung des Credites, wie ihnen denn oft bestehende Creditinstitutionen gänzlich dienstbar gemacht werden; sie reizen weitere Wirthschaftskreise zu einer unnatürlichen Ausdehnung der Production. Brechen diese Associationen endlich zusammen, so wirken diese Momente in noch höherem Grade und in weiterem Umfange preisdrückend, als sie früher preissteigernd wirken konnten. Dies erklärt sich daraus, daß sich die Wirksamkeit dieser Unternehmen nothwendig auf einen engbegrenzten Kreis von Gütern beschränkt, während mit ihrem Scheitern regelmäßig die Schwächung der Consumtionsfähigkeit weiterer Wirthschaftskreise, eine Belastung des Marktes mit schwer veräußerlichen Waarenstocks, eine allgemeine Einschränkung des Creditverkehres, öfter auch die Vernichtung großartiger Creditorganisationen (Comptoir d'Escompte) verbunden ist. Zufolge aller dieser Momente sinkt schließlich das allgemeine Preisniveau, indem sich die Krise von dem zunächst betroffenen Gebiete aus fortpflanzt, noch unter jenen

Stand, den es vor Beginn der speculativen Bewegung einnahm. Dieser ungünstige Ausgang ist aber nicht immer die gerechte Remedur speculativer Excesse. Das gleiche Resultat trat nämlich erfahrungsgemäß während der letzten Jahrzehnte auch nach solchen Perioden ein, welche nicht als blos speculative Bewegungen, sondern zeitweilig als eine wirkliche Besserung der wirthschaftlichen Lage sich charakterisirten. Sehr deutlich trat dies zu Tage nach der »Aufschwungsepoche« 1880—1883, welche durch die nachstehend wiedergegebenen Index Numbers Soetbeer's[1]) illustrirt wird.

Preisbewegung während der Jahre 1875—1885.

	Ackerbauproducte u. w. f. a.	Producte der Viehzucht und Fischerei	Südfrüchte, Weine ꝛc.	Colonialwaaren, Oel, Baumwolle	Bergwerks- und Hüttenproducte	Textilstoffe	Diverse chemische Producte, Wachs, Gummi ꝛc.
1871—75 (Durchschn.)	144·90	154·57	131·50	130·72	116·90	117·17	101·78
1876—80 (Durchschn.)	138·12	146·76	138·91	126·38	94·35	102·33	96·79
1880	138·11	147·30	154·68	122·92	88·33	96·70	95·23
1881	137·50	151·21	146·57	122·60	84·87	99·29	94·89
1882	138·50	155·17	139·23	122·47	86·99	95·10	93·10
1883	143·33	156·40	142·38	120·17	82·93	95·93	95·38
1884	123·85	150·26	120·16	117·90	78·69	97·02	84·82
1885	110·75	140·45	123·78	116·39	74·23	95·89	81·35
1881—85 (Durchschn.)	130·77	150·65	134·41	119·91	81·55	96·65	91·11

Die Jahre 1880—1883 sind ausgezeichnet durch eine Preissteigerung, welche zum Theile das Niveau der Periode 1876—80 überschreitet; schon 1884 stellt sich aber eine so scharfe Reaction ein, daß nicht blos der in den vorhergegangenen Jahren erzielte Preisaufschwung wieder völlig eingebüßt wird, sondern auch das Durchschnitts-Preisniveau des Quinquenniums 1881—1885 — trotz der hineinfallenden Aufschwungsjahre — meist unter die Durchschnittsperioden 1871—1875 und 1876—1880 sinkt.

Dasselbe Resultat ergeben die Total Index Numbers des Londoner Economist (Summe der im Verhältnisse zu 100 berechneten Durchschnittspreise von 22 der wichtigsten Handelsartikel).

---

[1]) Preisdurchschnitts- und -Verhältnißzahlen, wobei behufs leichterer Constatirung des Verhältnisses die Preise irgend einer Epoche zu je 100 angenommen werden. In der oben citirten Aufstellung sind die Preise während der Jahre 1847—1850 = 100 angenommen.

Total Index Numbers:

	Ohne Rücksicht auf die relative Wichtigkeit der Waaren		Mit Rücksicht auf die relative Wichtigkeit der Waaren	
1865—1869	2200	100	2200	100
1876—1880	1922	87	2049	93
1879	1676	76	1805	82
1880	1918	87	1967	89
1881	1782	81	2054	93
1882	1830	83	1908	87
1883	1755	80	1924	88
1884	1660	75	1750	80
1885	1550	70	1669	76
1881—1885	1713	78	1851	85

Ein unmittelbarer Causalnexus zwischen dem regelmäßig ungünstigen Ausgange dieser auf eine Hebung des Preisniveaus gerichteten Bewegungen und der Geldknappheit kann nun wohl nicht in allen Fällen empirisch nachgewiesen werden. Gewiß ist es z. B., daß der Zusammenbruch des Kupfersyndicates zunächst der forcirten Productionssteigerung dieses Metalles bei gleichzeitiger Einschränkung des Consums, der Fall des Cotton-Corner in Liverpool einer überaus günstigen Baumwollernte zuzuschreiben war. Doch hat Geldknappheit im entscheidenden Momente nicht blos beim Scheitern auch dieser Unternehmen mitgewirkt; nachweislich war sie die unmittelbare Ursache des Mißlingens der in den Jahren 1884 und 1887 in den Vereinigten Staaten unternommenen Anläufe zur Hebung des Preisniveaus, deren Zusammenbruch demgemäß auch von einer Geldkrise gefolgt war; sie hat den Mißerfolg der Silberbewegung im Jahre 1890 entschieden; die fühlbare Beengung des Londoner Geldmarktes im Herbste 1890 hat das Haus Baring genöthigt, seine Lage offen zu declariren. Zudem spricht auch der Einfluß, welchen territoriale Verschiedenheiten des Währungssystems auf den Verlauf solcher Krisen nehmen (hierfür ist insbesondere eine Parallele zwischen der Krise des Hauses Baring und des Comptoir d'Escompte lehrreich), für deren Zusammenhang mit den Geldverhältnissen. Vollends außer Zweifel gestellt wird aber der letztere durch eine beachtenswerthe Aeußerung Nasse's, welcher mit großem Erfolge die Ansicht, daß die herrschende Preisdepression auf die Währungsreformen und die Ausbreitung der Goldwährung zurückzuführen sei (Appreciations-Theorie) bekämpft hat. Er gibt nämlich zu, daß es »immerhin auffallen müßte, daß die zweifellos eingetretene, große Veränderung in der Angebot- und Nachfrageverhältnissen des Goldes . . . . ohne Einfluß auf den Tauschwerth des Goldes geblieben sei? daß sie keine Appreciation des Goldes hervorgerufen haben soll?« Diese Erscheinung, fährt er fort, erklärt sich aus zwei Gründen. Aus der ungemeinen Ausbildung der creditwirthschaftlichen Formen des Zahlungsverkehres einerseits; andererseits aber daraus, daß man eben weniger Metallgeld gebraucht hat in Folge der sinkenden Waarenpreise und der mit denselben in Verbindung stehenden, sogenannten gewerblichen Depression (Hildebrand-Conrad, Jahrb. N. F. Bd. XVII., S. 149). »Denn jeder Geschäftsumsatz bedarf bei sonst gleichen Umsätzen um so mehr Zahlungsmittel, je höher, um so weniger, je niedriger die Preise der Güter sind, die er umformt, transportirt, vertheilt.« Diese Einräumung hebt u. E. den praktischen Werth der anderweitigen gegen die Appreciationstheorie gerichteten Ausführungen Nasse's auf. Denn wenn man ihm auch darin beistimmen wollte, daß mit der Währungsfrage außer Zusammenhang stehende Ursachen, so insbesondere der Eintritt neuer Productionsgebiete in den Weltverkehr die Preisdepression ursprünglich mit veranlaßt hätten: wie kann der wirthschaftliche Organismus die schleichende Krise jemals überwinden, wenn in dem Augenblicke, da die preisdrückende Wirkung jener anderweitigen Momente überwunden wird, nach Nasse's Anschauung die Knappheit des verfügbaren Geldvorrathes zur Geltung kommen muß? Die Argumente selbst dieses hervorragendsten Gegners der Appreciationstheorie bewegen sich daher in einem Cirkel. Nicht so sehr der Nachweis dieses Trugschlusses aber ist hier von Bedeutung als das Licht, welches aus der an sich richtigen Beobachtung Nasse's auf die frappante, von uns hervorgehobene Regelmäßigkeit fällt, mit welcher nicht blos die speculativen Versuche, das Preisniveau zu heben, scheitern, sondern auch auf Perioden stetiger und reeller Preisentwicklung eine scharfe Reaction folgt. Umfassende statistische Aufstellungen über die Fortschritte der Preisdepression nach 1885 liegen zwar noch nicht vor; allein eine Uebersicht Soetbeer's über die Preisbewegung von siebzehn Welthandelsartikeln 1885—1890 weist für acht Artikel einen weiteren Rückgang auf; das arithmetische Mittel der Waarenpreise in Deutschland 1888 verhält sich zum Durchschnittspreisstand 1879/83 wie 96·2 : 100.[1])

---

[1]) Hildebr.-Conr. Jahrb. N. F. XVIII. Bd., S. 320. Ueber die Fortschritte der Preisdepression in Oesterreich-Ungarn, vgl. v. Inama-Sternegg in der Statist. Monatsschrift 1890, S. 1 ff.

So lassen denn schließlich die Forschungsergebnisse auch der monometallistischen Theorie eine dauernde Besserung der Absatzkrise nur von einer günstigen Aenderung der Angebots- und Nachfrageverhältnisse des Goldes erwarten — selbstverständlich, sofern nicht die Rehabilitirung des Silbers die Circulation theilweise vom Golde emancipirt.

Was die Productions- und Angebotsverhältnisse des Goldes anbelangt, so haben sich dieselben nach den ziemlich übereinstimmenden Schätzungen des amerikanischen Münzdirectors Leech und Soetbeer's im letzten Quinquennium günstiger gestaltet. Es betrug nämlich die Gesammtproduction von Gold nach

	Leech	Soetbeer
	Millionen Reichsmark[1])	
1881 bis 1885 (durchschnittlich)	—	416·1
1886	416·7	449·2
1887	442·0	446·4
1888	461·2	463·1
1889	498·6	502·2

Daher mag — wenn auch nur für die nächste Zukunft — von der autoritativen, überaus ungünstigen Prognose Sueß' (»Die Zukunft des Goldes«, S. 347) abgesehen werden.

Aber der Schwerpunkt der Frage liegt nicht so sehr in den Productions- als in den Consumtionsverhältnissen des Goldes, und zwar — da die Nachfrage zu monetären Zwecken, insoferne sie von staatlichen Reformmaßregeln abhängig ist, im vorhinein nicht bestimmt veranschlagt werden kann — in der industriellen Consumtion des Goldes.

Der industrielle Netto-Consum[2]) beider Edelmetalle betrug nämlich (nach Scherzer: »Das wirthschaftliche Leben der Völker«, Leipzig 1885, und Soetbeer's »Materialien«).

	Gold	Silber
	in 1000 Kilogrammen	
	durchschnittlich	
1831—1840	18.000	200.000
1841—1850	20.000	220.000
1851—1860	28.000	270.000

[1]) 1 Dollar = 4·197 Reichsmark.
[2]) d. i. nach Abzug des alten, wieder eingeschmolzenen Edelmetalles.

	Gold	Silber
	in 1000 Kilogrammen	
	durchschnittlich	
1861—1870	57.000	310.000
1871—1880	84.000	470.000
1881—1885	90.000	515.000 [1])

Der industrielle Verbrauch des Goldes nimmt also trotz oder vielmehr wegen dessen hohen Preises — indem derselbe das gesteigerte Luxusbedürfniß besser zu befriedigen im Stande ist — verhältnißmäßig viel rascher zu als der des Silbers; vergleicht man den Zeitraum von 1851—1860 mit jenem von 1881—1885, so ergibt sich, in Procenten ausgedrückt, eine Steigerung des industriellen Nettoconsums von Gold um circa 225%, für Silber um 91%. — Es ist das der statistische Ausdruck des oft hervorgehobenen Phänomens, daß das weiße Metall immer stärker auf die monetäre Verwendung sich angewiesen sieht, während das Gold in steigendem Maße der monetären Verwendung durch den industriellen Consum entfremdet wird.

Wird die gesammte Production der Edelmetalle während der letzten Jahre wie folgt veranschlagt:

	Gold	Silber
	(nach Soetbeer)	(nach Haupt)
	in Kilogrammen	
1887	160.000	3,021.000
1888	166.000	3,427.000
1889	182.000	3,919.000

so beträgt gegenwärtig der Nettoverbrauch für industrielle Zwecke (nach Abzug des alten Metalles) für Gold circa 50 bis 56%, für Silber circa 13·1 bis 17% der jährlichen Productionsziffer.

Sollte bei gleichbleibender Production des Goldes dessen industrieller Verbrauch in demselben Verhältnisse, wie während der Periode 1861—1885, d. i. um circa 58% zunehmen, so würde in längstens 30 bis 40 Jahren alles neu producirte Gold durch die industrielle Verwendung aufgezehrt werden, wäre mithin zu monetären Zwecken überhaupt nicht verfügbar. Dieses Resultat muß aber, wenn der Verlust

---

[1]) Für das Quinquennium 1886 bis 1890 liegen derlei umfassende Schätzungen aus autoritativer Quelle nicht vor. Symptomatisch läßt sich jedoch auch für diesen Zeitraum eine stetige Zunahme des industriellen Goldconsums constatiren.

durch Abnützung und Thesaurirung des Goldes¹) und dessen Abfluß aus den Culturländern in den Orient²) berücksichtigt wird, noch früher eintreten.

Es ist aber eine bekannte und leicht erklärliche Thatsache, daß die Nachfrage nach Gold zu monetären Zwecken der Nachfrage des industriellen Consums nothwendig nachstehen muß; denn während die industrielle Veredlung den Tauschwerth des Rohmaterials beträchtlich zu erhöhen im Stande ist, kann die Ausmünzung dem Golde keinen höheren Tauschwerth als den des gemünzten Geldes verleihen, welch letzterer, weil er eben im Verhältniß zu allen anderen Waaren berechnet wird, nur langsam und schrittweise sich erhöhen kann.

Diese auch von monometallistischer Seite anerkannte Erfahrungsthatsache legt die Frage nahe, ob es wohl die richtige Politik sein könne, dasjenige Metall, welches immer mehr auf Gelddienste sich angewiesen sieht, fortschreitend zu demonetisiren — das Gold aber, dessen Neuproduction in kürzerer oder längerer Zeit der monetären Verwendung zum größten Theile entzogen sein wird, zum ausschließlichen Währungsmetalle in der ganzen Culturwelt zu erheben? —

Kehren wir an den Ausgangspunkt dieser Betrachtung zurück und fassen unsere Ausführungen zusammen, welche ein objectives Bild des gegenwärtigen Standes der für die Entscheidung der internationalen Währungsfrage als maßgebend anerkannten Controversen zu bieten beabsichtigen, so fällt zunächst jene eigenartige Erscheinung auf, welche in der wirthschaftlichen Literatur die monetäre Discussion zu ihrem Nachtheile charakterisirt: die völlige Disparität der Gesichtspunkte, von welchen beide Parteien ausgehen.

Die Argumente stehen einander gegenüber, können sich aber so wenig treffen als Linien, die einander in verschiedenen Ebenen entgegen-

---

¹) Dieselbe wird constant auf circa 1500—2000 Kilogramm Gold jährlich veranschlagt.

²) Damit ist vornehmlich Britisch-Ostindien gemeint, dessen Zahlungsbilanz bekanntlich seit jeher überaus activ ist. Die Mehreinfuhr von Gold weist aber bisher keine constante Zunahme auf: im jährlichen Durchschnitte von 1851—1860: 21·4 Millionen; 1861—1870: 59·9 Millionen; 1871—1880: 14·7 Millionen; 1881—1885: 47·1 Millionen Rupien (Soetbeer); 1885—1889 zwischen 45—50 Millionen Rupien. Die in England öfter angeregte Einführung der Goldwährung in Indien könnte allerdings die Bedeutung dieses Verbrauchsfactors unabsehbar steigern. Das nach Indien eingeführte Gold bleibt dem Weltverkehre zum großen Theile entzogen, da es thesaurirt wird.

geführt werden, sich jemals schneiden können.[1] — »Peinlich,« bemerkt Scharling, »wirkt der Mangel an gegegenseitigem Verständniß, die

---

[1] Ein interessanter Versuch Hertzka's, die für die monetäre Controverse so bedeutsame Gefahr der Goldknappheit oder zum mindesten die Besorgniß vor derselben durch ein auf analytischem Wege gefundenes Gesetz zu bannen, kann nicht völlig übergangen werden. Seine Deduction (am ausführlichsten dargelegt in der Abhandlung »Das Wesen des Geldes«) geht davon aus, daß die Edelmetallströmungen nicht von der Gestaltung der Handelsbilanz, sondern umgekehrt dieselbe von ersteren abhänge, indem die Edelmetalle die Tendenz hätten, dorthin zu fließen, wo der Bedarf nach ihnen am stärksten sei, der Werth des Geldes also steige. Die Edelmetalle seien daher mit Bezug auf ihre Strömungen den anderen Waaren gleichzustellen (S. 47 ff., 52, 53).

Demnach wäre theoretisch für ein Land, welches Bedarf an Geld hat, Geldknappheit nie zu befürchten, und dieses Bedenken könnte bei der Discussion über die Währungsfrage frohen Muthes fallen gelassen werden.

Behufs Widerlegung dieser Anschauung, welche in dieser Einseitigkeit auch von den bisherigen Recensenten Hertzka's, Lexis und Struck, abgelehnt worden ist, mag darauf hingewiesen werden, daß sich dieselbe in ihren Grundzügen vollständig mit der von Ricardo aufgestellten Theorie über die Edelmetallströmungen deckt (The high price of bullion etc. London 1809 passim; Reply to Mr. Bosanquets practical observations.... 1811 Ch. IV.; Proposals for an economical and secure currency 1816), welche die Quelle der gegenwärtig allgemein verworfenen Currencytheorie geworden ist (vergl. über dieselbe Wagner, »Die Geld- und Credittheorie der Peel'schen Bankacte«, Wien 1862, S. 79 ff., 187). Was Wagner von der Ricardo'schen Doctrin sagt, daß ihre Kritik in der Kritik der Currencytheorie liege, gilt daher in gleichem Maße auch von Hertzka's Neubelebung jener Doctrin.

Von den gleichen — heute als irrig erkannten — Prämissen wie Ricardo gelangt Hertzka nothwendig zu den gleichen irrigen Folgerungen. Gleich Ricardo nimmt er nämlich an, daß Geldabfluß, also ungünstige Wechselcourse, auf einen relativen Geldüberfluß im betreffenden Wirthschaftsgebiete hindeuten und umgekehrt. Selbstständig hingegen, aber verkünstelt und von Struck und Lexis bereits mit Recht zurückgewiesen, ist seine Theorie, daß Geldüberfluß in einem Wirthschaftsgebiete die Centralbank zur Erhöhung ihres Discontsatzes zwinge während umgekehrt Geldbedarf ein Nachlassen der Discontschraube bewirke (S. 92 ff.).

Die Fehlerquelle auch dieser prima facie paradoxen, aber geistreich durchgeführten Theorie ist im Vorwalten der Deduction bei allzu geringer Beachtung der Erfahrung zu suchen.

Denn das Argument, worauf Hertzka den angeblichen Connex zwischen Geldüberfluß und Disconterhöhung gründet, daß nämlich bei Geldüberfluß das Publicum die Centralbank durch Präsentation ihrer Noten des Baarschatzes beraube, wird durch die Erfahrung schlagend widerlegt; fast ausnahmslos erfährt in Zeiten stark steigenden Discontes der Notenumlauf nicht eine Minderung, wie

Unfähigkeit, einem entgegengesetzten oder nur abweichenden Gedankengang zu folgen, welche nur gar zu viele von den von verschiedenen Standpunkten gelieferten Beiträgen zur Beleuchtung dieser Frage charakterisirt.«

Dahin gehört auch, daß, während von der Goldwährungspartei diese Controversen als bedeutungslos hingestellt werden, die andere Partei sie als in ihrem Sinne bereits gelöst ausgibt. Weder das Eine noch das Andere trifft zu. Wohl aber spricht eine Reihe von Symptomen dafür, daß die internationale Währungsfrage schließlich im Sinne einer auf bimetallistischer Grundlage ruhenden Union gelöst werden wird.

Diese Symptome sind, wie gezeigt wurde, theils primärer Art, wozu jene Phänomene gehören, welche den Zusammenhang des herrschenden Währungssystems mit der schleichenden Absatzkrise und den periodisch wiederkehrenden Geld- und Creditkrisen enthüllen, theils Symptome secundärer Natur, welche auf die Unzulänglichkeit und Bedenklichkeit der den Goldwährungsstandpunkt im Principe festhaltenden, monetären Reformgedanken hinweisen. Aus diesen Gründen besteht wohl ein wissenschaftliches Recht, die dereinstige Lösung in dem angedeuteten Sinne zu erwarten; dennoch muß die Frage, ob diese Lösung in kürzerer oder längerer Zeit eintreten werde, offen bleiben.

Es wäre allzu optimistisch, anzunehmen, die Erkenntniß eines so complicirten wirthschaftlichen Sachverhaltes könnte in kurzer Zeit internationale Verbreitung, wenn auch nur in den politisch einflußreichen Schichten der Völker gewinnen; dies um so weniger, als die Sache des Bimetallismus auf die langsam eindringende Wirkung der Induction angewiesen ist, während für die Goldwährung deductive Raisonnements verwerthet zu werden pflegen. Andererseits ist es aber völlig willkürlich, zu bezweifeln, daß, wenn diese Erkenntniß einmal durchgedrungen, ein loyales und getreu respectirtes Uebereinkommen der Culturvölker über

---

dies nach Hertzka der Fall sein müßte, sondern eine Erweiterung. Wenn nun Hertzka weiter (S. 96) ausführt, daß während der Periode des »Geldüberflusses«, wiewohl die »Notenbank ihren Kunden förmlich die Kehle mittelst der Discontschraube schnüre«, der Edelmetallabfluß deshalb fortdauere, »weil alle Wechselreiterei der Finanzwelt nicht ausreicht, die Lücken im Angebote fremder legitimer Wechsel zu stopfen,« so ist er damit völlig zur herrschenden Ansicht zurückgekehrt, welche diesen Zustand auf die ungünstige Gestaltung der Handelsbilanz zurückführt, in Folge deren die Nachfrage nach Auslandswechseln, respective nach Gold sich beträchtlich über das Angebot steigert; und übrig bleibt nur, daß Hertzka diesen Zustand als Geldüberfluß bezeichnet, während die herrschende Ansicht ihn Geldknappheit nennt und die Geschäftswelt ihn als solche empfindet.

die Währungsfrage sich wird erzielen lassen. Denn die Präsumtion
der mala fides, welche gegen dessen Fortbestand eingewendet wird,
darf wohl in ökonomischen Dingen auch gegen die Völker so wenig
als gegen die Individuen Anspruch auf Geltung erheben. —

Diese langsame, im Wege theoretischer Erkenntniß heranreisende
Lösung der Währungsfrage ist nun aber nicht mehr als eine einzelne,
und zwar die ungünstigste Alternative. Sie ist zudem kaum mehr wahr=
scheinlich. Denn die in jüngster Zeit hervorgetretene, erfolgreiche Agitation
der amerikanischen Silberpartei ist u. E. geeignet und wohl auch
bestimmt, diese Lösung nach der einen oder anderen Richtung durch die
Macht weltkundiger und in die wirthschaftlichen Geschicke aller Cultur=
völker eingreifender, praktischer Maßregeln herbeizuführen.

Kein Moment der Währungsfrage ist in Bezug auf Ursachen und
Wirkungen so sehr verkannt worden, als die amerikanische Bewegung.
Nicht blos die vom Parteistandpunkte urtheilende Tagespresse, sondern
auch hervorragende Forscher, darunter insbesondere Lexis (Schmoller's
Jahrbuch 1883, S. 176, und Hildebr.=Conrad's Jahrbücher 1888, S. 357)
und auch solche, welche zum Bimetallismus hinneigen, z. B. Haupt
(Histoire monétaire, p. 176) und Scharling (»Preuß. Jahrb.« 1889,
S. 367) haben die Blandbill vom 28. Februar 1878, welche allerdings,
wie kaum ein anderes Gesetz, ein Mißverhältniß von Mittel und Zweck
aufweist, als eine blos ephemere Erscheinung bezeichnet. Die mit der
Blandbill betretene Bahn der Rehabilitirung des weißen Metalles ist
aber entgegen diesen Vorhersagungen keineswegs verlassen, sondern
vielmehr mit der Windom=Bill vom 14. Juli 1890 noch energischer
betont worden.¹) Dessen ungeachtet wurde — geringschätzig genug —
auch dieses Gesetz als Ausfluß der Machinationen eines »Ringes von
Silberkönigen«, als ein frivoles Experiment in der öffentlichen Meinung
stigmatisirt, wiewohl doch der Name seines geistigen Urhebers, der mit
dem kurzen Regime Garfield's verknüpft ist, den Verdacht eines un=
lauteren Ursprunges a priori keineswegs rechtfertigt. Mag auch die
Windom=Bill durch die Auswüchse der wüsten Speculation, welche
sich an ihre Entstehung anschloß, mit einigem Rechte in Mißcredit ge=

---

¹) Und zwar mit der ausgesprochenen Tendenz zur Herstellung der Doppel=
währung: »It being the established policy of the United States« besagt
Artikel 2 i. f. des Gesetzes, »to maintain the two metals on a parity with each
other upon the present legal ratio or such ratio as may be provided by law.«

rathen sein, so wird doch eine unbefangene Betrachtung sich dessenungeachtet in unserem eigensten Interesse hüten müssen, die ganze Bewegung ohne tiefere Untersuchung mit der Sentenz: »frivoles und vorübergehendes Experiment« abthun zu wollen.

Dagegen spricht die gegenwärtig geplante neuerliche Verschärfung, dagegen der Umstand, daß der Windom=Bill[1]) gerade im Senate, der durch fürstlichen Reichthum der Mitglieder (von R. Meyer im Jahre 1882 auf circa 2½ Milliarden geschätzt) materiell unabhängigsten, gesetzgebenden Körperschaft, ein wesentlich verschärfendes, auf freie Silberprägung abzielendes Amendement beigefügt worden war; dagegen die historische Thatsache, daß in Nordamerika die auf eine Vermehrung der Umlaufsmittel hinzielenden Tendenzen, welche selbst vor dem Schlagworte »Inflation« nicht zurückschrecken, keineswegs jüngsten Ursprunges sind; denn für Inflation und Hochschutzoll — für beide Richtungen also, in denen sich gegenwärtig die amerikanische Volkswirthschaftspolitik bewegt — ist vor mehr als zwei Jahrzehnten bereits Henry C. Carey in den Briefen an den Präsidenten Grant (Shall we have peace ...?)[2]) mit glühenden Worten eingetreten.

Die wahre — und jedenfalls nachhaltigste — Triebfeder der amerikanischen Silberbewegung aber ist in den agrarischen Zuständen, vornehmlich in den Verschuldungsverhältnissen des Grundbesitzes zu suchen, ein Moment, auf welches zuerst Lexis in seiner Besprechung des neuesten Standes der Währungsfrage[3]) kurz hingewiesen hat.

Durch geraume Zeit hat die öffentliche Meinung in Europa, geblendet von den nur allzu schmerzlich empfundenen Erfolgen der ameri=

---

[1]) Das Gleiche gilt von der noch im Stadium der Berathung befindlichen »Free-coinage-bill«.

[2]) Deutsch als »Geldumlauf und Schutzsystem« Pest 1870, erschienen. Carey's weitgehende und keineswegs rückhaltlos zu billigende Gedanken — es wird die Papiergeldwirthschaft geradezu als Panacée angepriesen — fanden zunächst kaum einen Widerhall; das Jahr 1873 brachte den Vereinigten Staaten die Goldwährung. Aber schon die nächsten Jahre sind durch einen starken Rückschlag gekennzeichnet; im Jahre 1876 wurde eine parlamentarische Enquête=Commission von ausgesprochen bimetallistischer Zusammensetzung eingesetzt, welche vornehmlich Anhänger der Doppelwährung berief; vgl. insbesondere Cernuschi's Aussage in »Nomisma; or Legal tender«, New=York 1877. Seither gewann die bimetallistische Richtung stetig an Kraft. Die bimetallistische Stellung Nordamerikas auf den internationalen Münzconferenzen ist bekannt.

[3]) In Hildebr.=Conr. Jahrb. f. Nat.=Oek. und Stat., N. F. XXI. Bd., S. 264.

kanischen Concurrenz, wundersamen Illusionen über die Lage des Grund=
besitzes in den Vereinigten Staaten gehuldigt, welche durch tendentiöse
Darstellungen wesentlich befördert wurden. So hat insbesondere R.
Meyer in dem bekannten Werke über die amerikanische Concurrenz der
an sich löblichen Tendenz zuliebe, die Idee des Heimstättenrechtes zu
popularisiren, die agrarischen Zustände, wie sie sich angeblich in Folge
der Exemptionen herausgebildet hätten, in den rosigsten Farben ge=
schildert.

Erst dem vortrefflichen, frei von aller Tendenz geschriebenen Werke
von Max Sering: »Die landwirthschaftliche Concurrenz Nordamerikas«
verdanken wir verläßliche und hoch bedeutsame Aufschlüsse über die Ver=
schuldung des nordamerikanischen Grundbesitzes. Darnach lastet dieselbe
— wie wohl geringer als die des Grundbesitzes in West= und Mittel=
Europa — wegen des hohen Zinsfußes (7—10%) mit solcher Wucht
auf den nordamerikanischen Farmern, daß nicht weniger als der vierte
Theil derselben — meist auf dem Wege der Subhastation — zu Pächtern
herabgesunken ist (S. 575 und 167). Die Zahl der Banken, welche
auf Hypotheken leihen, beläuft sich nicht blos auf hunderte, sondern auf
tausende. Bankerotte mit darauf folgender Zersplitterung der Ländereien
sind namentlich auf den großen Weizenfarmen Californiens keine Selten=
heit (S. 248).

Nach dem von Sering citirten Jahrbuche des Commissioner of
Agriculture zu Washington für 1886 wären im Staate New=York 30%
aller Farmen durchschnittlich bis zur Höhe von zwei Drittel ihres Werthes
belastet, 5% aller Farmen zahlungsunfähig, der durchschnittliche Zinsfuß
betrug 5%; in Illinois 33% aller Farmen verschuldet (Zinsfuß 6½
bis 8%); in Missouri 20—25% des Bodens belastet, die Verschuldung
weist eine steigende Tendenz auf, der Zinsfuß erhebt sich auf 8%; am
ungünstigsten liegen die Verhältnisse in Kansas, wo 50% des Grundes
belastet, 20% aller Grundbesitzer zahlungsunfähig wären und der Zinsfuß
zwischen 6—10% gilt (S. 750 f.).

Ebenso hohe Resultate ergaben die jüngeren Erhebungen der nord=
amerikanischen Verschuldungsstatistik, über welche G. Ruhland (»Die
Verschuldungsstatistik des Grundbesitzes in Nordamerika«, Tübinger
Ztschrft. f. d. g. Staatswissenschaft 1890, S. 473 ff.) berichtet. Die
von ihm angezogenen officiellen Schätzungen nehmen für Michigan bei
einem Gesammtsteuerwerth aller Farmen per 335,378.025 Dollars eine
Hypothekarschuldenlast von 64,392.580 Dollars an; der durchschnittliche

Zinsfuß beträgt 7·2%. In Illinois sind die landwirthschaftlichen Grundstücke mit 142,400.300 Dollars, städtisches Grundeigenthum (Chicago) mit 301,658.478 Dollars belastet; der Zinsfuß beträgt für erstere durchschnittlich 6·90%, für letzteres 6·51%. In Nebraska arbeiten 18% der Farmer mit Verlust, zu dessen Deckung sie weitere Hypothekarschulden aufnehmen müssen; der Hypothekenzinsfuß schwankt zwischen $6^{1}/_{2}$ und 11%.

Mit diesen Verschuldungsverhältnissen ist der amerikanische Grundbesitz in die Periode tiefer Preisdepression in der zweiten Hälfte des verflossenen Decenniums eingetreten. Die Productivität der Weizencultur sank in manchen Gegenden unter den Nullpunkt und es lag blos an specifisch amerikanischen Verhältnissen (Möglichkeit der Dereliction und Occupation neuen Gebietes, Tarifkriege der Transportgesellschaften), daß die Depression der Landwirthschaft nicht in eine förmliche Agrarkrise ausartete. Allein sie ist nicht wirkungslos vorübergegangen. Die natürliche Tendenz des Grundbesitzes zur Vermehrung der Umlaufsmittel und Herabsetzung der Kaufkraft des Geldes trat deutlicher hervor, und von der demokratischen Partei, welche seit jeher die Interessen des vornehmlich ackerbautreibenden Westens und Südens gegen den industriereichen republikanischen Nordosten vertreten hatte, zweigte sich ein Flügel ab, welcher speciell agrarische Interessen im Auge behielt. Ja der überraschende Sieg Harrison's über Cleveland, welch' letzterer als Anhänger gemäßigter Zollpolitik und Gegner der Inflation auftrat, mag nicht mit Unrecht einem Compromisse dieses demokratisch-agrarischen Flügels mit der republikanischen Hochschutzollpartei zuzuschreiben sein;[1]) denn Inflation und Hochschutzoll, welche das Wirken der letztverflossenen Legislation kennzeichnen, decken und ergänzen einander vortrefflich und bilden in ihrer Vereinigung den gemeinsamen Boden, auf welchem agrarische und industrielle Interessen ihre Ausgleichung finden. Der Schutzzoll verhindert, daß die in Folge der Circulationssteigerung unvermeidlich eintretende Preisbewegung künstlich eine erdrückende Concurrenz in das Land locke, wogegen die Inflation die preissteigernde Wirkung des Schutzzolles, wenigstens in Bezug auf die dem Grundbesitze angehörige Classe der Consumenten abschwächt. Mag daher auch die protectionistische

---

[1]) Daß agrarische Interessen hierbei den Ausschlag gaben, wird durch ein von Ruhland mitgetheiltes Detail aus dem Wahlkampfe bestätigt, wonach zu Agitationszwecken die Höhe der Farmhypotheken in Illinois mit 620 Millionen Dollars statt 142 Millionen ausgegeben worden sei.

Partei, welche die günstige Situation mit der vielberufenen Mc. Kinley-Bill vielleicht in allzu schroffer Weise ausgenützt hat, dadurch an Einfluß eingebüßt und die Majorität im Volkshause verloren haben: so ist darum unseres Erachtens doch nicht zu erwarten, daß das eben geschilderte System extrem nationaler Wirthschaftspolitik gänzlich werde verlassen werden.

Zu alledem besitzen die Vereinigten Staaten als die größten Silberproducenten der Erde (ihr Antheil an der gesammten Production dieses Metalles beträgt gegenwärtig bereits mehr als 40% und ist in rapider Steigerung begriffen) an der Preissteigerung desselben ein unmittelbares Interesse von großer Bedeutung. Dieses Moment muß insbesondere jener allzu wohlfeilen Argumentation gegenüber betont werden, welche gegen die amerikanische Silberbewegung dadurch Stimmung macht, daß sie die Beschränkung jener Interessen auf eine relativ geringe Gruppe von »Silberkönigen« hervorhebt. Denn die Thatsache, daß ein wichtiger Productionszweig einer geringen Anzahl von Monopolisten unterthan ist und die Betheiligung weiterer Kreise ausschließt, mag unter Umständen wohl ein inneres, sociales Uebel von eminenter Bedeutung involviren; aber darum fällt dieser Productionszweig aus dem Rahmen der wirthschaftlichen Interessen dieses Volkes keinesfalls hinaus, so daß man im Weltverkehre, wo jede Nation als Einheit, als Wirthschaftsganzes erscheint, diese Interessen denen des übrigen Volkes gegenüberstellen und des nationalen Schutzes für unwürdig erklären dürfte. So strenge daher in den Vereinigten Staaten selbst über das egoistische Vorgehen dieser kleinen Producentengruppe geurtheilt werden mag, das Ausland muß damit rechnen, daß ihm gegenüber diese Interessen als nationale amerikanische Interessen erklärt und als solche gefördert und verwirklicht werden. Diesem Gedanken hat auch der Schatzsecretär der Vereinigten Staaten in dem »Annual Report of the Secretary of the Treasury on the state of the finances for the year 1889« dahin Ausdruck gegeben, daß angesichts der Steigerung der Silberproduction der allgemeine Uebergang zum Bimetallismus für die Vereinigten Staaten das wünschenswertheste Ziel darstelle.[1])

Das eine Moment mögen wir daher mit aller Sicherheit in unseren Calcül einstellen, daß wir in der amerikanischen Silberbewegung keinem frivolen, vorübergehenden Experimente, sondern dem Ausflusse einer zielbewußten, energischen, auf die Vermehrung der Circulationsmittel und

---

[1]) Hildebrand-Conrad's Jahrb. f. Nat.-Oek. u. Stat. 1890, S. 644 ff.

Hebung des Silberpreises gerichteten Währungspolitik gegenüberstehen, daß also nicht darauf zu rechnen ist, es werde dieses Experiment bei seiner ersten ungünstigen Wendung ohne weiteres aufgegeben werden. Vielmehr wird voraussichtlich der einmal eingeschlagene Weg so lange verfolgt werden, bis er zum Ziele führt oder sich als gänzlich ungangbar erweist.

Es sind daher für die Prognose blos zwei Alternativen ins Auge zu fassen: das völlige Gelingen oder das völlige Mißlingen. Das erstere [1]) bedeutet die Steigerung des Londoner Silbercourses auf 59 d (amerikanisches Münzpari 129.29 Cents, Relation 1 : 16) und im Anschlusse daran die Einräumung des freien Prägerechtes auf Privatrechnung. Damit wäre der Uebergang zur realen Doppelwährung wenigstens in Einem großen Culturgebiete vollzogen und das Gesetz der Beharrlichkeit, welches die Völker in der einmal eingeschlagenen Bahn zur Goldwährung festhält, auf Einem Punkte wenigstens überwunden. Damit hätte ferner der a priori geradezu unlösliche Streit, ob die Doppelwährung durch das Bündniß einer engeren Staatengruppe — mit Ausschluß insbesondere Englands — durchführbar und auf die Dauer aufrecht zu erhalten wäre, seine empirische Lösung gefunden, gelänge es nämlich einem einzelnen Staate, die beiden Metalle auf ein bestimmtes Preisverhältniß zu bringen und daselbst festzuhalten.

Es steht völlig außer Frage, daß insbesondere die Lateinische Münzunion dieser Richtung der amerikanischen Währungspolitik sich anschließen und daß es gelingen würde, die geringe Differenz, welche zwischen der französischen (1 : 15½) und amerikanischen Relation (1 : 16) besteht und dem Abschlusse eines Bündnisses im Wege steht, aus-

---

[1]) Dasselbe hat durch die ungünstige Gestaltung der Silberspeculation an Wahrscheinlichkeit beträchtlich eingebüßt. Seine Erörterung rechtfertigt sich aber — abgesehen von dem weiteren Gesichtspunkte dieser Schrift — schon durch die Erwägung, daß erfahrungsgemäß in Nordamerika ein Mißerfolg mächtiger Interessengruppen dieselben nicht abschreckt, vielmehr zu immer gewaltsameren Mitteln verführt. Vgl. Lexis (in Hildebrand=Conr. Jahrb., N. F. XXI. Bd., S. 268): »Es ist nicht unwahrscheinlich, daß schließlich die freie Silberprägung sich als natürliche Consequenz der neuen Münzpolitik ergeben werde. ... Wenn also das Gesetz in seiner jetzigen Gestalt nicht die erwartete Wirkung thut, so wird doch nach einigen Jahren nicht mehr daran gedacht werden können, es wieder aufzuheben, sondern man wird sich dann wahrscheinlich zu einem letzten entscheidenden Schritte entschließen, durch den das Silber das vorherrschende und maßgebende Währungsmetall in Amerika werden würde.«

zugleichen.¹) Es wären alsdann, wie aus unseren früheren Ausführungen erhellt, auch in den übrigen Staaten Europas einflußreiche Stimmen für den Beitritt zum Währungsbündnisse zu gewinnen, welche heute aus Opportunität oder Scheu vor den praktischen Schwierigkeiten sich noch neutral verhalten oder gar zur Goldwährungspartei zählen.²) Dies die natürlichen Folgen des Gelingens des amerikanischen Währungsexperimentes. Was nun aber dessen Chancen betrifft, so lassen sich dieselben ziffermäßig nur so weit feststellen, als die Aufnahmsfähigkeit des nordamerikanischen Geldverkehres für Silber in Frage kommt, keineswegs aber in Hinblick auf das Silberangebot, welchem diese beschränkte Nachfrage und Aufnahmsfähigkeit begegnen wird.

Um für das erstere eine Maximalgrenze festzusetzen, reichen nämlich auch die Daten über die gegenwärtige Silberproduction der Erde nicht aus, da mit der Zufuhr alten eingeschmolzenen Silbers von ganz unbestimmbarer Menge und mit der unausweichlichen Productionserhöhung gerechnet werden muß. In dieser Richtung haben sich denn auch die

---

¹) In der Frage der Relationsdifferenz steht auf Seite der Lateinischen Union das bei weitem größere **materielle Interesse**; das starre Festhalten der Vereinigten Staaten an ihrer Relation entsprang bisher eher der Vorliebe für nationale Institutionen. In jüngster Zeit scheint dasselbe so weit nachgelassen zu haben, um einem Ausgleiche Raum zu gönnen; vgl. den auffallenden Passus im Texte der Windom-Bill: »to maintain the two metals on a parity ... upon the present legal ratio, or such ratio as may be provided by law.«

²) Unter dieser Voraussetzung sprechen sich auch die namhaftesten wissenschaftlichen Vertreter der Goldwährung für den Bimetallismus aus. Vgl. Nasse's Gutachten an die Royal-Commission app. to inqu. into the recent changes in the relative values of the precious metals: »An international agreement for the purpose of the free coinage of gold and silver as legal tender money at a fixed ratio I should regard as a happy circumstance if its punctual observance and its continuance were assured.« Daran zweifelt nun Nasse freilich. Ferner Lexis in seiner Recension von O. Arendt's »Der Währungsstreit in Deutschland« in Schmoller's Jahrb. 1886, S. 1328 ff. u. a. O.; dagegen aber in Hildebrand-Conrad's Jahrb., N. F. XXI. Bd., S. 270; Struck in Schmoller's Jahrbuch 1889, S. 702, nimmt gleichfalls blos an den Schwierigkeiten des internationalen Vertrages Anstoß; D(elbrück) in den »Preußischen Jahrbüchern«, 66. Bd., S. 206, bemerkt über das amerikanische Experiment: »Nimmt also der Verkehr die Silbercertificate an und gleitet der Silberpreis nicht wieder hinab, dann haben die Amerikaner durch ihr Experiment der Menschheit eine große Wohlthat erwiesen. Denn das unterliegt eigentlich auch bei den Monometallisten kaum noch einem Zweifel, daß der Bimetallismus, wenn er möglich ist, einen großen wirthschaftlichen Vortheil bieten wird.«

Berechnungen der Speculation — wie die neueste Silberbaisse beweist — als völlig haltlos erwiesen.

Die Nachfrage und Aufnahmsfähigkeit dagegen sind beschränkt und rechnungsmäßig feststellbar. Die erstere ist durch die oft erwähnte Bill vom 14. Juli 1890 auf jährlich 54½ Millionen Unzen Silber festgesetzt. Diese Silbermenge stellt — gleichgiltig, ob in der Form von Dollars oder Certificaten in den Verkehr gebracht — eine jährliche Vermehrung der Silbercirculation um 70 Millionen dar. Um nun die Aufnahmsfähigkeit des nordamerikanischen Verkehres für die letztere, d. h. die Grenze zu berechnen, bei welcher ein dauerndes Agio sich einstellen würde, ziehen wir zur Vergleichung Frankreich heran, als dasjenige Land, welches in dieser Beziehung für Silber das allergünstigste Verhältniß, nämlich bei der größten Silbercirculation kein dauerndes Goldagio aufweist.

In Frankreich betrug (nach Haupt) Ende 1887 der gesammte Vorrath an metallischem Courantgelde, in Gold: 4457 Millionen Francs, in Silber: 3550 Millionen Francs, zusammen circa 8000 Millionen; es entfielen daher auf das weiße Courantgeld circa 44% der gesammten metallischen Circulation. Trotz dieser beträchtlichen fiduciären Circulation ist die Werthconstanz des französischen Geldes im großen Durchschnitte kaum erheblich geringer als die der deutschen Reichswährung, wiewohl in Deutschland das percentuale Verhältniß des Silbercourantgeldes (circa 450 Millionen) zur gesammten metallischen Circulation (circa 2200 Millionen Reichsmark) blos 21% ausmacht.[1]) Dies überaus günstige Resultat ist allerdings, wie wir sehen werden, auf den ungeheuren monetären Credit Frankreichs zurückzuführen.

Der metallische Geldvorrath in den Vereinigten Staaten betrug zu Anfang des Jahres 1890 (nach Haupt: La hausse de l'argent, 1890).

Metallbestand in den Vereinigten Staaten:[2])

    Gold   im Schatze   313,000.000 Doll.
     »   in den Banken   83,000.000   »
     »   im Umlaufe   300,000.000   »
        Summe in Gold   696,000.000 Doll.

[1]) Daß dies trotz der in Frankreich zeitweilig — mittelst der Prämie — hervorgerufenen Schwankungen der Wechselcourse im Großen und Ganzen zutrifft, ergibt sich aus der Tabelle auf S. 90.

[2]) Annähernd dieselben Ziffern ergibt der Report of the Director of the mint ... (Leech) für das Jahr 1889 (Wash. 1890). Darnach hätte der Gold-

Silber im Schatze   299,000.000 Doll.
 „ in den Banken   7,000.000   „
    im Umlaufe   46,000.000
        Summe in Silber 352.000.000 Doll.

Gesammtsumme: 1048 Millionen Dollars.

Der Silbercourantumlauf beträgt somit gegenwärtig blos 33·6% der gesammten Hartgeldcirculation und könnte sich daher — die Aufnahmsfähigkeit des amerikanischen Geldmarktes jener des französischen gleichgestellt — bei gleichbleibendem Goldvorrathe gefahrlos um circa 180 bis 190 Millionen Dollars vermehren.

Wird jedoch auch die absolute Steigerungsfähigkeit der amerikanischen Circulation (d. i. die, durch die Zunahme der mit Geld zu vermittelnden Umsätze bedingte Erweiterung des gesammten Geldumlaufes) in Rechnung gezogen und entsprechend den statistischen Ergebnissen des letzten Decenniums mit jährlich circa 45 Millionen Dollars veranschlagt,[1] wovon auf die Vermehrung der Goldcirculation allein (Certificate und Münzen) circa 25 Millionen Dollars entfielen, während der Banknotenumlauf, vermöge der besonders ungünstigen Verhältnisse, eine Verringerung um durchschnittlich 12—15 Millionen Dollars erfuhr; so ergibt sich, unter der Voraussetzung, daß der jährliche Abfall der Banknotencirculation gänzlich und der Zuwachs des Goldvorrathes zum Theile durch Silbercertificate ersetzt werden könnten, über jenen Betrag

vorrath anfangs 1890 bestanden aus Goldmünzen: 622,009.063 Dollars; Goldbarren 67,265.944 Dollars; zusammen 689,275.007 Dollars: der Silbervorrath beläuft sich auf 349,938.001 Dollars, wovon 288,535.500 Dollars im Schatze.

[1] Berechnet nach den ziemlich übereinstimmenden Angaben des Annual Report of the Secretary of State ... Wash. 1890, und des Report of the Director of the mint (Leech) upon the production of the precious metals .... Wash. 1891. Nach ersterem betrug:

	1878	1889
	Dollars	
Gesammtcirculation	905,894.678	1.405,016.000
Goldvorrath	226,895.134	492,623.064
Nationalbanken-Noten	313,880.000	199,779.011

Nach letzterem:

	1880	1890
	Dollars	
Gesammtcirculation	1.022,033.685	1.198,072.709
Goldvorrath	268,801.020	545,044.462
Nationalbanken-Noten	340,329.000	177,250.000

von 180—190 Millionen Dollars hinaus die Aufnahmsfähigkeit des amerikanischen Geldverkehres für Silber mit 30—40 Millionen Dollars jährlich. Es könnte demnach, wenn die Menge des alljährlich anzukaufenden Silbers nicht über den Betrag von 54$^{1}/_{2}$ Millionen Unzen erhöht werden sollte, die Operation durch circa 5—6 Jahre fortgesetzt werden, ohne daß ein Agio für Goldmünzen und -Certificate entstünde.[1]

Die Ueberschreitung dieser Grenze würde demnach zunächst das Phänomen der Goldverdrängung und im Anschlusse daran das Goldagio, und zwar, wenn die gesetzliche Inflation nicht zum Stillstande gelangte, ein steigendes Goldagio hervorbringen. Ob der Paricours des weißen Metalles auf offenem Markte vor diesem verhängnißvollen Punkte zu erreichen wäre, ist, wie betont, eine offene Frage. Die Erfahrungen der jüngsten Zeit sprechen eher dagegen. Auch die projectirte Freigebung der Silberprägung für Privatrechnung — jedoch mit Einschränkung auf das in den Vereinigten Staaten producirte Metall — scheint kaum geeignet, den Silberpreis auf 129·29 Cents per Unze zu heben.[2] Es muß also ernstlich mit der Eventualität eines steigenden Goldagios in den Vereinigten Staaten gerechnet werden.

Dieses, anscheinend für die letzteren verhängnißvolle Resultat ihrer Münzpolitik würde nun in Wirklichkeit eine kaum zu überschätzende Gefahr für Europa bedeuten. Die Aufmerksamkeit darauf zu lenken, ist deshalb nicht ohne Werth, weil von den Anhängern der Goldwährung das voraussichtliche Mißlingen der inflationistischen Bewegung in Nordamerika vielfach als Argument für die erstere verwerthet wird. Unseres Erachtens würden jedoch umgekehrt die Folgen dieses Mißlingens die europäischen Volkswirthe dem Gedanken der internationalen Doppelwährung vielleicht

---

[1] Die Vermehrung der Bevölkerung ist hier in der Form der Vermehrung der Umsätze berücksichtigt. Dagegen ist der fast stationäre Umlauf der United-States-Notes (Greenbacks), als für diese Frage belanglos, nicht in Betracht gezogen. — Uebrigens wird vorausgesetzt, daß es der Regierung zu Washington gelingen werde, den Widerstand der Bank- und Clearinghäuser gegen die Silbercertificate zu brechen und überhaupt für die Erhaltung des Silbers zum Paricourse mit Gold die günstigsten Momente angenommen, so daß die im Texte gegebenen Ziffern unseres Erachtens die Maximalgrenze für die Aufnahmsfähigkeit des amerikanischen Verkehres bilden.

[2] Da die Silberproduction der Vereinigten Staaten mit circa 60 Millionen Dollars veranschlagt werden kann, so ist klar, daß diese jüngste chauvinistische Wendung der Silberfrage für die Stellung des letzteren auf dem Weltmarkte keineswegs günstiger ist als die Windom-Bill.

in kürzerer Zeit geneigt machen, als es selbst das Gelingen des amerikanischen Währungsexperimentes vermöchte.

Die Vereinigten Staaten mit einem constant steigenden Goldagio! Oesterreichischen Volkswirthen braucht nicht gesagt zu werden, wie solch ein theoretisches Ungemach sich zunächst in der Praxis ausnimmt. Hat doch auch bei uns die gegen das ungesunde Währungssystem gerichtete Bewegung die weitesten Kreise erst in der Periode des sinkenden Agios ergriffen. Denn das steigende Agio — so sehr es den wirthschaftlichen Organismus auf die Dauer schwächt — wirkt zunächst wie ein künstliches Reizmittel auf denselben: als Schutzzoll abwehrend gegen die auswärtige Concurrenz, als Exportprämie die heimische Landwirthschaft und Industrie stimulirend.

Die Ursachen dieses Phänomens[1]) sind je nach den besonderen Verhältnissen des Wirthschaftsgebietes, in welchem es auftritt, in verschiedener Weise wirksam, und darnach differenzirt sich auch seine Intensität und Dauer; aber mehr oder minder bringt es sich überall zur Geltung und hat sich auch bei uns so wirksam erwiesen, daß die Epoche des steigenden Goldagios keinesfalls als die schlimmste Zeit unserer Exportindustrie und Landwirthschaft gelten kann. Diese Entwicklung vollzieht sich allerdings zu Lasten der Consumenten, sowie überhaupt der auf festes Einkommen angewiesenen Wirthschaftsclassen; allein die ökonomische Geschichte der Vereinigten Staaten hat zur Genüge dargethan, wie gering der Einfluß dieser Classen auf die Wirthschaftspolitik ist. Zudem gestaltet das steigende Agio in so unmerklicher Weise den Finanzzoll zum Schutzzolle, den letzteren zur Prohibition um, daß die geschädigten Classen diese Entwicklung kaum zu fassen oder erfolgreich zu bekämpfen vermöchten. Aehnlich verhält es sich mit der einer Exportprämie zu vergleichenden Wirkung des steigenden Agios.

---

[1]) Dazu gehören insbesondere folgende Momente: 1. Bewirkt die fortschreitende Geldentwerthung eine particelle Herabsetzung langsichtiger Währungsschulden (namentlich von Wichtigkeit beim Grundbesitz), 2. überwälzt dieselbe einen Theil der Productionskosten vom Unternehmer auf den Arbeiter, da sich die Löhne der Geldentwerthung nicht sofort oder nicht völlig anpassen. Dies letztere Moment, welches die der Valutaverschlechterung innewohnende, sociale Härte enthüllt, käme allerdings in den Vereinigten Staaten in Folge der energischen und intelligenten Organisation der Arbeiter kaum zur Geltung (darüber vergl. Sartorius v. Waltershausen »Die nordamerikanischen Gewerkschaften«, S. 37, und Lotz, »Die Währungsfrage«, S. 16). 3. Endlich wirkt die Unsicherheit der Währungsverhältnisse überhaupt abschreckend auf die auswärtige Concurrenz.

Die europäische Production stünde demnach einer bedrohlichen Verschärfung der amerikanischen Concurrenz und zugleich einer weiteren an Prohibition grenzenden Hemmung des Exportes nach den Vereinigten Staaten gegenüber. Die Wirkung der ersteren würde vornehmlich die europäische Landwirthschaft treffen. Dafür spricht nebst der Höhe der auf landwirthschaftliche Producte entfallenden Quote des amerikanischen Ausfuhrhandels[1]) auch der bereits hervorgehobene Umstand, daß die dem Goldagio eigenthümliche Einwirkung auf die Arbeitslöhne in den Vereinigten Staaten minder zur Geltung kommen könnte (vergl. S. 80, Anm.), während hingegen die partielle Entlastung der Farmer von der drückenden Wucht der Hypothekarschulden sich vollauf fühlbar machen würde. Das aber ist angesichts der oben nachgewiesenen Höhe dieser Lasten kein zu unterschätzendes Moment; der Farmer, welcher die hohen Zinsen und Tilgungsquoten in entwerthetem Gelde zum Nennwerthe entrichten dürfte, während der Preis seines Productes auf dem Weltmarkte in Gold sich bestimmt, bliebe auch dann und dort noch concurrenzfähig, wo er heute sich zurückzuziehen genöthigt ist. Schon Max Sering (a. a. O. S. 582) hat hervorgehoben, daß die relativ günstige Lage der ostindischen Landwirthschaft zu einer Zeit, da die agrarische Depression die großen amerikanischen Weizenfarmen bereits ergriffen hatte, auf die fortschreitende Entwerthung der Umlaufsmittel zurückzuführen sei.

Bekanntlich ist aber der Hinweis auf das durch die Geldentwerthung bedingte Anschwellen der ostindischen Concurrenz von beiden Parteien stets als das bedeutsamste Argument gegen die Goldwährung anerkannt und namentlich auch von deutschen Bimetallisten die allgemeine Preisdepression darauf zurückgeführt worden. Dagegen trat insbesondere E. Nasse auf. An der Hand der an die R. Commission upon the depression of trade erstatteten Berichte ostindischer Regierungsorgane versucht er (Hildebrand-Conrad's Jahrbücher, N. F. XVII, S. 161 ff.) den Nachweis zu führen, daß weder in den indischen Preisen noch in der Gestaltung der indischen Handelsbilanz die Wirkungen zu entdecken seien, welche man von der Depression der indischen Währung hätte erwarten dürfen. Immerhin findet Nasse selbst dieses Resultat

---

[1])

	1887	1888	1889
	in Tausenden Dollars		
Gesammtausfuhr	716.133	695.934	742.401
Brodfrüchte	165.000	127.000	123.000
Fleischwaaren	82.000	82.100	93.400

sehr auffallend und beantwortet die »unabweisbare Frage«, wie denn der wohlberechnete Erfolg der Geldentwerthung habe ausbleiben können, dahin, daß einerseits in den westlichen Culturländern zugleich aus anderen Gründen eine intensive Preisdepression eingetreten sei, und andererseits wegen der in der indischen Landwirthschaft vielfach noch vorherrschenden Naturallöhnung die Wirkungen einer Geldwerthänderung nicht voll zu Tage treten könnten.

Die Richtigkeit dieses Inductionsschlusses vorausgesetzt, liegt es doch klar, daß eine Depression der Valuta in den Vereinigten Staaten unabgeschwächt durch diese Momente ihre Wirkung auf den Weltmarkt äußern würde.

Nicht minder zu besorgen wäre die prohibitive Einwirkung der Geldwerthänderung auf den europäischen Export. Die Excesse des Protectionismus haben wohl auch schon in den Vereinigten Staaten selbst eine heilsame Reaction entfesselt. Aber dieser schleichenden Form der Prohibition gegenüber blieben alle Repressalien, selbst die vielberufene europäische Zollliga, unwirksam: denn, wie leicht erklärlich, hätten solche gegen den Export der Vereinigten Staaten gerichtete Maßregeln zunächst den Effect, die Geldentwerthung daselbst zu verschärfen und eben dadurch die Offensivstellung Nordamerikas schließlich zu verstärken.

Dagegen mag zweierlei eingewendet werden. Erstlich die bekannte Wirkung der Inflation, den Export zu hemmen, den Import zu steigern. Dieselbe würde zweifellos den eben geschilderten Proceß verlangsamen — jedoch kaum zu hemmen vermögen; dagegen spricht der Aufschwung des nordamerikanischen Exportes während der Papiergeldepoche.

Ferner ein ethisches Moment, der nationale Stolz auf das gesunde Währungssystem, der Widerwille gegen eine systematische Zerrüttung der Circulation. Allein u. E. dürfte sich das Vertrauen darauf leicht als Illusion erweisen. Nirgends sind die Lockungen der Inflation lauter und unverhüllter verkündet worden als in Nordamerika. So bezeichnet Carey das uneinlösliche Zwangspapiergeld (Greenbacks) geradezu als das Symbol nationaler Unabhängigkeit, als das wahre Volksgeld. Und wenn schließlich die schwankende Valuta auch dort ebenso wie bei uns als unerträglich empfunden werden würde, so darf doch nicht übersehen werden, daß die ernstlichste Gefahr, die einem Staate mit stetig sich entwerthender Circulation droht, die Eventualität eines Krieges, welche ja auch bei uns den stärksten Impuls zur Währungsreform gibt, für Amerika keine Schrecken besitzt.

Mit der Eventualität einer andauernden Geldentwerthung in den Vereinigten Staaten muß daher als mit einer ernstlichen Bedrohung der europäischen Production gerechnet werden. Es könnte ihr Eintritt sehr wohl den Anstoß geben, heute noch widerstrebende Staaten dem Gedanken eines internationalen Währungsvereins, welcher selbstverständlich das Goldagio in den Vereinigten Staaten sofort beseitigen würde, näher zu treten.

Es ist daher keinesfalls der Optimismus gerechtfertigt, mit welchem die Goldwährungspartei das voraussichtliche Mißlingen des amerikanischen Währungsexperimentes als den entscheidenden Schlag gegen die Zukunft des internationalen Bimetallismus anzusehen geneigt ist. —

Wenn wir zu dem Ausgangspunkte unserer Darstellung zurückkehren und die Frage aufwerfen: in welcher Richtung vermag und soll die wahrscheinliche Zukunftswährung der Culturwelt auf die Wahl des bei uns einzuführenden Währungssystems bestimmend wirken? so muß wohl nicht ausdrücklich betont werden, daß der unmittelbare Uebergang zur realen Doppelwährung ebenso ausgeschlossen ist als die sofortige Verwirklichung der einfachen Goldwährung.

Wie die letztere — selbst wenn sie wünschenswerth erschiene — an der Unmöglichkeit scheitern müßte, unseren Silberbestand ohne unverhältnißmäßige Opfer zu veräußern oder zu Scheidemünze herabzudrücken, so würde der sofortige Uebergang zur realen Doppelwährung nichts anderes bedeuten, als daß unser Staat in noch ungünstigeren Verhältnissen als gegenwärtig — mit offenen Prägestätten für Silber nämlich — als Silberwährungsgebiet fortbestünde. Das unmittelbar vor uns liegende Währungssystem ist daher jedenfalls eine Form der hinkenden Währung; jenes monetären Systems, welches Prägefreiheit blos für ein Metall zuläßt, aber beide Metalle nach einem bestimmten Werthverhältnisse als unbeschränkte Zahlungsmittel (Courantgeld) anerkennt.

Aber dieses System ist keineswegs einheitlicher Natur, sowie etwa von einfacher Gold= oder Silberwährung, oder von der realen Doppelwährung in einem, einheitlichen Sinne gesprochen werden kann. Es kennt in seiner Ausbildung verschiedene Formen und Typen, welche sich bald der einfachen Goldwährung, bald der Doppelwährung nähern; die Wahl zwischen diesen Typen aber ist es, welche durch die Anschauung vom Zukunftssystem der Culturwelt geleitet werden muß.

Wenn daher in den vorstehenden Ausführungen der Nachweis versucht wurde, daß die Zukunft der internationalen Doppelwährung gehört, und zwar — im Hinblick auf die amerikanische Silberbewegung — vielleicht schon eine nahe Zukunft; sowie daß diese Entwicklungsrichtung für unser Reich völlig gefahrlos, ja sogar für dessen Productionsinteressen eine vitale Nothwendigkeit ist, während die Fortsetzung und Verstärkung der auf die Goldwährung gerichteten Strömung uns über kurz oder lang in die Lage versetzen würde, mit den wirthschaftlich stärksten Staaten Europas um unseren Goldbestand kämpfen zu müssen: so kann doch die Schlußfolgerung nicht zu Gunsten der realen Doppelwährung, vielmehr blos für den ihr zunächst stehenden Typus der hinkenden Währung lauten.

Oesterreich-Ungarn ist nicht stark genug, um gleich England oder den Vereinigten Staaten durch die einseitige Entwicklung seiner Währung die internationale Währungsfrage materiell entscheidend zu beeinflussen; wohl aber kann es in dieser Richtung durch sein Verhalten eine moralische Potenz von größter Tragweite schaffen; — denn im Gegensatz zu Italien, das durch Verträge gebunden war, steht unserem Reich die freie — nur durch die Erkenntniß seiner wahren Interessen bestimmbare — Wahl des Währungssystems offen. Es ist aber kein Moment erfindlich, welches für ein Reich, dessen eine Hälfte überwiegend von agrarischen Interessen beherrscht wird, und dessen Industrie und Handel bisher durch die isolirende Wirkung des Währungssystems vor dem Contact mit den Goldströmungen geschützt waren, nunmehr, da dieser Contact — mit Recht — hergestellt werden soll, überdies die Stellungnahme zu Gunsten der Goldwährung empfehlen würde.

Sonach wäre das zweite Postulat hinsichtlich der Wahl des Währungssystems dahin zu formuliren, daß die Monarchie sich, soweit dadurch das Ziel der Reform — die Herstellung eines relativ stabilen Geldwerthes — nicht tangirt werde, jedes legislativen Schrittes enthalte, welcher der principiellen Stellungnahme für die einfache Goldwährung gleichkäme und daß sie insbesondere vermeide, solche materielle Opfer zu bringen, welche für den Fall, daß das internationale Doppelwährungssystem schließlich siegt, als nutzlose und vermeidliche Opfer erschienen. Beide Postulate sind erfüllbar durch die Annahme der hinkenden Währung des französischen Typus.

III. Capitel.

Kritik der bestehenden Währungssysteme, insbesondere des deutschen und des französischen Typus der hinkenden Währung. Goldagio und Goldprämie. Discontpolitik und Prämienpolitik.

Die bisherigen Ausführungen haben die vorläufige Annahme einer Form der sogenannten hinkenden Währung, und zwar des französischen Typus derselben nahegelegt. Die Würdigung ihrer praktischen Besonderheiten erfordert eine kurze Feststellung auch der theoretischen Merkmale dieses Währungssystems.

Die Kriterien, nach denen wir heute den normalen und gesunden Zustand des Geldwesens zu beurtheilen pflegen, sind keineswegs Ausflüsse einer ewig gleichen und einheitlichen Vernunft, etwa der »Idee des Geldes«; sie sind das Resultat einer dogmengeschichtlichen Entwicklung, welche unter Ueberwindung schwerer Irrthümer (morbus numericus, Zeitalter der Devalvationen) in unserem Jahrhunderte die folgenden Postulate zur Anerkennung gebracht hat.

Das eine Postulat ist in dem Rechtsbegriffe des Courantgeldes enthalten. Es geht dahin, daß jeder Staat vollwerthiges metallisches Geld besitzen müsse, welchem allein unbeschränkte Zahlkraft, respective Annahmepflicht (Courantgeld »Währung«) in Bezug auf Geldschulden zukommen dürfe. Vollwerthig bedeutet hier die Uebereinstimmung des Nennwerthes mit dem Metallwerthe des Geldes.

Wirthschaftspolitischer Natur hingegen ist das zweite Postulat, der Grundsatz der Prägefreiheit für Courantgeld.

Darnach ist in Bezug auf das Courantgeld das staatliche Prägungsmonopol auf die technische Function der Ausmünzung beschränkt. Gegen Vergütung der Selbstkosten (des Schlagschatzes) hat die Prägung von Courantmünzen auf private Rechnung uneingeschränkt zu erfolgen.

Dieser Grundsatz ist im gewissen Sinne eine Ergänzung des vorigen, denn die Prägefreiheit allein vermag die stete Uebereinstimmung des Nennwerthes mit dem Metallwerthe des Courantgeldes zu sichern.

Die essentielle Bedeutung dieser Merkmale für das Geldwesen kommt auch darin zum Ausdrucke, daß sie der herrschenden Eintheilung der Währungssysteme zu Grunde liegen.

Als einfache (Gold- oder Silber-) Währung wird jenes Währungssystem bezeichnet, bei welchem blos Eines der beiden Metalle in Münzform unbeschränkte Zahlkraft besitzt und auch auf Privatrechnung unbeschränkt ausgebracht wird, während das andere Metall entweder mit der Function von Scheidemünze mit staatlichem Prägemonopol und beschränkter Annahmepflicht, oder mit der des Handelsgeldes (Ducaten, 8 fl.-Stücke) ohne alle gesetzliche Annahmepflicht sich begnügen muß.

Das System der Doppelwährung dagegen gewährt beiden Metallen nach einem gesetzlich bestimmten Verhältnisse unbeschränkte Zahlkraft und statuirt für beide Metalle Prägefreiheit.

Von den wichtigeren Culturstaaten besitzen gegenwärtig das System der einfachen Goldwährung: England und dessen außerasiatische Colonien, die skandinavische Münzunion, Portugal, Aegypten, Argentinien, Brasilien und Cuba; die einfache Silberwährung: Indien und die sogenannten Straits sowie die anderen süd- und mittelamerikanischen Staaten.

Das System der Doppelwährung ist gegenwärtig nirgends in Geltung; in jenem Culturbereiche, den einst die Doppelwährung beherrschte, sowie in Ländern, wo früher die einfache Silberwährung (Deutschland, Niederlande) oder Goldwährung (Vereinigte Staaten) bestanden hat, ist derzeit die sogenannte hinkende Währung in Kraft.

Dieser zu allgemeiner Anerkennung gelangte technische Ausdruck,[1]) welcher auch in anderen Cultursprachen Geltung besitzt (z. B. étalon boiteux) ist für dieses Währungssystem ungemein charakteristisch. Es ist in der That ein krüppelhaftes System; denn es kennzeichnet sich dadurch, daß die beiden oben formulirten Postulate eines gesunden Geldwesens darin gar nicht oder doch nur unvollkommen realisirt sind.

Das System der hinkenden Währung kennt nämlich Courantgeld mit unbeschränkter Zahlkraft, dessen Metallwerth um ein Beträchtliches hinter dem Nennwerthe zurückbleibt (5 Francs-Stücke, Thaler, Silber-Dollars); selbstverständlich ist die Ausprägung dieses minderwerthigen Courantgeldes entweder gänzlich eingestellt oder doch der Privatwillkür entzogen. Dieses System enthält die Verleugnung des geschichtlich errungenen Dogmas, daß das metallische Courantgeld in seinem gesetzlichen Werthe (Zahlkraft) durch den Werth des Metalles bestimmt

---

[1]) Er stammt von dem bekannten Währungspolitiker Feer-Herzog.

werden müsse. — Es repräsentirt eine neue, nothgedrungene Form des Creditgeldes, aber des Creditgeldes nicht in seiner berechtigten Function als Ergänzung (Banknoten, Metallcertificate), sondern als particller Ersatz der vollwerthigen Circulation. Daher kann die hinkende Währung und wird auch wohl allgemein nur als Provisorium angesehen, dessen Evolution in der einen oder anderen Richtung — zur einfachen oder zur Doppelwährung — nothwendig eintreten muß.

Von den großen Culturländern, welche die hinkende Währung besitzen, ist in der Lateinischen Union dieses System hervorgegangen aus der Doppelwährung, indem die fortschreitende Entwerthung des weißen Metalles zunächst die Sistirung der Privatprägungen, sodann auch die Einstellung der Prägungen auf Staatsrechnung, beziehungsweise deren Contingentirung erzwang; Deutschland mußte auf dem Wege von der Silber- zur Goldwährung bei diesem Systeme stehen bleiben. Nordamerika allein hat es mit der Bland-Bill freiwillig als Annäherung an die Doppelwährung eingeführt.

Die Fortdauer eines theoretisch so mangelhaften Systems in den vorgeschrittensten Culturstaaten wäre auffallend, bestünde nicht die Unmöglichkeit, sich seiner unter den gegebenen Verhältnissen zu entledigen, auf welche im vorigen Abschnitte hingewiesen wurde. Denn die Annahme der einfachen Goldwährung ist durch die Productionsverhältnisse dieses Geldmetalles ausgeschlossen, während der Uebergang, respective die Rückkehr zum Bimetallismus wohl möglich wäre, aber durch den Abschluß eines internationalen Uebereinkommens bedingt ist.

Zudem ist aber, wie die Erfahrung zeigt, die hinkende Währung fähig, die Function eines gesunden Währungssystems zeitweilig zu ersetzen, so daß im Binnenverkehre das unterwerthige Courantgeld (5 Francs-Stücke, Thaler, Silberdollar und -Certificate) ebenso bereitwillig angenommen wird wie das vollwerthige (Goldmünze), ohne daß für Leistung des letzteren ein der Höhe der wirklichen Werthdifferenz annähernd entsprechendes Agio oder überhaupt ein Aufgeld bezahlt oder begehrt werden würde. Der freie, blos durch das ökonomische Urtheil der wirthschaftenden Subjecte bestimmte Verkehrswerth des weißen Courantgeldes erhebt sich sonach bis auf das Niveau seiner gesetzlichen Zahlkraft (des sogenannten gesetzlichen Werthes).

Die dieses günstige Verhältniß bedingenden Momente sind theils in der relativen Seltenheit des unterwerthigen Courantgeldes, theils in dem monetären Credite des betreffenden Wirthschaftsgebietes zu suchen. Wie aller wirthschaftliche Werth, so beruht auch der Verkehrswerth dieses Währungsgeldes auf einem subjectiven Urtheile, dessen constitutive Elemente die Intensität eines Bedürfnisses (hier des Bedürfnisses der Währungsschuldner nach Zahlungsmitteln) und die Menge der zur Befriedigung dieses Bedürfnisses tauglichen Güter bilden. In einem beschränkten Umkreise (dem Binnenverkehre eines Währungsgebietes) ist nun das metallische Creditgeld (Thaler, 5 Francs-Stücke) ebensowohl geeignet, das allgemeine Bedürfniß nach Zahlungsmitteln zu befriedigen,[1]) wie das vollwerthige Goldcourant, und wird daher dem letzteren auch im Tauschverkehre insolange gleichgestellt, als nicht der Umfang der fiduciären Circulation das Maß der für den Binnenverkehr erforderlichen Zahlungsmittel überschreitet.

Dazu tritt in zweiter Linie der monetäre Credit des Landes, d. i. das allgemein in die Staatsverwaltung gesetzte Vertrauen, daß sie nicht aus fiscalischen Gründen den Vorrath an fiduciärem Courantgeld über den Bedarf des Binnenverkehres steigern und daß sie auch ihrerseits — bei einem eventuellen Uebergange zur Goldwährung — den

---

[1]) Dieses Moment wird von Knies nicht genügend gewürdigt, wenn er (»Das Geld«, 2. Aufl., S. 252) der Staatsgewalt die Fähigkeit abspricht, Zahlungsmittel zu erschaffen: das Gesetz sei blos fähig, für Zahlungen brauchbare Werthgegenstände zu beglaubigen; durch die Tradition fiduciärer Umlaufsmittel werde der Schuldner wohl »gelöst« (solutio), der Gläubiger aber nicht »befriedigt«, es liege eine »Enteignung« des Gläubigers, aber keine »Bezahlung« vor. In dieser Schärfe formulirt, schließt das Postulat der Uebereinstimmung des Nennwerthes mit dem Metallwerthe des Courantgeldes die Zulässigkeit der hinkenden Währung selbst als eines Provisoriums aus. Aber mit der Creation von fiduciärem Courantgeld wendet sich das Gesetz nicht an das Werthurtheil der Gläubiger, sondern zunächst an das der Schuldner, deren Bedürfniß nicht dahin geht, ihre Gläubiger zu befriedigen, sondern sich zu liberiren. Dieses Bedürfniß wird aber durch fiduciäres Courantgeld unleugbar ebensowohl befriedigt, wie durch vollwerthiges; dem Schuldner mag es gleichgiltig sein, ob er sich durch Tradition von 50 Francs in Gold, Silber oder Papier liberirt. Dadurch gewinnt das fiduciäre Courantgeld (auch gänzlich unbedecktes Staatspapiergeld) den Charakter eines wirthschaftlichen Gutes und ein gewisses Maß von Tauschwerth zunächst in den Augen aller Derer, die in einem gegebenen Augenblick Währungsgeld zu prästiren schuldig sind: d. i. — im geldwirthschaftlichen Verkehre — die ungeheuere Mehrzahl aller wirthschaftenden Subjecte. Der Gläubiger wird also nicht »enteignet«, sondern wirklich »befriedigt« durch die Tradition fiduciären Geldes. Denn unter der obigen Voraussetzung ist der ökonomische Werth des Creditgeldes für ihn ebenso realer Natur, als der Werth von Gold, Getreide oder Arbeitsleistungen.

höheren Zahlungswerth des Silbercourantes durch Einlösung desselben zum Nominalwerthe anerkennen werde.

Sobald eines dieser werthsteigernden Momente an Wirksamkeit einbüßt, muß die Creditnatur des Silbercourantgeldes in der Entstehung und Ausbildung eines dauernden Goldagios[1]) hervortreten. — Es ist daher als eines der bedeutsamsten Postulate unserer Währungsreform zu bezeichnen, daß das Recht der Ausprägung fiduciären Courantgeldes dem freien Ermessen der Verwaltung entzogen und in die Competenz der Legislative gestellt, oder äußerstenfalls das Maß des auszubringenden Silbercourantes contingentirt werde.

Unter günstigen Verhältnissen ist nun die werthsteigernde Kraft dieser Momente ganz außerordentlich groß. Es betrug das Verhältniß des Vorrathes an fiduciärem Courantgelde zur gesammten metallischen Circulation (Scheidemünze und Billon ausgeschlossen) im Jahre 1888:[2])

Land	Gesammtvorrath an metall. Courantgeld (in Millionen)		Fiduciäres metall. Courantgeld (in Millionen)		Procentverhältniß
Frankreich	Frcs.	8000	Frcs.	3550	44·3 %
Belgien	Frcs.	550	Frcs.	260	47 »
Schweiz	Frcs.	166	Frcs.	80	48·2 »
Deutsches Reich . .	R.-M.	2200	R.-M.	450	21 »
Vereinigte Staaten	Dollars	944	Dollars	304	32·2 »
Niederlande (ohne Colonien) . . .	fl.	253	fl.	151	59·6 »

In allen diesen Staaten hält sich aber der Verkehrswerth des Silbercourantes dauernd auf Pari, so daß im Binnenverkehre Gold und Silber ohne Aufgeld oder Abzug genommen und gezahlt werden. Auf dieses gleichmäßig günstige Resultat nimmt auch die auffällige Verschiedenheit der Quoten, mit denen die fiduciäre Circulation an dem gesammten Metallumlaufe betheiligt ist, keinen störenden Einfluß, indem diese Unterschiede durch den höheren monetären Credit und Bedarf an Umlaufsmitteln des betreffenden Landes ausgeglichen werden. So ist im Ganzen die Werthconstanz des französischen Geldes trotz des ungleich

---

[1]) Zu unterscheiden von der durch Vorgänge des internationalen Zahlungsprocesses bedingten Goldprämie. Ueber die letztere vgl. die folgenden Ausführungen.

[2]) Nach annähernden Schätzungen von Haupt, Soetbeer, Arendt u. A.

größeren Creditgeldumlaufes (44·3%, gegen 21%) kaum merklich geringer als die der deutschen Reichswährung, wie sich aus der folgenden Tabelle [1]) ergibt.

Jahresdurchschnitte der Londoner Wechselcourse auf

Jahr	Berlin 3 Monate per 1 Pfd. Sterl. in D. R.-Währ.	Paris 3 Monate per 1 Pfd. Sterl. in Frcs.-Währ.
1878 . . .	20 M. 61 Pf.	25 Frcs. 37 Cent.
1879 . .	20 » 58 »	25 » 41 »
1880 .	20 » 61 »	25 » 47 »
1881 . .	20 » 69 »	25 » 57 »
1882 .	20 » 68 »	25 » 48 »
1883 . .	20 » 65 »	25 » 46 »
1884 .	20 » 48 »	25 » 41 »
1885 . . .	20 » 55 »	25 » 41¼ »
1886 . .	20 » 54 »	25 » 41 »
1887 .	20 » 55 »	25 » 49·6 »
1888	20 » 55 »	25 » 50 »
Durchschnitt der ganzen Periode	20 M. 59 Pf.	25 Frcs. 45·3 Cent.
Metallparität	20 M. 42 Pf.	25 Frcs. 22 Cent.
Differenz von der Metallparität	— M. 17 Pf.	— Frcs. 23·3 Cent.
In Procenten . .	0·83%	0·92%

Den Währungssystemen dieser beiden für die Währungsfrage vornehmlich in Betracht kommenden Reiche kommt demnach in hohem Maße das Merkmal der Werthbeständigkeit zu. Davon abgesehen, haben aber der französische und der deutsche Typus der hinkenden Währung tiefgreifende Besonderheiten aufzuweisen.

Der französische Typus ist aus der Doppelwährung hervorgegangen und stellt sich in der nahezu gleichmäßigen Vertheilung der Circulation auf beide Metalle und dem unverrückten, von den Schwankungen des Silbermarktes kaum beeinflußten Werthverhältnisse der beiden Geldsorten als Repräsentant des bimetallischen Währungssystems dar, nur daß die Fortdauer dieses Zustandes nicht durch die

---

[1]) Nach Dr. Jg. Gruber: »Statistische Beiträge zur Frage der Währung,« Wien, 1890.

Weltmarktrelation der beiden Metalle, sondern künstlich durch die Zwangs=
kraft der Rechtsnorm, welche für die Zahlkraft der Geldsorten ein be=
stimmtes Verhältniß festsetzt, sowie durch die Einstellung der Prägungen
aufrecht gehalten wird. Er charakterisirt sich durch die Fülle von weißem
Courantgelde; er hat die Tendenz, sich zur realen **Doppelwährung**
weiter=, respective rückzubilden. Dagegen ist der deutsche Typus der
hinkenden Währung seinem Ursprunge nach eine Etappe auf dem Wege
zur Goldwährung. Er charakterisirt sich dadurch, daß der Silbercourant=
umlauf sowohl quantitativ (circa 450 Millionen Mark in Thalern
gegen circa 444 Millionen Mark in Billon mit beschränkter Zahlkraft)
als auch nach seiner Bedeutung im Geldverkehre sich dem Scheide=
münzumlaufe annähert. Dadurch ist dieser Währungstypus in hohem
Maße dem englischen Systeme der einfachen Goldwährung ver=
wandt. Die diesem Währungssysteme innewohnende Tendenz ist die
Fortbildung zur einfachen Goldwährung und hat ihren Ausdruck
auch in den Münzgesetzen (vgl. Reichsmünzgesetz vom 9. Juli 1873,
Art. 1 [1]) und insbesondere Art. 15 alin. 1 [2]), ferner Gesetz vom
6. Jänner 1876 über die Einziehung der Silberthaler) gefunden. —

In diesem Complex differenzirender Merkmale hat eine Erscheinung
ihre Wurzeln, welche im internationalen Zahlungsverkehre Frank=
reich (das in dieser Function regelmäßig auch die übrigen Länder der
Lateinischen Union, namentlich Italien vertritt) charakterisirt: das zeit=
weilige Auftauchen einer Goldprämie. Die Prämie ist eine in ihrer
Höhe wechselnde Vergütung, welche die Bank von Frankreich dafür
fordert und erhält, daß sie die ihr obliegenden Zahlungs= und Ein=
lösungsverpflichtungen nicht in coursfähigen Silbercourant=, sondern in
Goldmünzen oder =Barren erfüllt, beziehungsweise ihre Creditgewäh=
rungen in Gold leistet. Von hier aus pflanzt sich diese Vergütung auf
den von der Centralbank abhängigen Geldmarkt fort.

Dagegen erhebt bekanntlich die Deutsche Reichsbank, deren Einlösungs=
und Zahlungsverpflichtungen gleichfalls auf »coursfähiges deutsches Geld«
im Allgemeinen lauten (vgl. § 18 R.=Bankges.), daher auch mit Silber=
courant erfüllt werden könnten, regelmäßig keine Goldprämie.

---

[1]) »An die Stelle der in Deutschland geltenden Landeswährungen tritt
die Reichsgoldwährung.«

[2]) »An Stelle der Reichsmünzen sind bei allen Zahlungen bis zur Außer=
courssetzung anzunehmen .... die Ein= und Zweithalerstücke ....«

Dieser Umstand wird häufig von seinem Zusammenhange mit dem Währungssysteme getrennt und theils als Zufall, theils als Ausfluß der höheren ökonomischen Einsicht der Reichsbankverwaltung dargestellt. Allein in dieser Fassung erscheint unwesentlich und zusammenhanglos, was bei tieferer Einsicht als organisch im Wesen dieses Währungssystems begründet sich erweist.

Die Goldprämie widerstrebt nämlich dem deutschen Typus der hinkenden Währung ebenso sehr, als sie im französischen Systeme am Platze ist. Es liegt im Charakter der Doppelwährung — und daher auch jenes Systems, welches als deren zeitweiliger Ersatz gelten soll — daß der Schuldner, welcher Zahlung nicht in der ihm genehmeren, sondern einer dem Gläubiger besser zusagenden Geldsorte leistet, dafür eine Vergütung beanspruchen kann. Formell steht auch die Bank von Frankreich, wenn sie exportfähiges Gold blos gegen Vergütung abgibt, auf diesem privatrechtlichen und individualistischen Standpunkte; materiell gestaltet sich aber in ihren Händen, denen die oberste Leitung des Geldmarktes anvertraut ist, dieser Vorgang — indem er durch gemeinwirthschaftliche Momente bedingt und beeinflußt wird — zu einer nach bestimmten Regeln functionirenden, wirthschaftlichen Institution, bestimmt die Einwirkung gewisser nachtheiliger Vorgänge des internationalen Geldmarktes auf den inneren Zahlungsverkehr zu hemmen.

Selbstverständlich ist es auch nur ein mit beiden Geldsorten gleichmäßig gesättigtes Währungssystem, welches die Anwendung der Goldprämie als eines Regulators der Circulation in wirksamer Weise gestattet.

Die Fassung des Reichsbankgesetzes würde nun sonder Zweifel auch der Deutschen Reichsbank die Anwendung dieses Mittels protectiver Bankpolitik nicht verschließen. Aber seine Durchführung in großem Maße würde gegen den Geist des deutschen Währungssystems auffällig verstoßen und wäre praktisch mit dem Verzichte auf die letzten Ziele der deutschen Währungsreform gleichbedeutend. Denn mit einem System, welches den herrschenden Zustand ausdrücklich als — möglichst bald zu beseitigenden — Ersatz für die einfache Goldwährung aufgefaßt wissen will, steht die Einhebung einer Goldprämie, in welcher Form immer, in schroffem Widerspruche. Zudem wäre die Deutsche Reichsbank kaum in der Lage, diese Politik im großen Style — gleich der Bank von Frankreich — zu verwirklichen, da ihr Silberbestand (260—280 Milionen Reichsmark)¹) im Vergleiche zu jenem der Bank von Frankreich und ihrem eigenen Goldvorrathe relativ gering ist.

Die Goldprämie ist also gegenwärtig das äußere Symbol, welches im internationalen Zahlungsverkehre Frankreich (wobei dessen monetäre Hinterländer mitverstanden werden) und das Deutsche Reich differenzirt und als Währungsgebiete von heterogener Art kennzeichnet.

Zeitlich ist aber die Prämie keineswegs ein Product des derzeit herrschenden monetären Zustandes. Der ihr zu Grunde liegende Gedanke, als künstlicher Regulator die gleichmäßige Vertheilung des Zahlungsprocesses auf beide Währungsmetalle zu bewirken, beziehungsweise zu befördern, ist im Rahmen auch der realen Doppelwährung gegeben, sobald die natürliche Grundlage für die parallele Function der beiden Währungsmetalle — die Uebereinstimmung der Weltmarkt-Relation mit der gesetzlichen Relation — verschoben wird, und daher das auf dem Weltmarkte höher bewerthete Metall der Circulation entzogen und eingeschmolzen wird. In diesem Sinne tritt im Systeme der Doppelwährung die Prämienpolitik der Centralbank als Correlat zur Discontpolitik hinzu, welch' letztere in Ländern mit einfacher Währung das einzige Mittel in der Hand der Centralbank ist, die internationalen Strömungen des Währungsmetalles dem Bedarfe des betreffenden Wirthschaftsgebietes an Umlaufsmitteln anzupassen. Solche Prämienpolitik hat die Bank von Frankreich schon während der Blüthe des Doppelwährungssystems getrieben. Die Goldprämie hat ihre Vorläuferin in der Silberprämie, welche während des sechsten und siebenten

---

¹) Diese annähernde Ziffer ist, kurz bevor diese Blätter der Presse übergeben wurden, durch eine überraschende Eröffnung des Reichsbankpräsidenten Dr. Koch der Oeffentlichkeit mitgetheilt worden. Ueberraschend nach zwei Richtungen. Soetbeer hatte allerdings (»Materialien«, S. 65) schon im Jahre 1886 diese Ziffer angenommen; nach den Schätzungen Haupt's jedoch, welche in diesem Punkte fast allgemeine Anerkennung fanden, sollte sich in den Kellern der Reichsbank nur ein unbedeutender Silbervorrath befinden. Andererseits hat die Reichsbank bisher auch bernfenen Anfragen gegenüber auf Grund »principieller Erwägungen« die Höhe ihres Silbervorrathes geheim gehalten (Soetbeer a. a. O. S. 65). Die Eröffnung Koch's ist aber um so räthselhafter, als sie keineswegs geeignet erscheint, das Vertrauen auf die Ausbildung des deutschen Währungssystems zu erhöhen. — Oder sollte auch diese Centralbank geneigt sein, in Zukunft den Weg der Prämienpolitik zu beschreiten? Dann wäre die Mittheilung verständlich; aber diese Maßregel käme, wie betont, praktisch einem Desaveu des deutschen Währungssystems gleich.

Decenniums, als die Weltmarktrelation von der französischen zu Gunsten
des weißen Metalles abwich, öfter eingehoben wurde. Auch die
Silberprämie dieser Periode hat übrigens ihre conservirende Kraft in
Bezug auf die Circulation ebenso durchgreifend bewährt, wie heutigen
Tags die Goldprämie; ein Resultat, das allerdings erst zu einer Zeit
festgestellt wurde, als dasselbe — wegen der inzwischen zu Gunsten des
Goldes eingetretenen Strömung — unliebsam erschien. Es erwies sich
nämlich entgegen der herrschenden Meinung, daß das Silber während
der Goldperiode (1853—1868) durch das massenhaft einfluthende gelbe
Metall verdrängt worden sei, der Silbervorrath Frankreichs — welchen
De Parieu als Vorsitzender der »Commission chargée d'étudier la
question monétaire« 1868,[1]) aus diesem Grunde auf blos 800 Millionen
Francs veranschlagt hatte — beim Ausgange der Goldperiode als beträchtlich größer: nach neueren Schätzungen 1200 Millionen Frcs. (Lexis),
ja selbst 2000 Millionen Frcs. (Haupt). Eine so enorme Quantität war
durch die Silberprämie im Lande zurückgehalten und zum größten Theile
thesaurirt worden; ein Umstand, dessen Unkenntniß allein die monometallistischen Velleitäten Frankreichs auf der internationalen Conferenz
1867 erklärlich erscheinen läßt. Im Systeme der hinkenden Währung
ist aber die Function der Prämie von ungleich größerer Bedeutung,
da es hier ausgeschlossen ist, daß an die Stelle des abfließenden
Goldes neu einströmendes Silber tritt. —

Das Auftauchen der Goldprämie ist regelmäßig begleitet
von einer im gleichen Verhältnisse mit ihr zu- und abnehmenden
Verschlimmerung der auswärtigen Wechselcourse. Diese Erscheinung,
welche in äußerlich gleicher Weise auch die Ausbildung des Goldagios,
beziehungsweise des Silberdisagios, in Gebieten mit doppelter Valuta
begleitet, hat zur Identificirung der Prämie mit dem Agio geführt; und
daher kommt es, daß Frankreich, um ihres häufigen Auftretens willen,
nicht selten unter die Länder mit schwankender Valuta eingereiht wird.
Allein die Prämie ist von dem Goldagio nicht blos quantitativ — indem
dieselbe in Frankreich während der letzten Jahrzehnte 1% nie überschritt und
$7\%_{00}$ selten erreichte — sondern auch qualitativ verschieden, eben so
sehr in Bezug auf ihre Voraussetzungen als auf ihre Wirkungen.

Ein Agio[2]) besteht dann, wenn in dem allgemeinen Zahlungs-

---

[1]) Vgl. S. 6.

[2]) Die folgenden Ausführungen haben blos Länder mit hinkender Metallwährung — nicht auch solche mit Zwangspapiervaluta — im Auge.

verkehre eines Währungsgebietes die parallele Function gesetzlich einander gleichgestellter Geldsorten dauernd eine Störung in dem Sinne erfährt, daß die eine Geldsorte (also im gegebenen Falle Gold) in Folge ihres den gesetzlichen übersteigenden Verkehrswerthes die Eigenschaft als Zahlungsmittel praktisch einbüßt (aus dem Verkehre verdrängt wird) und derjenigen Geldsorte, welche fortan allein den Zahlungsproceß vermittelt, als Waare mit wechselnder Bewerthung entgegentritt. Das Agio muß seine Wirkung nothwendig auch auf den inneren Zahlungsverkehr erstrecken. Sobald daher im Binnenverkehre beide Geldsorten unterschiedslos und ohne Aufgeld, respective Abzug, zu Zahlungen benützt werden — wie dies ja in Frankreich der Fall ist — kann von einem Agio nicht die Rede sein, und es fehlen auch dessen nachtheilige Wirkungen, welche darauf beruhen, daß im Zahlungsverkehre vermöge der — juristisch — ausschließlichen Geltung des Nennwerthes, Geld von wechselnder Bewerthung gleichbleibende Zahlkraft genießt.

Die Entstehung des Agios in diesem Sinne, welches seiner Natur nach dauernd ist, wäre im Systeme der hinkenden Währung bedingt durch eine übermäßige Ausmünzung der Silbercourantmünzen, wodurch deren Seltenheitswerth, oder durch einen unbilligen Vorgang der Staatsverwaltung, wodurch deren Creditwerth vermindert werden würde.

Wird nämlich in diesem Währungssysteme dem Verkehre ein den Bedarf an Circulationsmitteln überschreitendes Quantum an weißer Courantmünze aufgedrängt, so tritt, weil deren Abfluß ins Ausland durch die Differenz zwischen Münz- und Barrenwerth dieses Geldes ausgeschlossen ist, zunächst die Erscheinung des Goldexportes ein. Dieser Proceß kann aber, wenn die Vermehrung der unterwerthigen Circulation fortgesetzt wird, nicht im Verhältniß zu derselben fortschreiten, bis endlich alles Gold in das Ausland abgeflossen und die ganze Circulation durch Silber versehen wird; denn ihm stellt sich die im Gefolge einer hypertrophischen Emission regelmäßig eintretende, acute Verschlimmerung der fremden Wechselcourse — am heftigsten dann, wenn, wie in der Regel, der Geldmarkt auch die Wirkungen künftig zu befürchtender Emissionen anticipirt — hemmend in den Weg, welche den Export wie eine Ausfuhrprämie stimulirt, auf den Import dagegen prohibitiv wirkt. Im Verlaufe dieses Processes muß endlich der kritische Moment eintreten, in welchem die Hypertrophie der Umlaufsmittel weder durch

Resorption seitens des Verkehrs noch durch Abstoßung des exportfähigen Metalles[1]) beseitigt werden kann: der Geburtsmoment des Agios, beziehungsweise des Disagios der Silbercirculation.

Das Agio beruht also auf einer durch das Mißverhältniß zwischen dem Geldbedarfe und der Circulation hervorgerufenen Depression des Geldwerthes überhaupt, welche sich aber — weil der Werth des Goldes als eines territorial nicht gebundenen Geldgutes unter eine bestimmte Grenze nicht sinken kann — völlig auf die Silberseite wirft und in der einseitigen Entwerthung der Silbermünzen so lange äußert, bis der Werth der Gesammtcirculation der Höhe des Geldbedarfes wieder entspricht, indem die Erhöhung der Geldmenge durch die Verminderung des Geldwerthes ausgeglichen wird.

Die Wirkung dieses Processes äußert sich zunächst im Zahlungsverkehr, indem aus leicht verständlichen Gründen Geldzahlungen ausschließlich in Silber geleistet werden; bei längerer Dauer überträgt sie sich auch auf den Tauschverkehr, d. h. die Preise werden in der schwankenden Valuta angesetzt, das international werthbeständige Metall dagegen sinkt zur Waare herab.

Es ist also in Ländern mit hinkender Währung das Goldagio seinem Wesen nach eine secundäre Erscheinung: ein Correlat des gesunkenen Geldwerthes der Silbercirculation, des Silber-Disagios.

Es ist eine Krankheitserscheinung, deren Grund in den internen monetären Verhältnissen des betreffenden Währungsgebietes liegt; von da aus wirkt dasselbe durch die ungünstige Gestaltung der Wechselcourse auch auf die Stellung dieses Währungsgebietes im internationalen Zahlungsverkehre ein. Das Goldagio ist weiters seiner Natur nach dauernd; denn das oben dargestellte Mißverhältniß kann in der Regel nicht anders als durch eine Steigerung des Geldbedarfes, d. i. der Umsätze, welche durch Geld vermittelt werden, behoben werden. Das

---

[1]) Irrig ist die verbreitete Ansicht, daß sich das Agio durch das Abströmen des Goldes herausbilde. Erst wenn diese Reaction gehemmt wird, stellt es sich ein. Bekannt ist, daß in den Niederlanden wegen der im Verhältniß zum Bedarfe knappen Circulation der internationale Werth des Silbercourantes trotz der Preisdepression dieses Metalles geraume Zeit über dem Goldpari stand (vergl. darüber Haupt, »L'histoire monétaire«, p. 223, und Gruber a. a. O. S. 17 u. 39). Die Unterwerthigkeit des Silbercourantes ist es also nicht, welche das Agio unmittelbar hervorruft; sie ermöglicht aber dessen Entstehung, indem sie den Abfluß des Silbers ausschließt.

Goldagio tritt endlich im Binnenverkehre auf, weil es hier seinen Entstehungsgrund hat.

Eine Entwerthung der Silbercirculation — also die specifische Voraussetzung des Goldagios — kann wohl auch, aber blos zeitweilig und von geringerer Intensität, dann eintreten, wenn der sinkende Marktpreis des weißen Edelmetalles Anlaß zu Befürchtungen gibt, daß die steigende Gewinnstchance die Staatsverwaltung zu wirthschaftlich ungegründeten Emissionen verleiten werde, oder wenn zu besorgen steht, daß bei einer Währungsreform das weiße Courantgeld nicht nach dem gesetzlichen Verhältnisse werde eingelöst werden, wenn also der monetäre Credit sinkt. In diesen Fällen gründet sich das Agio auf die der Speculation eigene Anticipation, wodurch künftige Vorgänge schon in der Gegenwart zum wirthschaftlichen Ausdrucke gebracht werden.

Beruht demnach das Goldagio in diesem Währungssysteme auf einer dauernden Entwerthung der Silbercirculation, welche das gelbe Courantgeld als höher bewerthet erscheinen läßt, während in der That seine Kaufkraft die gleiche bleibt, so besteht dagegen die Goldprämie in einer unmittelbar eintretenden Wertherhöhung des Goldcourantes, in Folge deren der Werth der Silbercirculation, welcher in Wirklichkeit[1]) sich nicht verändert hat, herabgesetzt erscheint. Die Goldprämie ist eine primäre und reale Wertherhöhung des Goldes; das Goldagio eine secundäre und scheinbare, in Wirklichkeit aber eine Begleiterscheinung des Silberdisagios.

Beide Erscheinungen können allerdings auch zusammentreffen, so daß das Disagio des Silbers durch eine Goldprämie verschärft wird, oder auch sich wechselweise in ihrer Wirkung aufheben, so daß das Disagio herabgesetzt erscheint, während in Wirklichkeit blos die Goldprämie eine Verminderung erfahren hat.

Die Goldprämie ist auch in ihrer Entstehung durch andere Momente bedingt als das Agio. Sie beruht ausschließlich auf Vorgängen des internationalen Zahlungsverkehres, den sogenannten Edelmetallströmungen, welche vorübergehend die Nachfrage nach Gold als dem in diesem Verkehre allein gangbaren Zahlungsmittel steigern. Sie ist deshalb ihrem Wesen nach zeitweilig, vorübergehend, mit der Tendenz, sich mit dem Nachlassen des Goldbedarfes rückzubilden:

---

[1]) Scil. der Gesammtheit aller anderen Güter gegenüber. Dieses Verhältniß wird dadurch verdunkelt, daß wir gewohnt sind, den Werth des Silbers am Goldwerth, und umgekehrt, zu messen.

während das Agio perennirend auftritt. Sie steht in keinem causalen Zusammenhange mit den internen monetären Verhältnissen des betreffenden Währungsgebietes: das goldreichste Land, dessen Circulation durchaus kein Mißverhältniß zum Geldbedarfe aufweist, Frankreich, ist das für die Goldprämie typische Wirthschaftsgebiet. Sie äußert sich daher auch nicht im inneren Zahlungsverkehre, vielmehr ist ihre Wirkung beschränkt auf die dem internationalen Geldmarkte nahestehenden Wirthschaftskreise:[1] das dem Goldagio eigenthümliche Symptom, daß die höher bewerthete Geldsorte aus dem Verkehre verdrängt wird, fehlt gänzlich.

Die Goldprämie ist daher keine Krankheitserscheinung, welche den wirthschaftlichen Organismus ergreift, wie das Agio; sie ist eine wirthschaftliche Institution, d. i. ein Complex von Maßnahmen und gewollten wirthschaftlichen Vorgängen, welche zum Schutze der heimischen Circulation von der zur Leitung des Geldmarktes berufenen Centralbank nach gewissen Erfahrungsregeln hervorgerufen und geregelt werden.

Die Unterscheidung von Goldagio und Goldprämie als zweier nach Ursprung und Wirkung völlig ungleichartiger und blos äußerlich in ähnlicher Form auftretender Phänomene ist daher nicht blos theoretisch berechtigt; sie ist auch praktisch bedeutsam, insoferne sie den Schlüssel für die beachtenswerthe Thatsache abgibt, daß in manchen Währungsgebieten, so insbesondere in Frankreich, von einem Agio im Binnenverkehre nicht die Rede sein kann und auch im Außenverkehre dessen nachtheilige Folgen nicht bemerkbar sind, während die Goldprämie nichts weniger als selten auftritt. Diese Unterscheidung allein vermag ferner eine Prämienpolitik der Centralbank zu rechtfertigen, während die künstliche Herbeiführung oder Erhöhung des Agios wirthschaftlich nicht zu rechtfertigen wäre. —

Wie bereits hervorgehoben, hat die Goldprämie ihren Entstehungsgrund in der Gestaltung des internationalen Zahlungsverkehres[2]

---

[1] Wiewohl die Goldprämie gegenwärtig nicht gerade selten auftritt, ist es doch im letzten Jahrzehnte blos einmal (u. zw. im zweiten Halbjahre 1888) vorgekommen, daß die Einhebung einer sehr hohen Prämie in Paris (1%) im Verein mit anderen begünstigenden Momenten den allgemeinen Verkehr zu Ungunsten des Silbers beeinflußte. Das übrigens sehr geringe Aufgeld verschwand sofort, als nach kürzester Frist die Prämie ermäßigt wurde.

[2] »Zahlung« nicht blos in der beschränkten Bedeutung als Begleichung internationaler Passivsaldi, sondern im weiteren Sinne (numeratio pecuniae) genommen, daher auch Goldversendungen behufs Begründung internationaler Geldforderungen umfassend.

(Geldmarktes), und zwar können alle Vorgänge, welche zu einem Goldexporte führen, den Werth der Goldcirculation einseitig steigern und die Bildung der Goldprämie bewirken. Dazu gehören nun:

1. Als regelmäßige und wichtigste Veranlassung zum Goldexporte die internationale Ueberschuldung des Währungsgebietes in einem gegebenen Zeitpunkte.

Der Mechanismus, durch welchen diesfalls der Export effectiven Goldes erzwungen wird (Steigerung der Nachfrage und des Courses von Wechseln auf das Ausland bis zum Goldpunkte für den Export — Sinken der heimischen Wechselcourse im Auslande bis auf den Goldpunkt für den Import) ist bekannt. Unter normalen Verhältnissen, wenn die Ueberschuldung an das Ausland nicht zufolge speculativer Ausschreitungen zeitweilig abnorme Ausdehnung erreicht hat, führen diese Goldexporte regelmäßig zu keiner Goldprämie.[1]

2. Goldversendungen, welche in Folge anticipativer Wechselziehungen (in bianco-Ziehungen) des Auslandes erfolgen.[2] Internationale Tratten auf künftige Forderungen werden regelmäßig gezogen von Ländern, deren Import- und Exporthandel sich in zeitlich auseinanderfallenden Perioden vollzieht, insbesondere von Amerika auf Europa. Dieselben führen leichter als die sub 1 erwähnten Verhältnisse zu Goldversendungen, weil hier die natürliche Regelung durch den effectiven Geschäftsbedarf fehlt, so daß diese Art des internationalen Wechselverkehres häufig als Deckmantel für internationale Wechselreiterei benützt werden kann.

3. Goldversendungen durchaus speculativer Natur. Abnorme Vorgänge auf ausländischen Geldmärkten können zeitweilig einen die Höhe des internationalen Passivsaldos eines Wirthschaftsgebietes weit übersteigenden Goldexport erzwingen. So im Jahre 1861, als die ausländischen Wechsel in New-York weit unter den Goldpunkt zum Importe fielen, weil sich die amerikanische Geschäftswelt angesichts des bevorstehenden Bürgerkrieges um jeden Preis in den Besitz von Baarmitteln

---

[1] Zu bemerken ist, daß die Bank von Frankreich Goldbarren das Kilo fein zu 3437 Frcs. ankauft, aber nicht unter 3444·44 Frcs. abgibt. Dies ergibt eine Prämie von circa 2⁰/₀₀, welche jedoch, als reglementmäßig feststehend, bei der Beurtheilung des internationalen Geldmarktes nicht beachtet wird, so daß vom Auftauchen einer Goldprämie dann erst die Rede ist, sobald dieselbe diese normale Höhe überschreitet. Eine Goldprämie dieser Art besteht auch in Berlin.

[2] Vergl. darüber insbesondere Göschen, »Theory of the foreign exchanges«, 13 ed., p. 38 ff., Schraut, »Die Lehre von den auswärtigen Wechselcoursen«, S. 20.

setzen wollte (Göschen, »Theory of the foreign exchanges«, p. 49). Aehnliche Erscheinungen werden jedoch auch durch Speculations= und Geldkrisen auf auswärtigen Plätzen hervorgerufen.

Hierher gehören ferner Maßregeln auswärtiger Banken, insbesondere erhebliche Disconterhöhungen, welche die Einwanderung ausländischen Geldcapitals zu Anlagezwecken bezwecken, sowie Finanzoperationen aus= wärtiger Staaten u. s. w.; ja die Erhöhung des Discontsatzes ist be= kanntlich das gebräuchlichste Mittel, um die internationalen Edelmetall= strömungen in eine bestimmte Richtung zu lenken.

Diese Goldversendungen zu speculativen Zwecken sind es nun, die am häufigsten zum Entstehen einer Goldprämie Anlaß bieten. Sie bewirken nämlich in aller Regel eine plötzliche, heftig und sprunghaft steigende Nachfrage nach Gold, welche außer allem Zusammenhange mit der wirklichen Verschuldungshöhe des betreffenden Wirthschaftsgebietes steht und daher keine Mäßigung oder Regelung durch den effectiven internationalen Güterverkehr erfahren kann. Der Eintritt dieser Art von Fluctuationen des Geldmarktes ist deshalb meist ebenso unberechenbar, als ihre Wirkung heftig. Sie rechtfertigen daher auch in erster Linie die Anwendung jener eigenartigen Schutzwaffe, welche der Centralbank in der Prämienpolitik gegeben ist.

Alle Goldentnahmen zu Exportzwecken pochen nämlich direct oder indirect an die Keller der Centralbanken, wo die große Baarreserve des Wirthschaftsgebietes aufgehäuft ist, und zwar um so gewisser und inten= siver dann, wenn die Goldversendung zu speculativen Zwecken erfolgt. Denn wenn es schon im Allgemeinen nicht leicht fällt, größere Quanti= täten Edelmetalles und insbesondere exportfähiger, d. i. vollwichtiger, nicht abgenützter Goldmünze aus dem großen Verkehr zu ziehen, so fällt doch bei speculativen Goldversendungen noch mehr ins Gewicht, daß die Goldentnahme aus dem allgemeinen Verkehr nicht rasch genug erfolgen könnte, um die volle Ausnützung der günstigen Conjunctur zu sichern. Die großen Central=(Noten=)Banken sind es daher, die der Ansturm, welcher die gesammte Circulation bedroht, zunächst trifft, an denen es daher liegt, die Vertheidigung des Wirthschaftsgebietes zu führen, und denen auch die geeigneten Waffen zu Gebote stehen.

Das gebräuchliche Mittel, welches in Ländern der verschiedensten Währungen — von gänzlich isolirten Währungssystemen abgesehen — in Anwendung kommt, um die ungünstige Gestaltung der Edelmetall=

das ist heute der Goldströmungen, zu paralysiren, besteht bekanntlich in der Erhöhung des Discontsatzes.

Der äußere Effect dieser Maßregel ist bekannt. Doch muß hervorgehoben werden, daß sie je nach den Ursachen, welche den Goldabfluß bedingen, auf verschiedene Wirkung abzielt. Beruht der letztere auf einer reellen Ueberschuldung des betreffenden Wirthschaftsgebietes, wie sie namentlich im Anschluß an eine ungesunde Preisbewegung eintritt, welche den Export lahmlegt und den Import stimulirt, so ist die Tendenz der Discontverschärfung nach innen sowohl als nach außen gerichtet; nach innen, indem sie durch Eindämmung der Ueberspeculation die Ursachen der ungünstigen Handelsbilanz beseitigen — nach außen, indem sie die Nachfrage nach heimischen Wechseln im Auslande steigern soll, damit auch ein gesteigertes Angebot deren Cours nicht leicht unter den sogenannten Goldpunkt (Coursgrenze, bei der es vortheilhafter erscheint, diese Tratten zur Einlösung heimzusenden, als sie auf offenem Markte zu veräußern) zu drücken vermöge. Handelt es sich dagegen um Goldsendungen in Folge anticipativer Trassirungen des Auslandes (Fall 2), so geht die Tendenz der Disconterhöhung dahin, solche Ziehungen kostspieliger zu gestalten und dadurch auf Wirthschaftsgebiete mit niedrigeren Discontsätzen abzulenken. Im Falle 3 endlich, bei Goldversendungen durchaus speculativer Natur, soll diese Maßregel nach außen allein, und zwar dem speculativen Anreiz unmittelbar entgegenwirken, indem sie einerseits die Goldentnahme erschwert, andererseits die Goldeinlagen und so auch das ausländische Geldcapital anlockt. Ist die Tendenz zur Goldversendung durch krisenartige Bewegung eines großen auswärtigen Geldmarktes entstanden, so sind daher ausgiebige und sprungweise Erhöhungen des Discontsatzes auch in solchen Ländern, die von der Krise unmittelbar nicht berührt wurden, keineswegs seltene Erscheinungen.

Daß eine energische, zielbewußte und namentlich rechtzeitig eingreifende Discontpolitik ein Correctivmittel von großer Kraft und in der Regel sicherer Wirkung ist, kann nicht bestritten werden. Allein sie ist sehr oft eine lästige, mitunter eine gefahrdrohende Waffe, welche nicht selten auch den Geldverkehr des Landes, das sich ihrer bedient, lahmlegt. Denn nicht immer sind, wie dargelegt, die Ursachen des Goldabflusses in internen Vorgängen dieses Landes gelegen und von solcher Art, daß sie eine gewissermaßen warnende Restriction des heimischen Geldmarktes rechtfertigen (wie im Fall 1). In der Natur der Discontschraube liegt aber, daß neben dem internationalen Geldmarkte (den internationalen Edelmetallströmungen), auf den sie vielleicht allein berechnet sein mag, ihre Wirkungen auch auf dem Binnengeldmarkte sich äußern müssen. Sind daher die Goldversendungen speculativer Natur und blos durch abnorme Vorgänge im Auslande veranlaßt, so kann die präventive, gerade dann in der Regel sehr durchgreifende Discontverschärfung durch ihre Einwirkung auf den unvorbereiteten Binnengeldmarkt mitunter ein sehr unliebsames Uebergreifen der Krise auf diesen zu schützenden Markt selbst bewirken. Denn wenn durch die ungesunden Vorgänge im Auslande Mißtrauen geweckt und der Markt durch die Ungewißheit, wie sich die internationalen Fälligkeiten gestalten würden, reizbar gestimmt ist; und es tritt die plötzliche Disconterhöhung hinzu, welche ihre Wirkungen auch auf solche Productionskreise erstreckt, die dem internationalen Verkehr ganz ferne stehen, dessen Wandlungen kaum zu berechnen vermögen und daher von dem Uebergreifen der Bewegung auf ihre Wirthschaft völlig überrascht werden: so treffen Momente genug zusammen, um eine Angstkrise hervorzurufen, auch wo zu einer wirklichen Credit- oder Geldkrise die Voraussetzungen mangeln. Wiederholte Erscheinungen dieser Art sind aber wohl geeignet, den wirthschaftlichen Fortschritt eines Landes, wenn auch nicht dauernd zu hemmen, so doch zu schädigen.

Diese unerwünschten Folgeerscheinungen sind aber nicht zufälliger Natur. Es ist der Disconterhöhung essentiell, gleichmäßig nach außen und innen sowie auf alle Wirthschaftskreise zu wirken; eine Differenzirung ihrer Wirkungen nach den Ursachen, welche im gegebenen Falle die Discontpolitik bedingen, ist in Wirklichkeit ausgeschlossen. Complicationen der geschilderten Art sind also bei einer Beschränkung der Centralbank auf die Discontpolitik als einseitiges Correctiv der internationalen Geldströmungen überhaupt in keinem Währungssysteme zu vermeiden. Selbstverständlich muß aber auf ihre Häufigkeit und Intensität die wachsende Expansion eines in seiner Quantität beschränkten Geldmetalles auf alle Culturländer einen mächtig fördernden Einfluß ausüben. Dieser Punkt ist es nun, an welchem in Ländern der hinkenden Währung,[1] deren Circulation mit beiden Metallen ziemlich gleichmäßig gesättigt ist, die Prämienpolitik theils ergänzend zur Discontpolitik hinzuzutreten, theils dieselbe zu ersetzen berufen ist.

---

[1] In Ländern mit einfacher (Gold-) Währung kann selbstverständlich von der Einhebung einer Prämie keine Rede sein. Hier ist lediglich die Discontpolitik anwendbar.

Der Goldprämie als Correctiv der internationalen Metallströmungen ist nämlich jene Einseitigkeit der Wirkung eigen, welche die Discontopolitik vermissen läßt: den Export des Goldes zu unterdrücken, ohne eine Beengung des heimischen Geldmarktes zu verursachen. Ihr unmittelbarer äußerer Effect besteht nämlich in nichts anderem, als daß der Goldpunkt für den Export von Gold weiter hinausgesetzt, der Goldpunkt für den Import näher herangerückt wird. Setzt man beispielsweise (nach Haupt, Arbitrages et Parités) die Goldpunkte von Paris gegen London in folgender Weise an:

a) Für den Export von Gold:

77 Shilling 9 Pence gegen Frcs. 3437 (Metallpari) = Frcs. 25·207
dazu die zu entrichtende Goldprämie . . . $4\,^0/_{00}$
»   »   Transportspesen . . . . . . $1^1/_2\,^0/_{00}$

$$\text{Summe } . \; 5^1/_2\,^0/_{00} = \;\; » \;\; 0{\cdot}138$$

$$\text{Goldpunkt} \quad\quad = \text{Frcs. } 25{\cdot}345$$

so ist klar, daß der Wechselcours auf London, je höher die Prämie ist, desto höher steigen (sich verschlimmern) muß, damit der Goldexport von Paris nach London rentabel werde.

b) Setzen wir für den Import von Gold:

77 Shilling $10^1/_2$ Pence gegen Frcs. 3437 (Metallpari) = Frcs. 25·165
dazu die in Paris zu erhaltende Goldprämie $4\,^0/_{00}$ [1])
davon ab Transportspesen . . . . $1^1/_2\,^0/_{00}$

$$\text{Differenz } 2^1/_2\,^0/_{00} = \;\; » \;\; 0{\cdot}063$$

$$\text{Goldpunkt} \quad\quad = \text{Frcs. } 25{\cdot}228$$

so erhellt daraus, daß, je höher die Prämie wird, desto weniger der Wechselcours auf London zu sinken (sich zu bessern) braucht, damit der Goldimport von dort rentabel werde.

Umgekehrt beeinflußt die Einhebung einer Goldprämie in Paris die Goldpunkte in London gegen Paris derart, daß die Londoner Wech-

---

[1]) Bei der Berechnung des Goldpunktes für den Import wird regelmäßig die Prämie nicht in Ansatz gebracht (vgl. Haupt, S. 645), und zwar deshalb, weil die Bank keine Prämie vergütet. Da jedoch, wenn in Paris eine Goldprämie besteht, effectives Gold daselbst auf dem offenen Markte günstiger verwerthet werden kann als im Auslande, so wächst der Antrieb zum Goldimporte proportional mit der Höhe der Prämie, was durch den im Text gegebenen Ansatz ziffermäßig ausgedrückt wird.

selcourse auf Paris sich um ein erhebliches günstiger stellen[1]) müssen, um den Goldimport von Paris, und nur um ein Geringes sich zu verschlimmern brauchen, um den Goldexport nach Paris lohnend zu gestalten.

Parallel mit dieser Einwirkung der Prämie auf die sogenannten Goldpunkte, das ist die ziffermäßigen Coursgrenzen, bei denen im internationalen Verkehr die Versendung effectiven Edelmetalles an die Stelle der Ausgleichung durch Devisen tritt, übt ihre Einhebung auch einen Einfluß auf die Wechselcourse selbst, und zwar technisch im Sinne einer Verschlimmerung: das heißt an dem von der Prämie betroffenen Geldplatze steigen die Course der ausländischen Devisen, während im Auslande die Wechselcourse auf den Prämienplatz entsprechend sinken.[2]) Wenn beispielsweise in Paris eine Goldprämie eingehoben wird, so müssen Tratten auf London, welche daselbst ohne jeden Abzug in Gold eingelöst werden, stärker gesucht und höher bewerthet, dagegen in London Pariser Wechsel stärker ausgeboten und im Preise gedrückt werden, weil die Einlösung der letzteren in Silbercourant wahrscheinlich und für das letztere Gold nur gegen ein gewisses Aufgeld zu erhalten ist.

Die unmittelbare Wirkung der Goldprämie auf den internationalen Zahlungsverkehr des betreffenden Wirthschaftsgebietes äußert sich demnach allerdings auch in einer Verschlimmerung der Wechselcourse; allein deren regelmäßiges Correlat, die Tendenz zum Goldexport, wird zunächst durch die Prämie paralysirt, indem sie die Exportgrenzen für das Gold selbst weiter hinausrückt. Durch eine successive Erhöhung der Prämie ist daher die Centralbank in der Lage, den Goldexport gänzlich hintanzuhalten, indem sie die Exportgrenze (den Goldpunkt) immer um etwas weiter hinausrückt, als es die Verschlimmerung der Wechselcourse bedingt: bis mit dem Eintritte normaler Zustände auf dem internationalen Geldmarkte auch die Tendenz zum Goldexporte (selbstverständlich, soweit dieselbe nicht durch den effectiven Güterverkehr bedingt ist) schwindet.

Hand in Hand mit dieser Einwirkung der Goldprämie auf die Wechselcourse geht bei ihrer längeren Dauer auch eine Einwirkung auf

---

[1]) Da in London die heimische Valuta fest und die fremde (Pariser) schwankend ist, so bedeutet hier im Gegensatze zu Paris das Steigen der fremden Wechselcourse deren Besserung, das Sinken ihre Verschlimmerung.

[2]) Hier wird die Einwirkung der Prämie auf die Wechselcourse isolirt betrachtet; durch concurrirende Umstände, z. B. eine besonders günstige Gestaltung der internationalen Verschuldung, können die Wechselcourse auch unter dem Regime der Prämie die entgegengesetzte Entwicklung nehmen.

die Gestaltung des internationalen Güterverkehrs, der Handelsbilanz selbst. In dieser Richtung besteht der letzte Effect der Prämie gleich jenem der Discontverschärfung in der Erhöhung des Exportes und Verminderung des Importes, also in einer Verbesserung der Handelsbilanz; aber der wirthschaftliche Proceß, durch welchen dieser Effect erzielt wird, ist in beiden Fällen verschieden. Während nämlich die Discontverschärfung die ungünstige Gestaltung der Handelsbilanz nur in der Weise zu corrigiren vermag, daß sie preisdrückend wirkt — indem durch Einschränkung des verfügbaren Geldcapitals speculative Preisbewegungen eingedämmt und das Angebot von Waaren verstärkt, der Geldwerth im Inlande somit erhöht wird: wirkt die im Gefolge der Goldprämie regelmäßig eintretende Verschlimmerung der Wechselcourse unmittelbar auf den Export stimulirend, auf den Import von Gütern prohibitiv ein, da es bei einem hohen Stande der fremden Wechsel lohnend erscheint, Forderungen an das Ausland zu erwerben, während Schulden an das letztere in gleichem Verhältnisse drückender werden. Die Goldprämie verbessert demnach die Handelsbilanz rascher, sicherer und auf eine für die heimische Production minder fühlbare Art, als die Disconterhöhung. Nur bei einer durch wahre Ueberproduction und -Speculation im Inlande bewirkten Tendenz zum Goldexporte ist — wie wir sehen werden — die Discontpolitik der Goldprämie als Correctiv vorzuziehen.

Stellen diese Vorgänge die typische Function der Goldprämie dar, in der sie auf den Geldmarkt in allen Fällen — mag nun die Tendenz zum Goldexporte durch die ungünstige Gestaltung der Handelsbilanz oder blos durch Momente speculativer Natur erzeugt sein — gleichmäßig einwirkt und generell als Exportzoll auf Gold sich charakterisiren läßt: so entfaltet sie andererseits eine ganz specifische Wirksamkeit bei jener Gestaltung des Geldmarktes — welche für unser Thema, wie sich zeigen wird, von ganz besonderer Bedeutung ist — wo die Tendenz zum Goldexporte ausschließlich oder überwiegend auf speculativen Momenten beruht; wo also, um den wichtigsten Fall zu nennen, der Leihpreis des Geldcapitales im Auslande die inländische Zinsrate beträchtlich übersteigt oder sich in Folge abnormer Vorgänge sprunghaft steigert.

Legen wir concrete Beziehungen zwischen zwei Geldmärkten, Paris und London etwa, unserer Betrachtung zu Grunde, so ist es klar, daß bei einem Pariser Zinssatze von 3% eine Erhöhung der Bankrate in England auf sagen wir 5% in Paris die Tendenz erzeugen muß, disponibles Geld in London zum hohen Zinsfuße anzulegen. Es erfolgt dies praktisch in der Weise, daß der französische Capitalist langsichtige Tratten auf London erwirbt (in der Regel Drei-Monatswechsel), für die er den Preis des Sichtwechsels auf London abzüglich des nach dem Londoner Banksatze für die Laufzeit des Wechsels zu berechnenden Discontes bezahlt. Die allgemeine Nachfrage nach Londoner Tratten steigert deren Cours so lange, bis die Versendung effectiven Goldes sich wohlfeiler stellt als der Ankauf von Wechseln. Von da ab werden sowohl die zur Begleichung der französischen Verbindlichkeiten an England als auch die zu Anlagezwecken nach London anzuschaffenden Beträge nicht in Tratten, sondern in effectivem Golde remittirt: der kritische Zeitpunkt des Golderportes ist gekommen; die Wechselcourse stehen, wie der technische Ausdruck lautet, »gegen Frankreich für England«.

Hier tritt nun die Bank von Frankreich als leitendes Organ des Geldmarktes ein und erhebt als Correctiv gegen diese Tendenz eine Goldprämie von sagen wir $4^0/_{00}$.[1]) Diese $4^0/_{00}$ muß nun der französische Capitalist den Anschaffungskosten seiner Tratte hinzuschlagen, da er die letztere selbstverständlich in Gold zu bezahlen hat. Dagegen kann er durchaus nicht sicher darauf rechnen, daß er das bei Verfall seines Drei-Monatswechsels einzuziehende englische Gold wieder mit einer Prämie von $4^0/_{00}$ werde gegen französisches Geld austauschen können. Sein Calcul ist also mit einem möglichen Verlust von $4^0/_{00}$ der Wechselsumme belastet, dem allerdings der Zinsgewinn mit 2% per annum gegenübersteht, von welchem jedoch auf die Laufzeit des Wechsels (drei Monate) blos $1^1/_2\% = 5^0/_{00}$ entfallen. Der Gewinn an Zins und der

---

[1]) Da aus dem statutarischen Ein- und Verkaufspreise für Gold ohnehin eine Goldprämie per $2^0/_{00}$ resultirt, so würde die effective Goldprämie nunmehr $6^0/_{00}$ betragen. — Die Einhebung der letzteren erfolgt in sehr verschiedener, mitunter auch versteckter Form, so durch Erhöhung des Ankaufs- und Abgabspreises für Goldbarren, aber auch (scheinbar) durch Berechnung eines höheren Discontsatzes. In aller Regel prüft die Bank, ob die Einreichungen zu Exportzwecken erfolgen oder dem inneren Verkehr dienen; ersterenfalls gibt sie blos gegen Prämie exportfähiges, d. i. vollwichtiges Gold ab, sonst wohl auch Goldmünzen im gesetzlichen Passirgewichte, welche jedoch nicht vollwichtig sind, deren Export daher einen effectiven Verlust involviren würde.

mögliche Verlust an der Prämie halten sich demnach fast vollständig die
Wage. Der speculative Antrieb zum Erwerbe von Londoner Tratten ist
auf ein Minimum herabgedrückt und damit denn auch die Gefahr des
Goldexportes beseitigt.

Daraus ergibt sich, daß in aller Regel eine Prämie in der Höhe
von etwa ein Viertel der Differenz zwischen der Londoner und Pariser
Zinsrate genügt, um jeden speculativen Goldexport nach London
hintanzuhalten. Eine Goldprämie von 1% wäre daher dann erst er=
forderlich, wenn diese Differenz auf circa 4% stiege; das heißt es müßte,
da die Pariser Bankrate während des letzten Jahrzehntes mit geringen
Abweichungen auf 3% sich hielt, der Zinsfuß der Bank von England
nicht weniger als 7% betragen.

Von diesen Vorgängen, so intensiv sie den internationalen Geld=
markt beeinflussen, bleibt aber der Binnengeldmarkt im engeren
Sinne völlig unberührt. Ist durch die Goldprämie eine protective
Mauer um den Goldbestand der Centralbank gezogen, so mag dieselbe
getrost und ohne alle Einschränkung das Silbercourant[1]), dessen Export
nicht zu befürchten ist, dem heimischen Geldverkehr zur Verfügung stellen;
denn für den letzteren, das ist für alle Zahlungen, welche im Inlande
geleistet und angenommen werden, steht es gleich, ob dieselben in gelber
oder weißer Courantmünze erfolgen. Der officielle Discontsatz, und
ebenso auch der Privatdiscont, können daher während einer Periode
heftiger Erschütterung des internationalen Geldmarktes auf einem gleich=
mäßigen niederen Stande bleiben, so daß jener Theil der Geschäftswelt,
der dem internationalen Verkehr ferne steht, durch die Krise nicht berührt
wird. Die an dem letzteren unmittelbar betheiligten Productionskreise
werden allerdings durch die Prämie getroffen; indem dieselbe die Wech=
selcourse auf das Ausland steigert und die heimischen Wechselcourse im
Auslande drückt, begünstigt sie einseitig den Exporteur, beziehungsweise
benachtheiligt den Importeur. Allein im Grunde ist die Lage dieser
beiden Zweige des internationalen Güterverkehres auch bei einer durch=
greifenden Disconterhöhung die nämliche, welch' letztere gleichfalls
— wenn sie die Edelmetallströmungen wirksam beeinflussen soll — auf
die Handelsbilanz wirken, den Export beleben, den Import hemmen muß.
Die erwähnten, von der Wirksamkeit der Goldprämie berührten Wirthschafts=
kreise sind nun aber ausschließlich diejenigen, welche am internationalen

---

[1]) Oder auch nicht ganz exportfähiges Goldcourant.

Güterverkehr activ theilnehmen und daher dessen Wandlungen und Conjuncturen — zu denen in erster Linie die Edelmetallströmungen gehören — zu berechnen im Stande und gewohnt sind, während die Disconterhöhung auch solche Kreise in ihren Bereich zieht, in deren Calcul der Natur ihres Geschäftsbetriebes nach internationale Conjuncturen keinen Platz finden.

Dazu kommt aber noch, daß bei scharfen, unerwarteten und durch die inneren Verhältnisse des betreffenden Wirthschaftsgebietes nicht gerechtfertigten Disconterhöhungen neben deren gewollten und ökonomisch meßbaren Wirkungen auch die bereits hervorgehobenen imponderabeln Reflexwirkungen — welche der Prämienpolitik ganz ferne liegen — Mißtrauen und ein instinctives Gefühl der Beängstigung (Apprehension) zu befürchten sind. Denn es sind blos die höchstgebildeten Schichten der Producenten befähigt zu unterscheiden, ob im concreten Falle die Anziehung der Discontschraube ein warnendes Correctiv gegen eine ungesunde Entwicklung der heimischen Productions- und Creditverhältnisse bedeute oder blos den Schutz des heimischen Geldmarktes gegen den Angriff der Goldarbitrage bezwecke. Es setzt diese Unterscheidung Vertrautheit mit den überaus complicirten Verhältnissen des internationalen Geldmarktes voraus, während weiteren Schichten in dieser Richtung blos eine oft ungenügende Erfahrung und ein ungeregelter Instinct zu Gebote stehen. Und die Bedeutung dieses Momentes wächst im umgekehrten Verhältnisse zum durchschnittlichen Maße der commerciellen Bildung jenes Wirthschaftsgebietes, das durch sein Währungssystem in den Bereich der internationalen Edelmetallströmungen hineingezogen wird. —

Dagegen ist es das Kriterium der Prämienpolitik, daß sie den **Einfluß des internationalen Goldbedarfes auf den heimischen Geldmarkt theilt und abgrenzt**: diesen Einfluß in jener Wirthschaftssphäre zur vollen Geltung gelangen läßt, welche mit dem internationalen Güterverkehr zusammenhängt, und von jener abhält, welche dem letzteren selbst fernsteht. Darauf beruht der essentielle Unterschied der Prämien- und Discontpolitik; aus diesem Kriterium ergibt sich auch die natürliche Grenze für die Anwendbarkeit dieser beiden Correctivmittel[1] des internationalen Geldverkehrs.

---

[1] Göschen (Theory of the foreign exchanges) bezeichnet im Cap. VI, das von den »sogenannten Correctivmitteln« (so called correctives) der Wechselcourse handelt, als deren Zweck: »to check the export of gold«; als die beiden Hauptursachen des letzteren (abgesehen vom Goldagio): die internationale Ueberschuldung

Wo nämlich die Verschlimmerung der internationalen Position eines Landes auf die ungesunde Entwicklung seiner eigenen Preis- und Creditverhältnisse, auf Ueberspeculation im Innern zurückzuführen ist und die Zahlungsbilanz ein effectives Passivsaldo aufweist: da ist die bloße Erschwerung des Goldexportes durch die Prämie unfähig, den Goldabfluß hintanzuhalten, weil die Ausgleichung internationaler Passivsalbi nicht anders als durch Edelmetallversendung erfolgen kann. Auch die künstliche Verschiebung des Güterverkehrs zu Gunsten des Exportes, wie sie bei fortgesetzter Anwendung der Prämienpolitik sich äußert, wäre bei dieser wirthschaftlichen Lage nicht ausreichend. Hier ist vielmehr die durchgreifende Anwendung der Discontpolitik allein wirksam und am Platze, weil dieselbe die ungesunde Preisbewegung eindämmt, die Expansion des Credits auf ein zweckentsprechendes Maß zurückführt, die Handelsbilanz verbessert und so der ungünstigen Conjunctur des Geldmarktes in ihren letzten Ursachen entgegenwirkt. Andererseits ist bei dieser Sachlage auch eine empfindliche Discontverschärfung unbedenklich, da die Rücksicht auf den am internationalen Güterverkehr unmittelbar nicht betheiligten Productionskreis entfällt; denn an der hier vorausgesetzten ungesunden Bewegung sind erfahrungsgemäß alle Schichten des Handels und der Industrie mehr oder minder betheiligt.

Die Beschränkung auf die Prämienpolitik wäre in diesem Falle ein wirthschaftlicher Fehler; dieselbe mag höchstens als Ergänzung einer durchgreifenden Discontpolitik in Anwendung treten.

Wir werden im Folgenden sehen, daß die Bank von Frankreich diesem Postulate völlig gerecht wird.

Anders jedoch, wenn die ungünstige Conjunctur der Wechselcourse auf der anormalen Gestaltung irgend eines ausländischen Geldmarktes beruht und die Tendenz zum Goldexporte vorwiegend speculativen Charakter trägt.[1]) Hier genügt es völlig, wenn durch die Prämienpolitik der

---

und die locale Verschiedenheit des Geldwerthes. Die folgenden Ausführungen des lichtvollen Werkes behandeln aber, wie dies vom Standpunkte des englischen Währungssystems leicht verständlich, blos die Discontpolitik als Correctivmittel gegen Goldexport.

[1]) Diese gerade in den letzten Jahrzehnten nicht selten wiederkehrende Alternative übersieht Schrant (»Die Lehre von den auswärtigen Wechselcoursen«, S. 28) vollständig, wenn er, gegen den angeblichen »Irrthum, daß die der Metallgeldausfuhr vorbeugenden, vorübergehenden Disconterhöhungen als eine schwere Calamität für die Industrie und den Handel zu betrachten seien«, polemisirend

Verwirklichung dieser Tendenz ein Hemmschuh entgegengesetzt wird. Die präventive Anwendung der Discontpolitik ist, weil und insoferne sie die Nachtheile der internationalen Conjunctur auch auf den Binnenverkehr überträgt, bei dieser Sachlage zu perhorresciren.

Diese beiden Hauptfactoren einer ungünstigen Gestaltung der Wechselcourse können sich auch vereint, und zwar in den verschiedensten Combinationen geltend machen; je nach dem Charakter der concreten wirthschaftlichen Lage hätte dann die eine oder die andere Form der protectiven Bankpolitik in Anwendung zu treten.

Auf ihre Elemente zurückgeführt, charakterisiren sich alle diese Vorgänge als Veränderungen des relativen Geldwerthes im Inlande dem Auslande gegenüber. Die ungünstige Conjunctur beruht nämlich entweder auf einer einseitigen Depression des Geldwerthes im Inlande (Ueberspeculation im Inlande) oder auf einer einseitigen Erhöhung des Geldwerthes — respective des Leihpreises von Geld — im Auslande (Geldknappheit oder Geldkrise im Auslande). Beide Momente bewirken eine mit der ausgesprochenen Tendenz zum Exporte auftretende Nachfrage nach Circulationsmitteln, welche sich daher in Ländern mit hinkender Währung auf das exportfähige Metall — Gold — beschränkt. Dieselbe erzeugt schließlich jene einseitige und vorübergehende Höherbewerthung der Goldcirculation im Vergleich zum Silberumlaufe — bei gleichbleibender Kaufkraft der weißen Courantmünze allen anderen Gütern gegenüber — welche wie bereits hervorgehoben wurde das Kriterium der Goldprämie gegenüber dem Goldagio ausmacht.

Die vorstehend theoretisch gewonnenen Einblicke in das Wesen und die specifische Wirkungsform der Discont- und Prämienpolitik dürfen nun für das Verständniß der Vorgänge auf dem internationalen Geldmarkte und die Beurtheilung der Machtstellung eines Landes auf demselben

geltend macht, daß die Zinsfußerhöhung »die Ausschweifungen der Speculation zügelt, zur Remedur auffordert« und »eine für Handel und Industrie vortheilhafte Correctur ungesunder Situationen bildet«. Wenn aber der Zusammenbruch eines ausländischen Speculationsringes die Centralbank zu einer durchgreifenden Anwendung der Discontschraube nöthigt, um speculativen Goldentziehungen vorzubeugen: worin besteht der Vorzug dieser Maßregel vor der Prämienpolitik, da doch in diesem Falle von einer »heilsamen Remedur« gewiß nicht die Rede sein kann?

auch eine praktische Bedeutung, und zwar in stetig steigendem Maße beanspruchen. Mit der Verbreitung des Goldes als Circulationsmittels über die wichtigsten Culturgebiete, womit seine Production keineswegs gleichen Schritt hält, tritt nämlich die gegenseitige Abhängigkeit der großen Geldmärkte von einander gegenwärtig immer schärfer hervor. Wirthschaftliche Processe von relativ nicht allzu hoher Intensität, welche sich in der Geldcirculation eines dieser Gebiete vollziehen, verpflanzen sich nunmehr mit unerhörter Schnelligkeit und kaum abgeschwächter Energie auch auf die anderen Centren des Geldverkehrs.

Zweifellos ist diese Empfindlichkeit des internationalen Zahlungsverkehres zunächst auf die fortschreitende Uniformisirung der Währungssysteme zurückzuführen. Nun ist dieselbe, an sich und theoretisch betrachtet, so wenig eine unerfreuliche Erscheinung, daß vielmehr die Strömung zu Gunsten des Goldes von dem Wunsche, sie zu verwirklichen, ihren geschichtlichen Ausgangspunkt herleiten muß (Pariser Münzconferenz 1867). Damals hatten eben mit aller Energie einer wirthschaftlichen Heilslehre Freihandel und Vertragspolitik sich der Gemüther bemächtigt, und man erblickte das wirthschaftliche Entwicklungsziel der Culturwelt in deren Verschmelzung zu einem idealen Wirthschaftsganzen. Seither aber ist zerstörender Reif auf diese Blüthenträume gefallen: Zollschranken erheben sich allenthalben; die nationale Handelspolitik zwingt die wirthschaftlich aufstrebenden Staaten, auf Absatzgebiete außerhalb der Culturwelt Bedacht zu nehmen.

So hat denn die Voraussetzung eines freien und ungehemmten internationalen Zahlungsverkehres — die Uniformisirung der Währung — sich der Verwirklichung genähert, während der internationale Güterverkehr selbst, dem zu dienen sie berufen war, in der Entwicklung gehemmt und unterbunden worden ist.

Der wirthschaftliche Aufschwung, den man sich von dieser Uniformisirung versprochen, blieb daher aus, während ihre Schattenseiten mit aller Energie sich fühlbar machen. Denn unzweifelhaft ist dadurch die Bahn für die Entwicklung der internationalen Goldspeculation bedeutend erweitert worden. Nicht deren Berechtigung soll hier in Frage gestellt worden; ist sie doch — selbst in ihrer übermäßigen Entwicklung — ein nothwendiges Product der herrschenden monetären Zustände. Aber in gleichem Maße mit ihrer Entwicklung tritt die Unzulänglichkeit und Beschwerlichkeit des regelmäßig wider sie angewendeten Correctivs — der einseitigen Discontpolitik — immer deutlicher zu Tage.

Unleugbar führt gegenwärtig in der »Epoche der kurzen Goldderke«-Ueberproduction und Ueberspeculation rascher als ehedem zur Geldknappheit, und von da zur Geldkrise: der Athem der Speculation ist merklich kürzer geworden. Oefter und mächtiger als je tritt daher der speculative Antrieb auf, das vielbegehrte Metall dorthin zu senden, wo eine um ihren Credit bangende Speculation nach Baargeld lechzt und den Leihpreis desselben ins Ungemessene steigert. Und dieser Antrieb ist leichter zu befriedigen als je. Es ist wahrhaft befremdlich zu schauen, wie die Staaten sorgfältig ihre Grenzen verschließen, damit der reelle Aufschwung der nachbarlichen Production nicht herüberbringe und die zarte Blüthe der nationalen Wirthschaft vor dem rauhen Hauch einer, wenn auch durchaus soliden Concurrenz bewahrt werde: während andererseits die mächtigen Geldmärkte von London und Berlin, waffenlos, blasser Furcht preisgegeben sind, wenn wieder einmal in Wallstreet wüster Speculationstaumel in fieberhafte Geldbedrängniß ausartet, das wirthschaftliche Barometer — der Cours der Londoner »Transfers« — unter den Sturmpunkt von 4·845 sinkt, wenn der märchenhafte Zinsfuß von $1/4 \%$ für tägliches Geld sein Unwesen treibt. Da müssen die Centralbanken im Namen der Freiheit und Leichtigkeit des internationalen Geldverkehres der heimischen Production mit der Discontschraube den Athem einengen. Denn für das Gold gibt es keine Zollschranken; unaufhaltsam fluthet es — wenn auch nur vorübergehend — dort hin, wo der Reiz des hohen Leihpreises und Geldwerthes winkt: die Circulation der uniformen Währungsgebiete gleicht einem Meere, dessen Strömungen und Wellen von der Tendenz, das gestörte Niveau wieder herzustellen, beherrscht werden. Diese Tendenz empfinden die angegriffenen Geldmärkte selbst dann hart genug, wenn ihre eigene Entwicklung durchaus gesund geblieben ist; doppelt bedenklich aber, wenn auch in ihrem eigenen Gefüge etwas locker oder faul ist: dann findet der Krankheitskeim auch den Nährboden und die Atmosphäre, worin er sich zur Katastrophe entwickeln mag; überaus deutlich weist insbesondere die Baringkrise diesen pathologischen Proceß auf. Insofern also, d. i. mit Beschränkung auf diese von der Gestaltung der internationalen Handelsbilanz unabhängigen, durch speculativen Antrieb hervorgerufenen, vorübergehenden, aber keineswegs gefahrlosen Edelmetallströmungen ist die Ricardo=Hertzka'sche Theorie[1]) allerdings anzuerkennen und hat in der jüngsten Wirthschaftsgeschichte

---

[1]) Vergl. S. 68, Anm. 1.

nur allzu oft ihre Verwirklichung gefunden. An der bedrohlichen Entwicklung der speculativen Metallversendungen haben allerdings nebst den erwähnten noch andere Momente Antheil. Auch der internationale Bimetallismus strebt ja eine Uniformisirung der Währungssysteme an. Aber der allgemeine Uebergang zur Goldwährung oder einem derselben sich annähernden Systeme hat jenes Metall zum herrschenden Circulationsmittel in der Culturwelt erhoben, von welchem — wenn auch vielleicht nicht zu wenig — so doch gerade nur so viel verfügbar ist, als der normale Bedarf beansprucht. Mag die »Golddecke« vielleicht nicht zu kurz sein: so ist sie doch jedenfalls nicht lang genug,[1]) um nicht auf Ausschreitungen der Production baldigst mit kritischen Symptomen zu reagiren. Periodische Ausschreitungen dieser Art sind nun im Laufe der wirthschaftlichen Entwicklung nicht zu vermeiden; und gerade die intensive Ausnützung der Circulationsmittel erhöht die Empfindlichkeit des Geldmarktes für deren Verringerung. Daher ist die Gefahr, daß irgendwo eine Geldknappheit entstehe, in gleichem Maße gewachsen als die Wahrscheinlichkeit, daß dieselbe mittelst der internationalen Goldarbitrage auf ganz unbetheiligte Geldmärkte übertragen werde. Dazu kommt noch als ein ganz selbstständiger Factor die allgemeine Vervollkommnung der Transportmittel, die Raschheit, Sicherheit und Wohlfeilheit des Transportes. Der wirthschaftliche Werth dieser Momente ist unleugbar ganz enorm, insoferne sie die Baarbegleichung der aus dem Güterverkehr stammenden, effectiven Passivsaldi der Culturnationen erleichtern und verwohlfeilen. Aber in dem Maße als diese ihre rationelle Wirksamkeit durch die vertragsfeindliche Handelspolitik eingeschränkt wird, macht sich eben ihr Einfluß einseitig zu Gunsten der blos speculativen Zwecken dienenden Edelmetallströmungen fühlbar.

Daß die übergroße gegenseitige Abhängigkeit der Geldmärkte, aus welcher nur derjenige Markt einseitig Gewinn zieht, dessen Entwicklung eine stürmische und excessive ist, mit den Währungsreformen wirklich in ursächlichem Zusammenhange steht, dafür mag auch eine von Göschen verwerthete Beobachtung sprechen. »Wie mag es kommen,« sagt er (Foreign exchanges, p. 140), »daß trotz der rapid sich äußernden Nivellirungstendenz des Geldcapitals ein so bedeutender Unterschied in den Zinssätzen verschiedener Länder bestehen kann, als dies gelegentlich in

---

[1]) Vergl. Nasse in Hildebrand-Conrad's Jahrbücher für Nationalökonomie und Statistik, N. F., Bd. XVII, S. 149 f.

Bezug auf England und den Continent zu beobachten war. Wie läßt es sich erklären, daß der Discontsatz in London 6%, betragen konnte, während er in Hamburg und anderen continentalen Städten zwischen 2 und 3% sich hielt? Das ist ein Räthsel, das im Laufe der Zeit, da die englische Bankrate öfter den continentalen Zins so stark überstieg, viele Köpfe in Verlegenheit gesetzt hat.« Göschen erklärt endlich diese Erscheinung aus der Währungsverschiedenheit (Silberwährung in Hamburg) und der durch dieselbe bedingten Prämie. Auch die jüngste Auflage der trefflichen Schrift (1888) enthält denselben aus dem Jahre 1861 stammenden Passus; aber das Phänomen, welches er beschreibt, ist längst obsolet: die Londoner, Berliner und Hamburger Discontsätze weisen heute einen — oft unerwünschten — aber ganz unvermeidlichen Parallelismus auf. Frankreich allein (und dessen monetäre Hinterländer) haben gegenüber den Fluctuationen der Edelmetalle eine selbstständige Defensivstellung zu bewahren vermocht — ein Erfolg, welcher zum Theile auf die Gestaltung ihres Währungssystems und die durch dieselbe ermöglichte durchgreifende Anwendung der Prämienpolitik zurückzuführen ist.[1])

Die außerordentlich starke Defensivstellung Frankreichs auf dem internationalen Geldmarkte, sowie deren Zusammenhang mit dem Währungssysteme und der Goldprämie lassen sich inductiv aus der im Anhange beigegebenen Tabelle nachweisen, welche die Bewegung des Geldmarktes während kritischer Perioden des letzten Decenniums statistisch darstellt.

Zu Beginn dieser Epoche wird die Lage des Geldmarktes charakterisirt durch die in Amerika, sowie in einem großen Theile des europäischen Continents herrschende Ueberspeculation. Mittelpunkt derselben in Europa ist Frankreich, während die stärkste Ausstrahlung der speculativen Bewegung nach Oesterreich erfolgt, welch' letzteres trotz seiner isolirten Valuta insoferne auch in Betracht kam, als die meisten Gründungen dieser Speculationsperiode (der sogenannten Bontoux-Epoche) Goldtitres schufen und daher dem französischen Geldmarkte große Quantitäten effectiven Goldes entzogen. Das zweite Semester des Jahres 1881 setzt mit einer intensiven Beengung der wichtigsten Geldmärkte ein, welche

---

[1]) In dieser Richtung ist nicht ohne Interesse darauf hinzuweisen, daß Reichsbankpräsident v. Dechend in einer im April 1882 in der »Nordd. Allg. Zeitung« veröffentlichten Denkschrift erklärte, Deutschland sei dadurch einigermaßen gegen Goldentziehungen geschützt gewesen, daß das Ausland wußte, die deutsche Reichsbank sei nicht verpflichtet, in Gold zu zahlen — mit anderen Worten, weil man die gesetzliche Möglichkeit einer Goldprämie annahm.

zum Theile auf eine erhöhte Nachfrage nach Gold für Italien theils auf eine in Nordamerika herrschende Geldkrise zurückzuführen ist. Seit August halten die New-Yorker Course auf London sich fortdauernd tief unter Pari (4·86); die Bank von England erhöht den Discontsatz in kurzen Sätzen von 2½% (4. August) auf 3%, 4% (31. August), 5% (13. October); ihre Reserve weist an diesen Tagen bereits einen Stand unter dem sogenannten Angstminimum (10,000.000 Pfd. Sterling) auf. Noch stärker afficirt erscheint der deutsche Geldmarkt. Wiewohl Berlin an der speculativen Bewegung relativ geringeren Antheil genommen, ist die Discontrate der deutschen Reichsbank (5½%), ebenso wie der Privat-Discontsatz im Laufe der Monate October und November fortdauernd höher gehalten als die entsprechenden Sätze der übrigen, in Vergleich gezogenen Centralbanken. Gegen Ende des Jahres wird die um diese Zeit regelmäßig sich einstellende Spannung durch die Vorwehen der französischen Krise gesteigert, welche, in das Jahr 1882 hinübergreifend, die nach Jahresschluß gewöhnlich zur Geltung kommende Besserung verhindern. Vielmehr greift im Laufe des Monats Jänner, am schärfsten unter dem unmittelbaren Eindrucke der Pariser Krise (20. Jänner), eine so entschiedene Verschlimmerung der Wechselcourse in London und Berlin Platz, daß die beiden Centralbanken zum Schutze ihres Goldbestandes gegen die wuchtigen Angriffe des Pariser Marktes sich genöthigt sehen, den Zinsfuß am gleichen Tage (1. Februar) auf die in diesem Decennium nur zweimal wieder erreichte Höhe von 6% hinaufzusetzen.

Ueberaus interessant und lehrreich ist während dieser Periode das Verhalten der französischen Centralbank. Es erbringt nämlich den statistischen Nachweis, daß diese Bank die oben theoretisch gezogenen Grenzen zwischen Prämien- und Discontpolitik genau innehält. Das ganze zweite Semester von 1881 weist einen hohen Zinsfuß auf, der vom 27. October bis über den Ausbruch der sogenannten Bontouxkrise hinaus sich auf 5% hält. Wir sehen die Centralbank in sehr energischer Weise thätig, um dem fieberglühenden Markte ein Warnungszeichen zu geben, wir sehen sie nach Kräften bemüht, für die unausweichliche Krise ihre Hilfsmittel zu stärken. Gegenüber dem von innen kommenden, respective vorauszusehenden Ansturme auf ihre Reserve bringt also die Bank das einzige durchgreifende und hier auch völlig zu rechtfertigende Correctiv — die Discontverschärfung — vollauf zur Geltung. Charakteristischer noch ist die Gestaltung der Prämienpolitik während dieses Zeitraumes. Von August bis Ende October besteht eine Goldprämie bis zur Höhe von $3^1/_2\%_{00}$; vom November ab bleibt die Prämie trotz der sichtlichen Beengung des Pariser Marktes auf dem Niveau von ca. $2\%_{00}$.[1]) Diese auffallende Erscheinung erklärt sich in einfacher und durchaus befriedigender Weise. Von August bis October herrscht nämlich die Geldklemme in New-York, und die Angriffe, denen der französische Geldmarkt während dieser Zeit ausgesetzt ist, rühren theilweise von der zu Gunsten des New-Yorker Marktes thätigen Arbitrage her. Von November aber treten mit der Besserung der amerikanischen Verhältnisse diese Momente in den Hintergrund. Schon am 28. October nähert sich der New-Yorker Sichtcours auf London dem Paristand (4·86), um von da trotz stärkerer Rückfälle eine aufsteigende Richtung anzunehmen. Der Baarschatz der Bank wird fürder blos durch die ungesunde Entwicklung des heimischen Marktes afficirt: die Prämienpolitik wird entbehrlich, dagegen eine kräftige Discontpolitik erforderlich. Völlig im Einklang mit dieser Bankpolitik steht die Bewegung der Baarbestände und des Notenumlaufes der Bank von Frankreich während dieses Zeitraumes. Geldentziehungen (Drainages), welche von außen her zu speculativen Exportzwecken an die Bank herantreten, treffen nämlich die Goldbestände allein, während den durch Ueberspeculation hinaufgeschraubten Bedürfnissen des heimischen Geldmarktes auch mit Silbercourant Genüge geschehen kann. Dem entsprechend sehen wir während der Dauer der Geldklemme in New-York und unter dem Regime der Goldprämie thatsächlich den Goldbestand den stärksten Angriffen ausgesetzt; er vermindert sich von 632·9 Millionen Francs am 4. August bis auf 599·5 Millionen Francs am 13. October (Tiefpunkt des Goldbestandes, Höhepunkt der Prämie), das ist um circa $5·2\%$, während die Verminderung des Silbervorrathes während derselben Zeit (1241·9 Millionen Francs bis 1207 Millionen Francs) blos $2·8\%$ beträgt. Seit Mitte October, von wo die Ansprüche des heimischen Geldmarktes allein fühlbar werden, ändert sich das Verhältniß vollständig. Der Goldvorrath steigert sich unter dem Einflusse des hohen Discontsatzes, so daß die Verminderung des Baarvorrathes unter gleichzeitiger beträchtlicher Vermehrung des Notenumlaufes ausschließlich zu Lasten des Silberbestandes geht. Für die Voraussetzungen, Wirkungen und Grenzen zwischen Prämien- und Discontpolitik in einem Lande mit silbergesättigter hinkender Währung sind die Peripetien der eben geschil-

---

[1]) Von der selbstverständlich fortdauernden ständigen Prämie von $2\%_{00}$ abgesehen.

derten Krise typisch und rechtfertigen daher deren eingehende Würdigung.
Es zeigt sich hiebei, daß die Goldprämie, weit entfernt, eine anomale,
krankhafte, dem Agio vergleichbare Erscheinung zu sein, vielmehr eine
nach bestimmten Regeln zu handhabende, dann aber äußerst wirksame
Schutzwaffe darstellt. In dieser Richtung ist es nicht ohne Belang,
darauf hinzuweisen, daß Paris, wiewohl es von der sogenannten Bontour-
Krise am stärksten betroffen worden ist, unmittelbar nach Ablauf ihres
acuten Stadiums und früher noch als Berlin und London (vgl.
in der Tabelle die Discontsätze am 9. und 23. Februar 1882) zu einem
normalen Zinssatze zurückkehren konnte, so daß, mögen auch die Verluste
der am Effectenspiele betheiligten Kreise enorm gewesen sein, der Geldmarkt selbst, das belebende Agens der nationalen Production, keine nachhaltige Zerrüttung erfuhr.

Im Jahre 1883 weist der internationale Geldmarkt keine Erscheinung von Belang auf.

Das Jahr 1884 ist gekennzeichnet durch eine von der Mitte des
ersten Halbjahres bis tief in das zweite hineinreichende Krise des New-
Yorker Geldmarktes. Auffallend ist nun deren relativ geringe Rückwirkung auf die europäischen Geldmärkte, indem der Zinssatz selbst der
zunächst exponirten Bank von England, die Grenze von $2^1/_2\%$ nicht überschreitet und der Zinsfuß der Deutschen Reichsbank sich constant auf
4% hält. Die Erklärung dieser Erscheinung liegt darin, daß das Jahr
1884 durch den tiefsten Preisstand der Welthandelsartikel gekennzeichnet
ist, welcher in Europa seit 1860 jemals wahrgenommen wurde (vgl.
die Relativzahlen auf Seite 62). Bei stark gesunkenen Preisen reicht
aber auch ein geringeres Quantum von Zahlungsmitteln für die
Vermittlung der Umsätze eines Wirthschaftsgebietes hin; daher ging die
Einschränkung der verfügbaren Geldmenge spurlos vorüber, ohne eine
fühlbare Beengung des Verkehres hervorzurufen.

Im Frühjahr des Jahres 1885 sind es politische Verwicklungen,
welche eine — um diese Zeit ungewöhnliche — Beengung des internationalen Geldmarktes bewirken. Die Disconterhöhungen während solcher
durch politische Beunruhigung charakterisirten Perioden werden theils
durch das Bestreben der Centralbanken, sich eines für alle Eventualfälle
ausreichenden Baarbestandes zu versichern, theils durch die große Menge
von Effecten, welche auf den Markt kommen, veranlaßt. Von Interesse
ist für uns das Verhalten des Geldmarktes nur insofern, als sich aus
der Tabelle constatiren läßt, daß die Bank von England und in noch

höherem Maße die Deutsche Reichsbank zu einer namhaften Discont=
verschärfung Zuflucht nehmen mußten, während die Bank von Frankreich
sich durch die (ziemlich beträchtliche) Goldprämie zu schützen und ihren
Discont auf einer unverändert sehr mäßigen Höhe zu erhalten in der
Lage war.

Die Vorgänge vom Spätherbst 1886 bis in den Nachwinter des
Jahres 1887 stellen das typische Bild einer speciell durch speculative
Momente bewirkten Beengung des europäischen Zahlungsverkehres und
der Circulation dar. Die New-Yorker Wechselcourse, welche unter dem
Einflusse einer Börsenkrise sich fortdauernd ungünstig für London stellten
(4·85—4·83), erzwangen zunächst eine Verschärfung des Discontes in
London, welcher die Deutsche Reichsbank nur zögernd sich anschloß, bis
endlich der um die Mitte December eintretende Tiefstand der Londoner
Sichten in New-York beide Centralbanken zur Erhöhung des Discontes
auf 5% veranlaßte. Als mitwirkendes Moment darf allerdings auch
die Nähe des Jahresschlusses gelten. Von diesem Bild hebt sich jedoch
die Lage des Pariser Platzes in bemerkenswerther Weise ab, der nach
dem Stande seines officiellen und Privatdiscontes von den stürmischen
Bewegungen des internationalen Geldmarktes wohl unberührt gelten
dürfte, wäre nicht die Goldprämie bemerkbar, mit welcher er seine Cir=
culation gegen die in diesem Falle rein speculativen Angriffe vertheidigt.

Wiederum ein anderes Bild bietet der Geldmarkt im zweiten Halb=
jahr 1888 dar. Dasselbe ist charakterisirt durch eine stürmische Auf=
wärtsbewegung der Preise in fast allen Theilen der Culturwelt, als
deren Vorläufer die in Krisen ausgearteten amerikanischen booms und
corners der Jahre 1886 und 1887 gelten mögen. Die durchgreifende
Preissteigerung, welche im Jahre 1888 eintritt, manifestirt sich, wie in
der Regel, durch die intensive Bethätigung der Speculation, welche die
voraussichtliche Besserung zu anticipiren bemüht ist. Bedeutsam unter den
Wandlungen des internationalen Geldmarktes während dieses Zeitraumes
ist die Erscheinung, daß die Bank von Frankreich sich mit der Gold=
prämie nicht begnügt, sondern auch die Discontrate nach jahrelanger
Frist beträchtlich anzieht. Darin äußert sich eine richtige Erkenntniß von
den Grenzen der Prämien= und Discontpolitik; denn um jene Zeit lag
die Ursache der schlechten Wechselcourse und des Exportes nicht blos
in äußeren Verhältnissen, welchen mit der Goldprämie begegnet werden
konnte, sondern auch in einer überstürzten speculativen Ent=
wicklung des heimischen Marktes (Kupfersyndicat), der gegen=

über die Discontverschärfung nicht blos zulässig, sondern auch geboten erschien.¹)

Einen glänzenden Erfolg hat die französische Bank- und Währungspolitik im Jahre 1889 anläßlich des Zusammenbruches der Kupferspeculation und deren Geldquelle, des Comptoir d'Escompte, aufzuweisen.

Die Gestaltung dieser Katastrophe ist noch in allzu frischer Erinnerung, als daß sie hier einer Besprechung bedürfte. Blos der eine Umstand sei erwähnt, daß gleich wie bei der Baringkrise auch damals von der Haute-Banque ein Garantiefond von circa 178 Millionen Francs aufgebracht werden mußte. Dessen ungeachtet und trotz der ungeheueren Bedeutung gerade des Comptoir d'Escompte für den internationalen Zahlungsverkehr Frankreichs beschränkten sich die sichtbaren Wirkungen der Katastrophe auf den französischen Geldmarkt blos auf die namhafte Vermehrung des Notenumlaufes (2926·5 Millionen am 17. April gegen 2740·9 Millionen am 6. März), während die Bankrate gar keine, der Privatdiscont eine minimale Steigerung erfuhr; von einem Uebergreifen der Krise auf andere Geldmärkte ist keine Spur bemerklich.

Im schärfsten Contraste hiezu steht das Verhalten des englischen Geldmarktes während der Baringkrise im zweiten Halbjahr 1890.

Schon die erste Hälfte dieses Jahres ist durch eine nervöse Unruhe des Londoner Geldmarktes charakterisirt; in diesen Zeitraum fallen sechs Veränderungen der Discontrate, während das ganze Jahr deren zwölf aufzuweisen hat. Auch der niedrige Stand der Reserve zu Beginn des zweiten Semesters ist auffallend. Um aber diese Spannung bis zur Krise zu steigern, welche im November ausbrach, das Haus Baring Brothers stürzte und in ihren Peripetien noch in frischer Erinnerung steht, wirkten drei Momente zusammen: die politische Krisis in Südamerika, die im Frühherbste durch den Zusammenbruch der New-Yorker

---

¹) Der Grund, weshalb dieser inductiven Beweisführung hier ein so breiter Raum eingeräumt werden muß, liegt darin, daß selbst Theoretiker von unbestreitbarer Autorität nur allzu oft geneigt sind, die Prämienpolitik als absolute Anomalie aufzufassen und schlechthin zu verwerfen (vgl. z. B. Schraut, »Die Lehre von den auswärtigen Wechselcoursen«, S. 27). Aber dieses Urtheil beruht auf einer mangelhaften Differenzirung der wirthschaftlichen Erscheinungen (vgl. S. 109, Anm. 1). Daß die Beengung der Circulation auch blos durch äußere Vorgänge und speculative Angriffe von außen verursacht werden kann, gibt Schraut selbst zu: »Internationale Wechselreiterei« (S. 20). Darf nun in solchen Fällen mit Fug von einer Ueberspannung der wirthschaftlichen Kraft der Producenten gesprochen werden, gegen welche die Disconterhöhung als Remedur wirken soll?

Speculation erzeugte Geldklemme und eine ungesunde Entwicklung im Innern des englischen Wirthschaftskörpers selbst, nämlich die Ueberspeculation in argentinischen Werthen. Die Katastrophe der Barings kann somit als ein typischer Beleg für jene Krisen gelten, bei denen ein Krankheitskeim im Innern, dessen Entfaltung unter günstigen Verhältnissen hätte unterbleiben können, durch einen von außen kommenden Anreiz zum acuten Ausbruch gebracht wird. Lange bevor die Verlegenheiten des Hauses Baring dem Markte die Signatur aufdrückten, zeigt sich unter dem Einflusse zeitweilig sehr niedriger New-Yorker Wechselcourse (18. bis 25. September: $4·85^1/_4$) eine Beengung des Capitalmarktes; die Reserve ist schon am 2. October nicht weit vom »Angstpunkte« entfernt. Es tritt dann eine vorübergehende Erholung ein, bis zu Anfang November der abermals ungünstige Stand der Kabel-Transfers in New-York ($4·86^1/_4$ bis $4·85^1/_2$) das Signal zum Ausbruch gibt, indem das Haus Baring, in der wachsenden Geldklemme an der Möglichkeit, den Sturm zu überdauern, verzweifelnd, seine Lage offenbaren muß. Die weitere Entwicklung der Krise sowie ihre Eindämmung durch das Garantie-Syndicat mit Hilfe einer von der Bank von England aufgenommenen Goldanleihe von zusammen 4,500.000 Pfd. Sterling legten dar, wie hart und knapp »die englische Volkswirthschaft an einer Katastrophe vorbeigegangen war, welche Englands wirthschaftliche Weltstellung dauernd hätte gefährden können«.[1]) Entsprechend stark war die Einwirkung auf die übrigen Geldmärkte. Charakteristisch für die rein speculative Tendenz, welche den dieselben heimsuchenden Drainages um diese Zeit innewohnt, ist der Umstand, daß sich im Baarschatze der Bank von Frankreich blos der Goldbestand namhaft verringert (3. Juli bis 13. November um 125·4 Millionen Francs; der rasche Sprung auf 1114·6 Millionen Francs am 20. November ist durch die Anleihe motivirt); der Silbervorrath und der Notenumlauf machen, dem ganz normalen Stande des heimischen Geldmarktes entsprechend, nur mäßige Oscillationen durch. Daher auch keine Disconterhöhung; die Circulation wird blos durch die Goldprämie, und zwar — wie dies der nothgedrungene Schritt der Bank von England erweist — in sehr wirksamer Weise geschützt. — Bedeutend stärker afficirt zeigt sich die Deutsche Reichsbank; ihre Disconterhöhungen halten mit jenen der Bank von England gleichen Schritt, ja sie eilen ihr voran (16. October: $5^1/_2°/_0$); der englischen Rate von $5°/_0$ am 4. December vermag dagegen die deutsche

---

[1]) Rede Göschen's in Leeds.

Bank erst nach Jahresschluß zu folgen. Im Allgemeinen weist das Bild des französischen Geldmarktes — isolirt betrachtet — keine Spur einer Krise im In- oder Auslande auf; während die Bewegung von England aus nach Deutschland mit fast unverminderter Kraft hinüberstrahlt.

In gleicher Weise wie die eben entwickelte Thatsachenreihe spricht zu Gunsten des französischen als des widerstandsfähigsten Geldmarktes, welcher äußeren Angriffen gegenüber die wirksamste Defensivstellung einnimmt und innere Krisen am leichtesten verwindet, auch die vergleichende Statistik der Häufigkeit der Discontänderungen einerseits, sowie der Differenz zwischen Maximal- und Minimal-Discontsätzen der großen Centralbanken andererseits — zwei Momente, welche sowohl von Bimetallisten (R. Giffen) als auch von Goldwährungstheoretikern (E. Nasse, Soetbeer) übereinstimmend als Prüfstein für die Empfindlichkeit des Geldmarktes angenommen werden.

Die Zahl der jährlichen Veränderungen des Discontsatzes betrug nämlich:

Jahr	Bank von England	Bank von Frankreich	Deutsche Reichsbank
1881	6	2	3
1882	6	3	5
1883	6	1	1
1884	7	0	0
1885	7	0	3
1886	7	0	5
1887	7	0	2
1888	9	3	2
1889	8	3	4
1890	12	0	4

Die Differenz zwischen Maximal- und Minimal-Discont während desselben Jahrzehnts betrug:

Jahr	Bank von England			Bank von Frankreich			Deutsche Reichsbank		
	Höchste Bankrate	Niederste	Differenz	Höchste Bankrate	Niederste	Differenz	Höchste Bankrate	Niederste	Differenz
1881	5	$2^{1}/_{2}$	$2^{1}/_{2}$	5	$3^{1}/_{2}$	$1^{1}/_{2}$	$5^{1}/_{2}$	4	$1^{1}/_{2}$
1882	6	3	3	5	$3^{1}/_{2}$	$1^{1}/_{2}$	6	4	2
1883	5	3	2	$3^{1}/_{2}$	3	$^{1}/_{2}$	5	4	1
1884	5	2	3	3	3	—	4	4	—
1885	5	2	3	3	3	—	5	4	1
1886	5	2	3	3	3	—	5	3	2
1887	5	2	3	3	3	—	5	3	2
1888	5	2	3	$4^{1}/_{2}$	$2^{1}/_{2}$	2	$4^{1}/_{2}$	3	$1^{1}/_{2}$
1889	6	$2^{1}/_{2}$	$3^{1}/_{2}$	$4^{1}/_{2}$	3	$1^{1}/_{2}$	5	3	2
1890	6	3	3	3	3	—	$5^{1}/_{2}$	4	$1^{1}/_{2}$

Diese geringe Empfindlichkeit des Pariser Platzes hängt zweifelsohne damit zusammen, daß die Bank von Frankreich ihren Goldbestand gegebenenfalls auch mit der Prämie vertheidigen kann, während die anderen Banken auf die Discontpolitik als einseitiges Correctiv angewiesen sind.[1]) Ein weiteres Moment, das, von der monetären Statistik bisher völlig unbeachtet, den französischen Geldmarkt vergleichsweise als den gesündesten erscheinen läßt, ist die constante Uebereinstimmung des officiellen mit dem privaten Discontsatz, in welcher sich das Maß des Einflusses der Centralbank auf den Geldmarkt äußert. Die nachstehende Tabelle gibt eine Uebersicht über die Differenz der Bankrate und des Privat=Discontsatzes der wichtigsten Geldplätze an 260 Tagen der Jahre 1885—1889 (fast ausnahmslos Bankausweistage). Die Differenz zwischen dem Privatbiscont und der Bankrate[2]) betrug nämlich:

Höhe der Differenz	In London an	In Paris an	In Berlin an	In Wien an
0—$\frac{1}{2}$ %	58	153	29	130
$\frac{1}{2}$—1 %	103	92	69	118
1—1$\frac{1}{2}$ %	80	9	120	12
1$\frac{1}{2}$—2 %	19	6	35	—
Ueber 2 %	—	—	7	—
Summe	260	260	260	260

Bankausweistagen.

Auffallend hoch ist der Einfluß der Bank von Frankreich und der österreichisch=ungarischen Bank, geringer jener der Bank von England, beachtenswerth schwach der Einfluß der Deutschen Reichsbank auf den Geldmarkt. Ziffermäßig läßt sich die Höhe desselben durch die folgenden Relativzahlen darstellen. Von den 260 in Betracht gezogenen Tagen zeigten nämlich eine

---

[1]) Begünstigt wird diese Situation gewiß auch durch den absolut hohen Metallbestand und das, blos durch eine Maximalgrenze (3·5 Milliarden), nicht aber durch ein Contingent beschränkte Notenemissionsrecht dieser Bank. Allein die Höhe der Umsätze und der ungeheure Bedarf des französischen Verkehrs, die geringere Entwicklung des Clearingwesens, die Function Frankreichs als Zahlstelle im internationalen Geldverkehr der lateinischen Union lassen die Bedeutung dieses Factors nicht übermäßig groß erscheinen.

[2]) Berechnet nach den Tabellen von E. Struck, »Der internationale Geldmarkt« in »Schmoller's Jahrbuch für Gesetzgebung ꝛc.«. Jahrg. 1886, 87, 88, 89 und 90.

Differenzhöhe	In London	In Paris	In Berlin	In Wien
$0-\frac{1}{2}\%$	$22^{4}/_{13}\%$	$58^{11}/_{13}\%$	$11^{2}/_{13}\%$	50%
$\frac{1}{2}-1\%$	$39^{5}/_{13}\%$	$35^{5}/_{13}\%$	$26^{7}/_{13}\%$	$45^{5}/_{13}\%$
$1-1\frac{1}{2}\%$	$30^{10}/_{13}\%$	$3^{6}/_{13}\%$	$46^{2}/_{13}\%$	$4^{8}/_{13}\%$
$1\frac{1}{2}-2\%$	$7^{4}/_{13}\%$	$2^{4}/_{13}\%$	$13^{6}/_{13}\%$	—
Ueber 2%	—	—	$2^{9}/_{13}\%$	—
Summe	100%	100%	100%	100%

der verglichenen Bankausweistage.

Setzt man das Maß des Einflusses der Bank von Frankreich auf den französischen Geldmarkt = 100, so ist dieser Coëfficient für Wien = 98·8, für London = 83·5, für Berlin blos 73·2.[1] Für die auffallend lockere Herrschaft der deutschen Reichsbank über den Geldmarkt liegt es nahe, die Concurrenz der Privatnotenbanken[2] zur Erklärung heranzuziehen; allein dieselbe reicht, abgesehen von der bekannten, zwischen diesen und der Reichsbank getroffenen Vereinbarung über die Discontirung auf offenem Markte, auch aus dem Grunde nicht aus, weil auch auf dem englisch-schottischen Geldmarkte derlei concurrirende Einflüsse vorhanden sind.

Allerdings ist die Stellung der Bank von England nur relativ günstiger und beide Banken repräsentiren ein Einflußminimum gegenüber der dominirenden Position der französischen Centralbank.[3] Der Grund dieser Erscheinung liegt eben darin, daß Banken, denen gegen Goldexport kein anderes Correctiv zu Gebote steht als die Discontpolitik, oft zu präventiven Verschärfungen des Banksatzes sich genöthigt sehen, welche mit der Lage des heimischen Geldmarktes nicht im Einklang stehen, und denen der letztere daher nur widerwillig Folge leistet.

[1] Der Berechnung dieser Relativzahlen liegt die Annahme zu Grunde, daß die Höhe des Einflusses im umgekehrten Verhältnisse zur Differenz zwischen der officiellen und dem Privatdisconte steht. Setzt man mithin für die Differenzhöhe von $0-\frac{1}{2}\%$ den Einflußcoëfficienten 5, von $\frac{1}{2}-1\%$ den Coëfficienten 4, von $1-1\frac{1}{2}\%$ den Coëfficienten 3, von $1\frac{1}{2}-2\%$ den Coëfficienten 2 und für eine Differenzhöhe von über 2% den Coëfficienten 1, so ergibt eine einfache Proportion die im Texte angeführten Relativzahlen.

[2] Ende 1889 noch 13 Banken mit einem steuerfreien Contingent von zusammen 98,415.000 Mark.

[3] Die gleichfalls günstige Stellung der Oesterr.-ungar. Bank ist im Rahmen unseres isolirten Währungssystems leicht verständlich.

Dieses Moment fällt natürlich bei jener Bank weg, die in individualisirender Berücksichtigung der den Goldexport bedingenden Verhältnisse bald die Prämien-, bald die Discontpolitik in Anwendung zu bringen vermag.

Ein lockerer Zusammenhang der Centralbank mit dem Geldmarkte ist nun keinesfalls eine erfreuliche wirthschaftliche Erscheinung. Die Banktheilhaber selbst werden von demselben wohl am wenigsten berührt, da sie durch die Gepflogenheit der Centralbanken, auf dem offenen Markte auch unter der officiellen Rate zu discontiren, gedeckt sind. Wol aber werden jene Wirthschaftskreise durch diese Differenz betroffen und einseitig benachtheiligt, für welche der officielle Banksatz in der That ausschließend oder doch regelmäßig das Maß des Capitalpreises bestimmt; dazu gehört ein namhafter Theil des Binnenverkehres, vornehmlich in den Provinzen.

Diese Kreise stehen dem internationalen Güter- und Geldverkehr, sowie dessen speculativen Ausschreitungen regelmäßig ganz fern, sind auch nicht im Stande, auf denselben wirksam Einfluß zu nehmen, oder auch nur seine Wandlungen in ihren Calcül zu ziehen: und sie gerade sind es, welche die präventive Discontpolitik der Centralbank am raschesten und sichersten trifft, zu einer Zeit, da für den großen Verkehr selbst am Sitze der Centralbank oder an den übrigen Hauptplätzen noch der mitunter beträchtlich niedrigere Discontsatz maßgebend erscheint.[1]

Von Bedeutung ist ferner, daß eine den Markt nicht sicher beherrschende Centralbank, um wirksam auftreten zu können, bei drohender Gefahr zu unvermittelt raschen und intensiven Verschärfungen des Zinsfußes ihre Zuflucht nehmen muß, welche nur allzu leicht das Gefühl der Unsicherheit und Beängstigung erzeugen. In dieser Erkenntniß hat selbst die Bank von England nicht verschmäht, Maßnahmen zu ergreifen, welche mit dem Charakter des englischen Währungssystems allerdings in schroffem Widerspruche stehen, indem sie beispielsweise im April 1888, wenn auch nur vorübergehend, den Abgabspreis von Goldbarren auf den Satz von 77 sh. 11 d. (von 77 sh. 10½ d.) hinaufsetzte, also eine Art Goldprämie

---

[1] Mit Recht begründet daher »The Economist« (Jahrg. 1890, S. 1074) seine Zustimmung zu einer Zinsfußermäßigung der Bank von England in folgender Weise: »The Bank rate is the rate, which governs monetary business in the provinces, and when the rate is kept high above the market value of money, provincial traders are penalised.«

erhob, um dem Goldexport nach Deutschland ohne Beengung des heimischen Geldmarktes zu steuern.¹)

Ein intimer Conner zwischen der Centralbank und dem Geldmarkte ist speciell im Hinblick auf die bevorstehende Währungsreform von eminenter Bedeutung. Zweifellos wird nämlich der Oesterreichisch-Ungarischen Bank sowohl bei der Einführung als auch insbesondere bei der Aufrechthaltung einer gesunden, den Bedürfnissen unseres Verkehres entsprechenden Circulation der Hauptantheil der wirthschaftlichen Arbeit zufallen; von ihrer Politik zumeist wird das dauernde Schicksal der Reform abhängig sein. Und da ist denn — vorausgesetzt, daß unser Währungssystem dem deutschen nachgebildet würde — die Gefahr gegeben, daß auch unsere Centralbank durch die constante Nöthigung zu einer präventiven Discontpolitik in ähnlicher Weise die Fühlung mit dem Geldmarkte einbüßte, wie die Deutsche Reichsbank. Dieses Moment fiele aber bei uns noch schwerer ins Gewicht als in Deutschland. Denn unmöglich kann, abgesehen von dem relativ engen Kreis der höchst gebildeten, mit allen Feinheiten des internationalen Geldverkehres vertrauten Producenten, der Verkehr eines so großen Gebietes, das in Folge der isolirenden Wirkung seines Währungssystems seit undenklichen Zeiten verlernt hat, die Wandlungen der Discontpolitik mit der Conjunctur des internationalen Geldmarktes in Zusammenhang zu bringen, sich mit einem Schlage dareinfinden, der letzteren eine entscheidende Rolle in seinem Calcül einzuräumen, geschweige denn diesen Calcül richtig zu formuliren. Der Verkehr bedarf daher, bis die große Lehrmeisterin Erfahrung ihr Amt geübt hat, einer einheitlichen, zielbewußten obersten Leitung — eine Rolle, welche naturgemäß der Centralbank zufällt. Ginge aber deren Fühlung mit unserem Geldmarkte verloren, so könnte derselbe leicht zum dankbarsten Angriffsobject der internationalen Goldspeculation, zum Schauplatz jäher, unvermittelter und äußerst empfindlicher Discontschwankungen werden, durch welche viele unleugbare Vortheile der Währungsreform in Frage gestellt werden würden.

Hiermit wären wir denn bei der Aufgabe angelangt, die Anwendung der im Vorstehenden gewonnenen Leitgedanken auf das Problem der Währungsreform in Oesterreich zu ziehen. Sie gipfelt in der voranzustellenden These: »daß die erfolgreiche und gefahrlose Durch-

¹) Vergl. darüber E. Struck in Schmoller's »Jahrbuch für Gesetzgebung«, Jahrg. 1889, S. 1448.

führung der Währungsreform bedingt ist durch eine solche Gestaltung des Währungssystems — in factischer sowohl als auch in rechtlicher Hinsicht — welche dem Goldmarkte gegen Angriffe, die von außen her unsere Circulation bedrohen mögen, nebst der Discontpolitik auch die wirksame und für die heimische Production ungefährliche Waffe der Prämienpolitik an die Hand gibt, mit Einem Worte bedingt ist durch die Annäherung an den französischen Typus der hinkenden Währung.« Es mußte daher der Nachweis erbracht werden, daß die Einhebung einer Goldprämie in Gebieten hinkender Währung keineswegs generell als eine Anomalie und krankhafte Erscheinung bezeichnet werden darf, daß sie vielmehr innerhalb der früher gezogenen Grenzen als Correctiv der Metallströmungen nicht blos der Discontpolitik zur Seite zu treten, sondern auch gegebenen Falles dieselbe zu ersetzen berufen ist.

Es galt ferner, um einem naheliegenden Einwand zu begegnen, den speciellen Unterschied zwischen Goldprämie und Agio klar zu stellen. Denn zufolge der geringen wissenschaftlichen Klärung dieser Fragen, welche im umgekehrten Verhältnisse zu ihrer Bedeutung steht,[1]) wird die Goldprämie noch heute vielfach als Anomalie bezeichnet und dem Goldagio gleichgestellt.

Es ist längst als der springende Punkt der Währungsreform — schwieriger noch zu lösen als die Herbeischaffung einer genügenden Quantität von Gold ohne Störung des Weltverkehres — das Problem erkannt worden, das gelbe Metall in unserer Circulation dauernd festzuhalten. Anders formulirt lautet die Frage: »Wie wird sich die Stellung der Monarchie den internationalen Metallströmungen gegenüber gestalten?« In erster Linie sind hierfür die Ziffern der internationalen Bilanz maßgebend. Was nun die Handelsbilanz (d. i. den Güterverkehr i. e. S. mit Ausschluß der Edelmetallbewegung) der Monarchie anbelangt, so weist dieselbe anhaltend eine günstige Entwicklung auf:

---

[1]) Daß diese Behauptung nicht zu weit geht, mag daraus erhellen, daß über die Function der Goldprämie, welche — mag man sie auch als Anomalie auffassen — jedenfalls im Zahlungsverkehr großer Culturgebiete eine bedeutende Rolle spielt, eine specielle wissenschaftliche Untersuchung auch nur descriptiver Natur fehlt.

Jahr	Werth der Einfuhr	Werth der Ausfuhr	Ueberschuß der Ausfuhr + Ueberschuß der Einfuhr −
	in Millionen Gulden ö. W.		
1881	641·8	731·5	+ 89·7
1882	654·2	781·6	+ 127·4
1883	624·9	749·9	+ 125·0
1884	612·6	691·5	+ 78·9
1885	557·9	672·1	+ 114·2
1886	539·2	698·6	+ 159·4
1887	568·6	672·9	+ 104·3
1888	533·1	728·8	+ 195·7
1889	589·2	766·2	+ 177·0
1890	610·1	762·4	+ 152·3

Die Ermittlung der Zahlungsbilanz erfordert auch das Eingehen auf die Ziffern der Edelmetall-Bewegung während dieses Zeitraumes.

Edelmetall-Bewegung.

Jahr	Gold- und Silber- Einfuhr	Ausfuhr	Ueberschuß der Einfuhr + Ueberschuß der Ausfuhr −
	in 1000 fl. ö. W.		
1881	36.507	5.915	+ 30.592
1882	22.545	48.862	− 26.317
1883	21.741	4.154	+ 17.587
1884	12.671	9.891	+ 2.780
1885	12.283	8.728	+ 3.555
1886	10.583	1.797	+ 8.786
1887	10.852	4.927	+ 5.925
1888	27.149	12.201	+ 14.948
1889	26.234	8.740	+ 17.494
1890	45.980	4.210	+ 41.770

Die vorstehenden Tabellen ergeben nun das bemerkenswerthe — wiewohl keineswegs überraschende — Resultat, daß der Ueberschuß unserer Waarenausfuhr keineswegs durch einen entsprechenden Saldo der Edelmetall-Einfuhr compensirt wird. Zur besseren Vergleichung stellen wir die betreffenden Ziffern noch einmal nebeneinander dar:

Jahr	Ueberschuß der Waarenausfuhr	Ueberschuß der Edelmetalleinfuhr in 1000 fl. ö. W.	Differenz
1881	89.700	30.592	59.108
1882	127.400	— 26.317	153.717
1883	125.000	17.587	107.413
1884	78.900	2.780	76.120
1885	114.200	3.555	110.645
1886	159.400	8.786	150.614
1887	104.300	5.925	98.375
1888	195.700	14.948	180.752
1889	177.000	17.494	159.506
1890	152.300	41.770	110.530

Demnach ist unsere Handelsbilanz allerdings activ, unsere Zahlungsbilanz hingegen weist einen bedeutenden Passivsaldo auf.

Es kann nämlich der durch den Saldo der Edelmetalleinfuhr nicht gedeckte Activsaldo der Handelsbilanz (Ueberschuß der Waarenausfuhr) entweder bestimmt sein, Capital dem Auslande vorzustrecken oder Schulden an das Ausland zu tilgen (einheimische Schuldtitres hereinzunehmen), oder aber diese Schulden zu verzinsen. Die erste Alternative darf füglich außer Betracht bleiben. Ob und um welchen Betrag der Capitalconto unserer auswärtigen Schuld jährlich sich mindert, ist bei der Unzulänglichkeit, oder richtiger bei dem völligen Mangel einer Statistik der internationalen Werthpapier-Bewegungen auch nicht annähernd anzugeben. Setzen wir aber hierfür auch eine ansehnliche Summe ein, so äußert sich doch in der ungeheuren Höhe des Güterwerthes, welche alljährlich — scheinbar ohne Gegenleistung — zur Berichtigung der Passivzinsen an das Ausland abgeführt wird, die ganz beträchtliche Höhe der internationalen Verschuldung unserer Monarchie

Der äußerst günstige Stand unserer Handelsbilanz — dessen Bedeutung durchaus nicht verkannt und alsbald gewürdigt werden soll — kann daher über die Schwierigkeit der Aufrechthaltung einer mit Gold gesättigten Circulation nicht hinwegtäuschen.[1]

[1] Das Beispiel Italiens, dem es trotz seiner beträchtlichen Verschuldung und einer durchaus passiven Handelsbilanz gelungen ist, den größten Theil seines Goldvorrathes im Lande zu erhalten, kann aus dem Grunde gegen uns nicht verwerthet werden, weil sich Italien bekanntlich an jenes Währungssystem angelehnt hat, von welchem auch wir uns dieses günstige Resultat versprechen und wofür wir eintreten. Vergl. darüber Lexis (in Schmoller's »Jahrbuch für Gesetzgebung« ꝛc., Jahrgang 1885), der u. E. allzu pessimistisch sagt: »Weder

Denn der günstige Stand der Handelsbilanz ist in einem Wirthschaftsgebiete mit isolirtem Währungssysteme eigentlich das nothwendige
Correlat seiner internationalen Verschuldung; es muß Waaren im
Ueberschusse exportiren, wenn es nicht Zinsen und Tilgungsquoten seiner
Passivcapitalien durch neue Anlehen im Auslande aufzubringen genöthigt sein will: denn sein Baarmittelvorrath (Papier- oder minder-
werthiges Silbergeld) ist zur Begleichung internationaler Passivsaldi
völlig untauglich.[1])

Kam es demnach unter der Herrschaft unseres bisherigen Währungssystems vor, daß der Ueberschuß der Handelsbilanz nicht hinreichte, um
den Passivsaldo der Zahlungsbilanz zu decken: so mußte direct oder
indirect unser Credit im Auslande in Anspruch genommen werden. Es
trat eine Verschlimmerung der fremden Devisen ein (»das Goldagio stieg«),
welche so lange fördernd auf den Export und hemmend auf die Einfuhr
wirkte, bis das Gleichgewicht in unserer Zahlungsbilanz wieder hergestellt war.

Dieser ausgleichende Mechanismus muß nun bei der Annahme
eines uniformen Währungssystems seine Function völlig ändern, und
zwar um so gründlicher und empfindlicher ändern, je mehr wir uns der
reinen Goldwährung nähern.

Denkt man sich die letztere, oder auch nur die hinkende Währung
des deutschen Typus verwirklicht und das Silber zu einem Umlaufsmittel

---

Oesterreich noch Rußland trotz seiner bedeutenden Goldproduction werden dieses
Währungssystem (die Goldwährung) aufrechthalten können. Beim ersten Anstoß
von außen würde sich namentlich wegen der Verschuldung nach außen das Gold
aus dem Lande flüchten« (S. 210 f.) und weiter: »Die beiden der Papiergeldwirthschaft verfallenen Kaiserreiche haben also gar nicht die Wahl zwischen
Gold- und Silberwährung, sondern nur zwischen Silber- und Papierwährung.« Dagegen ist einzuwenden, daß Lexis das französische System
eben außer Acht läßt. Derselbe Gelehrte weist neuestens (Hild.-Conr. Jahrb. N. F.
XXI. S. 277) wieder auf die große Schwierigkeit der Aufrechthaltung der Goldwährung in Oesterreich-Ungarn hin und bemerkt, Italien habe sein Gold nur durch
»Absperrung« und den Anschluß an die lateinische Union behaupten können.

[1]) Eine günstige Gestaltung der Handelsbilanz als Correlat starker internationaler Verschuldung ist auch in Gebieten mit uniformem Währungssystem
zu beobachten. So hat Frankreich von 1867 bis auf die Gegenwart eine ungünstige
Handelsbilanz aufgewiesen, mit Ausnahme der vier Jahre 1872—1875. (Leistung
der Kriegsentschädigung!) In diesen vier Jahren betrug der durchschnittliche
jährliche Ueberschuß der Ausfuhr über die Einfuhr circa 238 Millionen Francs,
in den vorhergehenden vier Jahren der Minderwerth der Ausfuhr durchschnittlich
310 Millionen, in den folgenden jährlich circa 1031 Millionen Francs.

von secundärer Bedeutung herabgedrückt, so könnte eine Verschlimmerung unserer internationalen Zahlungsbilanz keinesfalls ihre Ausgleichung durch eine wesentliche Affection der Wechselcourse finden. Die letztere fände nämlich beim Goldpunkte nothwendig ihre Grenze; von da ab würde die Auswanderung effectiven Goldes beginnen. Der wirthschaftliche Organismus könnte gegen diesen Proceß nicht anders als mittelst der Erhöhung des Discontsatzes reagiren, um mittelst der bekannten Einwirkung der Creditrestriction auf die Handelsbilanz schließlich auch die Remedur für die Zahlungsbilanz zu schaffen.

Diese Functionsänderung des wirthschaftlichen Mechanismus würde aber — zum mindesten für eine längere Uebergangsperiode — den heimischen Geldverkehr einer Reihe bisher nicht bekannter Fährlichkeiten preisgeben; denn wie immer bisher der Devisenmarkt sich gestaltet hatte, die Circulation wurde dadurch nicht berührt; es konnte der Kaufmann, welcher im Inlande 1000 fl. ö. W. versprochen hatte, darauf rechnen, diese 1000 fl. — womit er seine Schuld tilgen konnte, mochte auch ihr Werth seither von 1700 auf 1600 Mark deutscher Reichswährung gesunken sein — zu mäßigen Bedingungen zu bekommen. Für den Exporteur und Importeur hingegen, die durch eine Veränderung des Valutencourses unmittelbar berührt wurden, bestand jenes sinnreiche System von Deckungen, welches in seiner ökonomischen Function einer Versicherung gegen die Valutaschwankungen gleichkam. In Zukunft hingegen wird die Verschlimmerung der Zahlungsbilanz eine wahre Beengung des Umlaufes hervorrufen und den Kaufmann vor die angstvolle Frage stellen, ob er sich die zur Einlösung seiner Verbindlichkeiten erforderliche Summe überhaupt oder doch zu einem erträglichen Zinsfuß werde verschaffen können.

Nun ist der bisherige Zustand allerdings krankhafter Art, anormal, treibhausartig gewesen; aber ist es wohl klug oder zweckmäßig, eine Treibhauspflanze unvermittelt dem rauhen Nord preiszugeben, oder einen Leidenden zur Abhärtung auf das offene Feld hinauszusenden?

Um die Wirkungen der Währungsreform auf den heimischen Verkehr richtig zu beurtheilen, muß der Gedanke in voller Klarheit erfaßt werden: daß alle jene auf dem internationalen Verkehre der Monarchie beruhenden wirthschaftlichen Vorgänge und Erscheinungen, welche bisher in den Schwankungen der Devisen zum Ausdrucke kamen, fortan ihre Wirkung in der Gestaltung des Discontes äußern werden. Und je tiefer die Gewohnheit unseres Verkehres wurzelt, alle Vorgänge des internationalen Geldmarktes ausschließlich unter den Gesichtspunkt der Valutacourse zu stellen, desto vorsichtiger müßte u. E. die Ueberführung des gegenwärtigen Zustandes in den neuen erfolgen. Denn es läßt sich nicht von Gesetzeswegen die Kenntniß der Erscheinungen des internationalen Geldmarktes, sowie die Kunst, sie voraus zu berechnen und als Elemente in den so überaus wichtigen Calcül des Capitalpreises aufzunehmen, dem Verkehre decretiren — eine Kunst, welche den anderen großen Culturvölkern in Folge der althergebrachten Gewöhnung an ein gesundes Währungssystem fast instinctiv eigen ist.

Freilich müssen wir des Einwandes gewärtig sein: den erhöhten Fährlichkeiten einer durch Ueberspeculation und ungesunde Creditentwicklung erzeugten Verschlimmerung der Zahlungsbilanz könnte und müßte folgerichtig durch eine doppelt nüchterne und energische Bankpolitik, durch eine doppelt vorsichtige Haltung der leitenden Wirthschaftskreise vorgebeugt werden.

Das sei bereitwilligst zugegeben. Wie aber, wenn der Angriff auf unsere Circulation von außen erfolgt und durch solche Momente bedingt ist, welche unser Verkehr ebensowenig hintanzuhalten als zu befördern im Stande ist? Wenn mit einem Worte die Verschlimmerung der Zahlungsbilanz, der Goldexport, die Beengung der Circulation durch eine ganz externe Constellation des internationalen Geldmarktes hervorgerufen wird?

Keineswegs soll jener naiven — wiewohl nicht seltenen — Befürchtung das Wort gesprochen werden, es würden die großen westlichen Centralbanken aus bloßer Lust am wirthschaftlichen Kriege alsbald ein dämonisches Angriffsspiel gegen unsere Circulation eröffnen. Nicht eine Verschwörung ist es, wogegen Vorsorge getroffen werden muß, wohl aber jene periodischen, von einem Währungsgebiete mit großer Raschheit und unwiderstehlicher Energie auf die anderen hinüberstrahlenden Krisen des internationalen Geldmarktes, deren Verlauf während des letzten Jahrzehntes zu schildern oben versucht wurde. Sie dürfen nicht außer Acht gelassen werden, zumal sich bei ihnen gegenwärtig eine constante Zunahme der Intensität nachweisen läßt[1]) und es aller Logik widerspricht, anzunehmen, daß nach der Ausdehnung der Goldwährung auf Oesterreich-Ungarn die Häufigkeit oder Stärke jener Krisen, welche im letzten Grunde auf der relativen Unzulänglichkeit der metallischen Umlaufsmittel beruhen, sich abschwächen werde.

---

[1]) So hat die Baringkrise den internationalen Geldmarkt stärker und anhaltender afficirt als eine der früheren Erschütterungen. — Damit stimmt auch

Diesen Vorgängen gegenüber findet aber der Satz: principiis obsta keine Anwendung; sie hintan zu halten, steht nicht in unserer Macht. Um sie zu überwinden, ist aber unseres Erachtens die Anwendung der Discontpolitik allein aus dem Grunde nicht ausreichend, weil solche Spannungszustände des Geldmarktes die Höhe der internationalen Verschuldung Oesterreich-Ungarns mit aller Macht gegen uns zur Geltung bringen würden, und zwar in doppelter Richtung.

In Krisen dieser Art pflegt nämlich der zunächst bedrängte Markt auch durch anticipative Trassirung auf künftig erst fällig werdende oder zur Entstehung gelangende Forderungen ausländisches Geld heranzuziehen.[1] Dieses Manöver vermag ein Wirthschaftsgebiet mit activer Zahlungsbilanz[2] durch Einschränkung seiner Einfuhr, Erweiterung seiner Ausfuhr, Erhöhung des Discontes 2c. zu paralysiren.

Ein verschuldetes Land aber hat das Trassiren auf seine nächsten Fälligkeiten (Zinsen, Tilgungsquoten) zu befürchten, wogegen es als gegen fest begründete Verpflichtungen keinen Schutz gibt.

Andererseits droht uns das Rückströmen der heimischen Schuldtitel selbst. Daß dieser Gefahr auch durch den voraussichtlich jähen Coursfall dieser Effecten auf dem heimischen Markte kein Halt geboten werden würde, ist eine wirthschaftsgeschichtliche Erfahrungsthatsache. In Zeiten wahrer Geldnoth werden gerade die besseren Werthe auf den Geldmarkt geworfen, und die größten Coursverluste hingenommen.

bie Zinsfußbewegung der Centralbanken überein. Es betrug nämlich der Jahresdurchschnitt des Discontsatzes:

Jahr	Bank von England	Deutsche Reichsbank	Bank von Frankreich
1881	3·50	4·42	3·84
1882	4·12	4·54	3·80
1883	3·56	4·05	3·07
1884	2·95	4·00	3·00
1885	3·00	4·12	3·00
1886	3·05	3·27	3·00
1887	3·35	3·36	3·00
1888	3·30	3·31	3·07
1889	3·55	3·67	3·10
1890	4·55	4·38	3·00

[1] Vgl. S. 99.

[2] bezw. dessen internationale Verbindlichkeiten vorwiegend dem Güterverkehre entstammen.

Das beweist insbesondere das außerordentliche Sinken der Londoner Sichtcourse in New-York, der Preisfall der Consols in London u. s. w. zu Beginn einer jeden Panik.

Solch stürmisches Heimwärtsdrängen unserer Wertheffecten haben wir wohl auch bisher schon erlebt; aber nur die Valutencourse, nicht auch die Circulation erfuhr dadurch eine namhafte Verschlimmerung.

Es mochte auf diesem Wege vielleicht der einzelne ausländische Gläubiger sich Geld verschaffen, aber daß ein ganzes Wirthschaftsgebiet durch Veräußerung unserer Schuldtitel seiner bedrängten Circulation auf Kosten der unseren hätte aufhelfen können, stand bei dem bisherigen Währungssysteme außer Frage. Zudem setzte sich der ausländische Gläubiger, wenn er zu diesem Rettungsmittel griff, einem doppelten Verluste aus: dem Coursfalle der Werthpapiere selbst und überdies dem Coursfalle der österreichischen Valuta, welche er bei deren Veräußerung erhielt. Solche Bewegungen mußten daher bald genug zum Stillstande kommen.

Kein gesunder Zustand! das ist unbestreitbar. Dieser künstliche Wall muß sinken, wenn dem befruchtenden Strome des fremden Capitals der Weg auf unseren Markt gebahnt werden soll: gewiß ein Ziel aufs innigste zu wünschen! Aber dieser Damm hält auch die verheerenden Fluthen des aufgeregten Stromes zurück: und was hätten wir, wenn wir ihn ganz beseitigten, das wir an seine Stelle setzen könnten?[1])

Die Panacée der Discontpolitik? So stark diese Waffe regelmäßig in der Hand einer zielbewußten Centralbank wirken mag, sie ist ohnmächtig, wenn das abfließende Gold nicht dem freien Zuge der Speculation oder den Wandlungen der Handelsbilanz folgt, sondern in Erfüllung festbegründeter internationaler Verpflichtungen hinausgesendet werden muß. Zudem ist sie eine zweischneidige Waffe; denn wie hoch

---

[1]) »Jenes Golderforderniß«, sagt Henry C. Carey (»Shall we have peace«, Deutsche Ausgabe, S. 57) bei der Schilderung der monetären Verhältnisse in Amerika, »war noch dazu jeden Augenblick einer Steigerung durch den Verkauf von Schuldscheinen ausgesetzt, die im Umfange von Hunderten von Millionen in auswärtigen Händen waren, indem die Beträge in Gold beansprucht und so der Ruin von Banken herbeigeführt wurde. Außer Schuld sein, heißt außer Gefahr sein, aber auswärts bis zu Hunderten von Millionen verschuldet sein, heißt stets sich in der Gefahr des öffentlichen und privaten Bankerotts befinden. Die Leitung unseres ganzen einheimischen Verkehrs war daher gänzlich in den Händen von Ausländern.«

müßte der Zinsfuß sein, der das kostbare Metall in Oesterreich festhielte, wenn Berlin und London den Satz von 5½ und 6% aufweisen?

Die Discontpolitik ist am Platze, warnend und zügelnd einzugreifen, wenn und soweit die Gestaltung der Circulation eines Landes bedingt ist durch dessen eigene wirthschaftliche Entwicklung: Aber gegen die Reflexwirkung der von außen andringenden Circulationsspannungen und Krisen wollen wir unserem Geldmarkte ein stärker und rascher wirkendes und den heimischen Verkehr minder empfindlich treffendes Correctiv zur Verfügung gestellt wissen: die der Centralbank **rechtlich und factisch gewährte Möglichkeit, eine Goldprämie zu erheben.**

Mag dann immerhin Oesterreich theoretisch auch fortan noch nicht zu den Ländern mit völlig stabilisirter Valuta gerechnet werden. Die Möglichkeit, die bescheidenere Errungenschaft stetig und gefahrlos auszubauen, den Verkehr allmählich an die ihm derzeit noch völlig fremden Lebens- und Entwicklungsbedingungen der metallischen Währung zu gewöhnen, wiegt bei weitem die Vorzüge eines theoretisch vielleicht vollkommeneren Systems auf, das wir unter fortwährend sich erneuernden, aufreibenden und zweifelhaften Kämpfen zu vertheidigen hätten. Und schließlich muß unseres Erachtens die essentielle Verschiedenheit zwischen Goldprämie und Goldagio, sowie die relative Berechtigung der Prämienpolitik als Correlat und Ergänzung der Discontpolitik in Ländern mit hinkender Währung,[1]) auch theoretisch zur Anerkennung gelangen: denn die Theorie der exclusiven Discontpolitik ist von monetären Verhältnissen ganz anderer Natur abstrahirt, als welche heute den internationalen Geldmarkt beherrschen.

Keinem Praktiker aber dürfte es beifallen, Frankreich um seiner Prämienpolitik willen als ein Land von ungesunden monetären Verhältnissen zu bezeichnen: und eben der französische Typus des Währungssystems ist es, für dessen Verwirklichung wir eintreten.

Dagegen ist von Seite der Praktiker ein anderer Einwand zu gewärtigen. »Es könnte nämlich die mit dem Systeme der Goldprämie verbundene Möglichkeit stärkerer Schwankungen der ausländischen Wechsel-

---

[1]) In diesen Ausführungen konnten — dem Charakter des Hauptproblems zufolge — die Natur der Prämie, ihre Voraussetzungen und Wirkungen nur in allgemeinen Umrissen erfaßt werden. Die Analyse der Prämienpolitik in ihrem Verhältnisse zur Discontpolitik — ein kaum noch ex professo erörtertes Thema — bleibt einer speciellen Abhandlung vorbehalten.

course das Einströmen fremden Capitals nach Oesterreich hemmen und — zum Theile wenigstens — einen Erfolg erschweren, der als einer der Zielgedanken der Reform mit Recht betrachtet wird:[1] wir würden nach wie vor ein wirthschaftlich isolirtes Land bleiben.«

Ein Hinweis auf Frankreich könnte auch hier statt einer logischen Argumentation dienen. Allein die letztere fällt nicht schwer. Denn die Prämienpolitik ist nicht als regelmäßige Erscheinung, sondern nur als Remedur in gewissen kritischen Epochen gedacht, in denen intensive Schwankungen der Wechselcourse auch sonst zu den unvermeidlichen Symptomen zählen.

Zudem läßt sich der empirische Nachweis erbringen, daß es ein Fehlschluß ist, wenn man sich von einer völlig unverrückbaren Valuta eine größere Anziehungskraft unserer Effecten auf andere fremde Märkte verspricht, als von einer durch Prämienpolitik moderirten Währung. Die nachstehenden Tabellen geben eine vergleichende Uebersicht der Coursbewegung der österreichischen und ungarischen, effectiv in Gold verzinslichen Renten einerseits und der italienischen in Lirawährung (also in einer regelmäßig viel stärker als die französische Währung schwankenden Valuta) verzinslichen Rente andererseits während verschiedener kritischer Epochen:

Coursbewegung der österreichischen und der ungarischen 4%igen Goldrente und der 5%igen italienischen Rente an der Berliner Börse:

	1885				1886—1887				1887—1888		
Datum	Oesterr. 4%ige Goldrente	Ungar. 4%ige Goldrente	5%ige italienische Rente	Datum	Oesterr. 4%ige Goldrente	Ungar. 4%ige Goldrente	5%ige italienische Rente	Datum	Oesterr. 4%ige Goldrente	Ungar. 4%ige Goldrente	5%ige italienische Rente
31. 1.	88.50	81.40	98.20	31./7.	97.50	86.70	100.30	31. 8.	91.50	82.10	98.10
28./2.	88.70	81.60	98.00	31./8.	95.20	86.60	100.00	30./9.	91.20	81.10	98.10
31. 3.	89.00	80.40	96.30	30. 9.	95.00	84.90	100.00	31./10.	91.20	80.80	97.00
30./4.	84.80	75.00	89.70	31./10.	93.50	84.50	100.30	30./11.	90.60	80.00	96.20
20./5.	88.90	80.60	95.00	30./11.	92.90	84.80	100.30	31./12.	85.80	76.00	93.80
				31./12.	91.70	84.00	99.90	1888			
				1887				31. 1.	87.50	78.00	94.40
				31./1.	87.30	78.00	95.60	28./2.	86.30	77.20	93.80
				28./2.	87.00	77.10	94.90	31./3.	88.70	77.50	94.60
				31. 3.	90.50	80.80	97.50	30. 4.	88.60	78.50	95.80
Differenz zwischen den höchsten und nied. Cours.	4.20	6.60	8.50		—	10.50	9.60	5.40	—	5.70	6.10	4.30

[1] Vgl. das treffliche Referat v. Lindheim's an die n.-ö. Handels- und Gewerbekammer über die Bankfrage; abgedruckt bei Perl: »Zur Frage der Valutaregulirung in Oesterreich-Ungarn.« S. 61 ff.

In den dargestellten, durch eine Reihe anderer Beispiele vermehrbaren Fällen zeigt es sich, daß die heimischen, in **effectivem Golde** verzinslichen Renten, von denen die österreichische Goldrente zu den vornehmsten Anlagewerthen zählt, in bewegten Zeiten ebenso starke oder noch stärkere Courseinbußen erlitten haben, als die italienische Rente, wiewohl deren Coupons in einer »schwankenden« Valuta eingelöst werden.

Läßt sich schon daraus schließen, daß auch eine absolut unverrückbare Valuta die fremden Märkte unseren Papieren nicht geneigter stimmen müßte, als eine nach Art des französischen Währungssystems moderirte: so müssen andererseits auch die durch das erstere System bedingten scharfen und unvermittelten Disconterhöhungen und die damit regelmäßig verbundenen starken Courschwankungen der Anlagewerthe beachtet werden, deren irritirender Einfluß auf die fremden Märkte leicht die Anziehungskraft der constanten Valuta zu paralysiren geeignet wäre. —

So rechtfertigt denn eine Reihe von Momenten, unter ihnen als das bedeutsamste das Verlangen, daß durch die Währungsreform die Stabilität der wirthschaftlichen Entwicklung unserer Monarchie nicht unterbrochen und derselben eine kräftige Defensivstellung im internationalen Geldverkehr gesichert werde, es rechtfertigt der Wunsch, die neue Währung nicht blos einführen, sondern auch aufrecht erhalten zu können, das Postulat, daß das Währungssystem dem französischen Typus der hinkenden Währung nachgebildet sei.

Da nun das Kriterium dieses Systems, wodurch es sich von der in den Grundzügen verwandten deutschen Währung unterscheidet und die Handhabung der Prämienpolitik neben der Discontpolitik gestattet, factisch in der Sättigung des Verkehrs mit Silbercourantgeld, rechtlich auf dessen völliger principieller Gleichstellung mit dem Golde beruht,[1]) wogegen im deutschen Systeme das Silbercourant etwa ein Viertel der gesammten Hartgeld-Circulation ausmacht und blos als provisorisches Ersatzmittel des Goldes gesetzlich anerkannt ist, so stellt dieses Postulat der Währungsreform die folgenden Zielgedanken:

1. Die künftige Circulation mit Silber gesättigt zu erhalten und daher mindestens das bereits gemünzte Silbercourant als Umlaufsmittel beizubehalten.

---

[1] Natürlich abgesehen davon, daß die Ausprägung von Silbercourant sistirt ist.

2. Das weiße Courantgeld auch in rechtlicher Beziehung dem Golde (abgesehen von der Ausschließung der Privatprägung, so lange die Differenz zwischen Metall= und Nennwerth besteht) gleichzustellen oder doch zum mindesten keine Norm in das Reformgesetz aufzunehmen, nach welcher die Goldwährung als die principiell acceptirte und in Zukunft zu verwirklichende Währung, die Silbervaluta hingegen blos als deren provisorisches Ersatzmittel zu gelten hätte.

IV. Capitel.

Concrete Gestaltung des künftigen Währungssystems.

In zwei Problemen wirthschaftlicher Natur gipfelt die »Währungsfrage«.

Das eine davon ist der theoretischen Erfassung ebenso wenig bedürftig als zugänglich. Es begreift das System finanzieller Operationen zur Anschaffung des Goldvorrathes, welcher künftig einen Hauptbestand unserer Circulation bilden soll: die finanzpolitische Seite der Aufgabe. Ihre Lösung hängt von der Machtstellung, der Erfahrung und Geschicklichkeit der zu ihrer Durchführung berufenen Finanzmächte, sowie von der augenblicklichen Lage des internationalen Geldmarktes ab.

Eine theoretische Erörterung oder gar die öffentliche Discussion dieses Problems wäre von ebenso geringem Belange als die öffentliche Discussion eines erst durchzuführenden Feldzugsplanes. Es entscheidet hier die augenblickliche Sachlage und der durch sie bedingte Entschluß. Ja, es mag die Geheimhaltung dieses finanziellen Feldzugsplanes — wie fein combinirt derselbe auch wäre — sogar eine Voraussetzung für dessen Gelingen sein.

Das zweite wirthschaftliche Problem aber, die Gestaltung des künftigen Währungssystems, bedarf und verdient die öffentliche Discussion im höchsten Maße. Von seiner Lösung hängt das Schicksal unserer wirthschaftlichen Entwicklung, hängt die Wahrscheinlichkeit ab, das Errungene auch erhalten zu können, und gerade hier hat ein Schlagwort bisher alle auf Thatsachen beruhende Argumentation in den Hintergrund geschoben. Weil es nämlich unter den bestehenden Verhältnissen schlechthin als Axiom gelten kann, daß nur durch die Einführung des Goldes in ein Währungssystem dessen Stabilität erzielt werden kann, lag es nahe, die Forderung nach Einführung der »Goldwährung« zu erheben. Aber die »Goldwährung« in ihrer begrifflichen Ausgestaltung besitzt heute keines der Culturländer, deren Währungssystem dem Einen und Anderen, der dieses Postulat aufstellt, vorschweben mag: weder Deutschland noch die Vereinigten Staaten, noch auch Frankreich und die lateinische Union, ebensowenig im Hinblick auf die unverhältnißmäßige Notencirculation die skandinavische Union; und zwischen diesen einzelnen Systemen bestehen wiederum Unterschiede leicht erkennbarer und andere von feiner Art, welche für die einschlägige Frage von einschneidender Wichtigkeit sind.

Ist doch, wie wir sehen, selbst der Begriff der hinkenden Währung blos ein Gattungsbegriff, unter welchen Währungstypen heterogener Natur und Wirksamkeit fallen.

Es ist daher unseres Erachtens verfehlt, wenn in den sonst trefflichen Schriften von Bunzl, Perl, Lotz, dem citirten Referate von Lieben u. a. aus dem gewiß berechtigten Grundgedanken der Stabilisirung unserer Valuta unmittelbar oder auf Grund einer kurzen Polemik gegen die reale Doppelwährung — deren Verwirklichung ja derzeit außer Frage steht — principiell das Postulat nach der Einführung der Goldwährung abgeleitet und die theilweise Beibehaltung des weißen Metalles als Circulationsmittel lediglich als eine der leichteren Durchführbarkeit der Reform einzuräumende Concession dargestellt wird. Denn wenn auch diese Vorschläge in ihrem praktischen Resultate gleichfalls auf die Einführung der hinkenden Währung hinauslaufen mögen, so ist es doch keineswegs gleichgiltig, ob wir beim Uebergange zur Goldwährung in dem Zwischenstadium der hinkenden Währung stecken bleiben, oder ob wir im vollen Bewußtsein der Eigenart und der specifischen Wirkungen dieser Systeme einen bestimmten Typus der hinkenden Währung acceptiren und mit aller Energie verwirklichen. So könnte, wenn beispielsweise die Einführung der deutschen, überwiegend mit Gold gesättigten, hinkenden Währung auf das Programm gesetzt worden wäre, der finanzielle Theil der Operation jedoch mißglückte, so daß Silber und Gold sich die Waage hielten — die gedeihliche Wirkung der Reform durch den alsdann unvermeidlichen Widerstreit zwischen dem gesetzlich fixirten Programme und dem thatsächlichen Zustande vereitelt werden. Denn wir besäßen dann factisch das französische System; aber seine Ausnützung durch die Goldprämie wäre in Ermanglung der völligen rechtlichen Gleichstellung der Gold- mit den Silbercourantmünzen ausgeschlossen.

Die hinkende Währung darf daher keineswegs als das Resultat eines Mißverhältnisses zwischen Wille und Kraft, Programm und Durchführung in die Wirklichkeit treten; sie muß, als Ausfluß von theoretisch als berechtigt anerkannten Postulaten, auf das Programm der Reform gesetzt und im vollen Umfange dieses Programmes verwirklicht werden.

Als solche Postulate sind in den vorstehenden Ausführungen nachgewiesen worden:

1. Daß nicht um der theoretischen Geschlossenheit des Systems willen die Demonetisation des Silbers gesetzlich ausgesprochen werde, bevor dasselbe nicht für den Verkehr wirklich entbehrlich geworden ist, sowie daß eine verlustbringende Zwangsveräußerung des gemünzten Silberbestandes vermieden werde.

2. Daß keine Opfer gebracht würden, welche, wenn das bimetallistische System — wie dies unseres Erachtens anzunehmen ist — siegreich durchdringen wird, als nutzlos und vermeidlich anzusehen wären.

3. Daß genügend viel Silber der Circulation erhalten bleibe, um eine als Ergänzung der Discontpolitik fallweise eintretende Goldprämienpolitik unserer Centralbank zu ermöglichen, und zu diesem Behufe die völlige Gleichstellung der Gold- und Silbercourantmünzen gesetzlich ausgesprochen werde.

Als dasjenige Währungssystem, welches diese Postulate sämmtlich zu erfüllen geeignet ist und dennoch erfahrungsgemäß ein relativ hohes Maß von Werthstabilität besitzt, ist der französische, mit Silber und Gold nahezu gleichmäßig gesättigte Typus der hinkenden Währung zu bezeichnen.

Demnach wird es die Aufgabe der Reform sein, von den beiden schwankenden Elementen unserer heutigen Circulation, dem factisch unterwerthigen Silbercourant- und dem uneinlöslichen Papiergelde das letztere völlig zu beseitigen, während das bereits gemünzte weiße Metall als Währungsgeld conservirt und sein Verkehrswerth durch Anlehnung an die Goldvaluta stabilisirt werden soll.

Den gegenwärtigen Bestand unserer Monarchie an Circulationsmitteln (Courantgeld) ergibt die folgende Aufstellung:

Gold in der Bank[1] . . . . fl.   89,550.000
Gold im Umlaufe (nach Haupt u. Soetbeer) ca. »   15,000.000
Silber in der Bank . . . . » 165,465.000
Silber im Umlaufe (nach Haupt u. Soetbeer) ca. »   25,000.000
Metallisch unbedeckte Banknoten[2] . . . . » 151,156.000
Staatsnoten (Minimalstand) . . . . . » 312,000.000
                                   Summe . fl. 758,171.000

Dazu ist aber noch der in seiner Höhe wechselnde Staatsnoten=
betrag, welcher durch die Einlösung von Partial=Hypothekaranweisungen
in den Verkehr gebracht wird, zu rechnen. Derselbe ist in der Circulation
unserer Monarchie keineswegs von geringem Belang, wie dies aus fol=
gender Aufstellung hervorgeht:

Umlauf der Partial=Hypothekaranweisungen.

Ende	In Millionen Gulden											
	Jänn.	Febr.	März	April	Mai	Juni	Juli	Aug.	Sept.	Oct.	Nov.	Dec.
1885	68·0	92·0	95·4	96·5	99·6	98·2	84·6	74·4	76·5	76·3	73·6	73·7
1886	87·3	97·1	100·0	99·7	99·8	93·6	93·6	75·8	66·4	66·9	66·1	67·8
1887	71·9	78·9	86·0	86·7	85·6	88·6	81·3	76·3	73·9	74·0	73·9	74·6
1888	80·4	84·5	95·3	99·8	99·9	99·3	99·7	96·8	85·0	77·5	75·5	75·1
1889	70·9	83·7	86·2	94·0	98·7	98·7	92·7	78·6	68·6	60·9	55·4	54·7
1890	67·4	68·6	71·6	78·2	87·2	88·8	85·5	71·5	60·9	52·8	42·7	41·6
Durchschn. 1885—90	84·1	74·3	89·1	92·5	95·1	94·5	89·6	78·9	71·6	68·1	64·5	64·6

Aus diesen Zahlen spricht eine bemerkenswerthe Periodicität und
Regelmäßigkeit, welche dieser Institution neben der elastischen Banknoten=
circulation den Charakter eines ständigen Reservoirs für den Geldverkehr
verleiht.

Namentlich in der zweiten, geldknappen Jahreshälfte wird dasselbe
so stark und regelmäßig in Anspruch genommen, daß der — von vielen
Seiten angeregte — Gedanke, die Salinenscheine bei der Reform zu
fundiren, oder durch entsprechende Regulirung ihres Zinssatzes stets auf

---

[1] Nach dem Stande von Anfang Jänner 1891. Der Goldschatz der Bank
ist in der im Texte gegebenen Aufstellung zum Coursewerthe in österreichische
Währung umgerechnet (fl. 8.— Gold = fl. 9.05 ö. W.).

[2] Auch dieser Berechnung ist entgegen der Gepflogenheit der Bank aus
leicht verständlichen Gründen der Courswerth ihres Goldschatzes zu Grunde gelegt.

der Maximalhöhe ihres Umlaufes zu erhalten, undurchführbar ist, sofern dem Verkehr nicht ein Ersatzmittel geboten wird.[1] —

Es ist allseits anerkannt, daß die Durchführung der Währungsreform mit der Ersetzung der Staatsnoten durch Metallgeld beginnen müsse. Zu diesem Behufe wäre die Aufnahme eines Anlehens von mindestens 312 Millionen Gulden in Gold[2] erforderlich.

Nach dieser Operation würde sich der gesammte Barvorrath der Monarchie aus folgenden Bestandtheilen zusammensetzen:

Gold (in der Bank, im Verkehr und in den Staatscassen) fl. 416,550.000
Silber » » » » » » » » 190,465.000
Metallisch ungedeckte Banknoten . . . . » 151,156.000
fl. 758,171.000

Die auf den Silbercourantumlauf entfallende Quote des gesammten metallischen Courants betrüge unter der Voraussetzung einer Anleihe von 312 Millionen Gulden in Gold ca. 31·3%, wäre mithin höher als die entsprechende Quote im Deutschen Reiche, aber um ein Beträchtliches niedriger als in Frankreich.

Da nun aber selbst die französische Quote dem Einfluß des Goldes Raum genug läßt, um eine völlig entsprechende Werthconstanz des Währungsgeldes zu erzeugen, so liefern schon diese Zahlen den Beweis, daß eine verlustbringende Veräußerung unseres Silberbestandes keineswegs zu rechtfertigen wäre.

Damit aber die Function des neuen Währungssystems gesichert werde, muß auch im Metallschatze der Bank das Gold gegenüber dem weißen Metalle zur Geltung kommen.

Mit dem gegenwärtigen Goldschatze von ca. 90 Millionen und dem Silberbestande von ca. 165 1/2 Millionen Gulden wäre die Bank wohl solvent, aber nicht im Stande, einer irgendwie erheblichen Nachfrage nach Gold entgegenzukommen.

Es müßte daher aus dem Ertrage der Goldanleihe ein beträchtlicher Theil vom Staate der Bank im Austausche gegen Silbercourant

---

[1] Abgesehen davon würde eine solche Maßregel die Lasten der Währungsreform wesentlich zu Ungunsten dieser Reichshälfte verschieben, da die Länder der Stefanskrone zur Verzinsung und Tilgung der Partial-Hypothekaranweisungen keinen besonderen Beitrag leisten. (§ 5 al. 2 des Ges. v. 24. December 1867, Nr. 3 R.-G.-B. für 1868.)

[2] bezw. von soviel Millionen Reichsmark, als nach der anzunehmenden Uebergangsrelation zur Einziehung von 312 Millionen Gulden ö. W. erforderlich wären.

und zwar nicht blos provisorisch (bis zur Durchführung der Reform), sondern definitiv überlassen werden. Die Höhe dieser Quote ist nun ein äußerst schwieriges, in der Literatur aus sehr divergirenden Gesichtspunkten behandeltes Problem;[1]) um so schwieriger, als Derjenige, welcher Gold gegen Silber dahingibt, unter den heutigen Verhältnissen zweifellos die Gefahr eines Verlustes auf sich nimmt.

Unseres Erachtens gibt es aber ein objectives Kriterium für die Bestimmung der mindesten, aus dem Erlös der Goldanleihe der Bank zu überlassenden Quote.

Der Silbervorrath der Bank, welcher zumeist aus gemünztem Metalle besteht,[2]) setzt sich zusammen aus zwei wohl zu trennenden Bestandtheilen. Die Bank besitzt nämlich einen großen Vorrath an Silbergeld aus jener Epoche, da der Verkehrswerth des Silbergeldes durch seinen Metallwerth bestimmt wurde; in ihrem Keller lagert aber auch fast alles Silbergeld, welches nach Einstellung der Prägungen auf Privatrechnung (1879) von der Staatsverwaltung zu einem, den Metallwerth übersteigenden Verkehrswerth geprägt worden ist, aus dessen Ausbringung demnach die letztere einen nicht unbeträchtlichen Nutzen gezogen hat. Dieses factisch unterwerthig ausgebrachte Geld ist wegen der geringen Neigung, welche der an Zettelwirthschaft gewohnte Verkehr dem Silbergeld entgegenbringt, zum größten Theil in die Bank geflossen:

Silberschatz zu Ende 1878 . fl. 86,485.000
» » » 1890 . . . . . » 165,656.000
Differenz . fl. 79,171.000

Diesen Betrag von ca. 80 Millionen Gulden[3]) in Silber ist der Staat schon aus dem Grunde gegen Gold zu übernehmen verpflichtet, weil die Bank durch das Vorgehen der Staatsverwaltung genöthigt war, einen beträchtlichen Bestand an minderwerthigem Gelde aufzunehmen, dessen

---

[1]) Vgl. Perl »Zur Frage der Valutaregulirung«, pag. 54; Bunzl »Die Währungsfrage« ec., pag. 71; Lieben »Referat an die N.-ö. Handelskammer«, pag. 17; Loß »Die Währungsfrage« ec. (aus Schmoller's Jahrbuch, XIII. Jahrg.), pag. 35 f.; dagegen Paul Pacher »Die österr.-ungar. Währung«, pag. 60.

[2]) Die Literatur geht einmüthig von der Voraussetzung aus, daß die Bank die vor dem Jahre 1879 ihr zugeflossenen Silberbarren zum großen Theile in die Münze geschickt habe.

[3]) Mit dieser Ziffer stimmt auch der Betrag der seit 1879 in Oesterreich-Ungarn auf Staatsrechnung ausgebrachten Silbercourantmünzen annähernd überein; es verließen die Münze:

Abstoßung im Falle der Demonetisation des Silbers für die Bank einen effectiven Verlust bedeuten würde, während der Staat diesfalls blos den aus der Prägung gezogenen Gewinn herauszugeben hätte.

Unter dieser Voraussetzung würde sich also der Goldschatz der Bank auf circa 170,000.000 fl. steigern, der Silbervorrath auf circa 86½ Millionen sinken; die Bank wäre nicht blos solvent, sondern könnte in normalen Zeiten den Bedürfnissen des Verkehrs nach effectivem Golde vollauf genügen, während sie doch auch genug Silber besäße, um unter besonderen Verhältnissen die Prämienpolitik wirksam in Scene setzen zu können.[1]

Der Rest der Goldanleihe (232 Millionen Gulden Gold) so wie der von der Bank einzutauschende Silbervorrath von 80 Millionen hätten zur Einlösung der Staatsnoten verwendet zu werden — insofern sich nämlich die effective Einlösung derselben als nothwendig und zweckmäßig erweisen sollte, was jedoch mit Fug bezweifelt werden darf.

Es ist nämlich eine Erfahrungsthatsache, daß ein an Papierwirthschaft gewohnter Verkehr sich nur schwer mit metallischem Courantgelde befreunden kann; die bekannte Vorliebe der Nordamerikaner für die sogenannten Greenbacks, sowie die Thatsache, daß anläßlich der italienischen

Jahr	Tausende Gulden	Jahr	Tausende Gulden
1879	38.587	Uebertrag	67.962
1880	6.670	1885	3.548
1881	6.335	1886	6.895
1882	5.717	1887	5.927
1883	6.175	1888	6.719
1884	4.478	1889	5.346
Fürtrag	67.962	Summe	96.397

[1] Ein namhafter Theil der über die Währungsfrage erschienenen Schriften tritt für die gänzliche Uebertragung der Reformoperationen an die Oesterr.-ungar. Bank ein, so zwar, daß ihr der gesammte Erlös der Goldanleihe vom Staate zur Verfügung zu stellen wäre, wogegen sie den Staatsnotenumlauf in der Normalhöhe von 312 Millionen Gulden auf ihr Conto zu übernehmen hätte. Principiell wäre gegen diese Centralisation der künftigen Circulation nichts einzuwenden. Da aber der Staat seine Geneigtheit, die Reform in dieser Weise durchzuführen, bisher nicht kundgegeben hat und dieselbe auch nicht a priori vorausgesetzt werden kann, weil die Vermehrung des Goldschatzes der Bank eine Erweiterung — wenn auch nicht des steuerfreien Notencontingentes — so doch des steuerpflichtigen Emissionsmaximums involvirt, überhaupt eine Erhöhung der Machtstellung der Centralbank bedeutet, so durfte auch bei den obigen Ausführungen von dieser Voraussetzung nicht ausgegangen werden.

Valutaregelung der Andrang zu den Umwechslungscassen bei deren Eröffnung wider alles Erwarten äußerst schwach war, sind geschichtliche Belege dieser Behauptung.

Dieser Abneigung, welche bei unserem nun fast durch ein Jahrhundert mit Papiergeldzeichen vertrauten Publicum sich voraussichtlich noch viel intensiver äußern wird, durch Zwangsmaßregeln, wie z. B. die Einberufung der Staatsnoten zu begegnen, liegt u. E. durchaus kein Grund vor.

Die wirthschaftlichen Ziele der Währungsreform lassen sich nämlich auch durch die Ersetzung der Staatsnoten mit vollbedeckten, jederzeit in Courantmünze einlöslichen Staatscertificaten [1]) verwirklichen. Der aus dem Reste der Goldanleihe und dem der Bank abgenommenen Silber bestehende Baarschatz wäre zu diesem Zwecke als Einlösungsfonds unter der Mitsperre einer parlamentarischen Controlcommission zu constituiren und jede präsentirte Staatsnote in Gold oder Silber — selbstverständlich nach Wahl der Staatsverwaltung — einzulösen. Voraussichtlich dürfte jedoch kaum der geringste Theil der Certificate in normalen Zeiten zur Einlösung präsentirt werden. Selbstverständlich hätte dieser Barschatz keinem anderen Zwecke — auch nicht zu Creditgeschäften des Staates zu dienen, und müßte seine Höhe der jeweiligen Umlaufshöhe der Staatscertificate völlig entsprechen. [2])

Die Durchführung dieses Gedankens würde sowohl die Kosten der Reform verringern als auch deren Durchführung erleichtern und insbesondere die Gefahr einer vorübergehenden Beengung des Geldverkehrs [3]) beseitigen, da durch den Umtausch der Staatsnoten gegen Staatscertificate dieselben dem Umlaufe keinen Augenblick entzogen werden würden. Als besonderer Vorzug dieses Modus mag auch der Umstand gelten, daß unter den hier angenommenen Voraussetzungen der Einlösungsfonds zum

---

[1]) Ein Gedanke, der — allerdings in einer anderen Variante — insbesondere von Bunzl vertreten wurde.

[2]) Die Staatsverwaltung ist weder berufen noch auch in einer bureaukratischen Organisation fähig, als Concurrenzinstitut der Notenbank aufzutreten (gegen Pacher a. a. O., S. 60); sollte dereinst die Verstaatlichung der letzteren als wünschenswerth und — im Rahmen des Dualismus — durchführbar sich erweisen, so stünde der Vereinigung des Banknoten- und Staatscertificat-Umlaufes nichts im Wege.

[3]) Wie sie insbesondere bei der angestrebten Währungsreform 1865 so lästig aufgetreten ist.

größten Theil aus Gold und nur zu einer geringen Quote aus Silber bestände, so daß die Certificate im Verkehr dem effectiven Golde völlig gleichgestellt werden würden. Allerdings müßte es aber der Staatsverwaltung auch freistehen, zu Zeiten, in denen ersichtlich zu speculativen Exportzwecken Präsentationen in beträchtlicher Höhe vorkommen, auch ihrerseits mit dem gelben Metall zurückzuhalten und die Einlösungen in Silber zu präſtiren. Daß in dieser Hinsicht auf ein einheitliches Zusammenwirken mit der Bankverwaltung Bedacht zu nehmen wäre, steht außer Frage. Dasselbe ist aber in unserer Monarchie durch eine geeignete Organisation der mit der Verwaltung des Einlösungsfondes betrauten staatlichen Behörde [1]) um so leichter zu erzielen, als auch die oberste Leitung der Bankverwaltung in den Händen staatlicher Functionäre ruht. Selbstverständlich dürfte aber die staatliche Einflußnahme auf den Geldumlauf nicht bis zur Einhebung einer Goldprämie gehen; es ist blos zu vermeiden, daß die Bankpolitik und das Vorgehen der Staatsverwaltung einander entgegenwirken.

Auf diese Weise könnte, indem für die Staatsnoten zunächst Staatscertificate ausgegeben würden, der Uebergang zum neuen Circulationssystem mit Vermeidung aller beengenden Zwischenstadien durchgeführt werden. Die Herstellung einer wirklichen Hartgeld-Circulation würde sich dann — wenn nicht überhaupt die Vorliebe für Geldzeichen die Oberhand behielte — langsam und stetig durch das Publicum selbst vollziehen. Die Staatsverwaltung aber wäre in der Lage, wenn sich nach der Währungsreform die Weltmarktrelation günstiger für das Silber stellen sollte, als das der Reform zu Grunde gelegte Werthverhältniß, diese Differenz zu ihren eigenen Gunsten auszunützen und den Silberbestand allmälig gegen Gold auszutauschen.

Das einzige ernsthafte Bedenken, welches gegen eine derartige Fundirung der Staatsnoten (den Ausdruck allerdings im übertragenen Sinne genommen) eingewendet werden könnte, ist völkerrechtlicher Natur, da ein solcher Fonds im Kriegsfalle vom Feinde als Staatseigenthum in Beschlag genommen werden könnte. Praktisch ist dieses Bedenken deshalb nicht allzu sehr von Belang, weil mit aller Gewißheit anzunehmen ist, daß die Certificate beim Ausbruche eines Krieges bis auf einen geringen Theil zur Einlösung würden präsentirt werden.

---

[1]) Deren Organisation müßte auch auf die dualistische Gestaltung der Monarchie Bedacht nehmen. Ein Analogon auch in dieser Hinsicht bietet die oberste Bankverwaltung.

Vielleicht mag aber darauf hingewiesen werden, daß im Falle staatlichen Nothstandes der Einlösungsfonds der Gefahr ausgesetzt wäre, als Kriegsschatz verwendet zu werden. Aber auch dieser Einwand hält nicht Stand. Die Controle parlamentarischer Commissionen muß in einem geordneten Staatswesen als eine genügende Garantie gegen inconstitutionelle Eingriffe gelten. Für solche Nothlagen aber, in denen auch die Volksvertretung ihre Zustimmung zu diesem Angriffe gäbe, vorzusorgen, ist wohl eben so schwierig als undankbar. Denn es kann für die Gestaltung der Circulation wenig verschlagen, ob der Staat im Nothstande den Einlösungsfonds angreift oder zur Emission unbedeckter Staatsnoten gedrängt wird. Ja man kann getrost das erstere als das geringere von beiden Uebeln bezeichnen; denn die Druckerpresse schafft Zeichengeld, dessen Werth gar keinen Anhaltspunkt bietet und ins Bodenlose fallen mag, während auch bei den eines Theiles ihrer Bedeckung beraubten Certificaten ein innerer Werth, eine untere Grenze des Coursfalles zurückbliebe.

Somit würde das äußere Bild unseres Geldwesens durch die Reform keine Veränderung erfahren. Auch fortan könnte unser Verkehr der handlicheren Form des Papiergeldes sich erfreuen: aber das Papier wäre kein bloßes Zeichengeld mehr, sondern ein jederzeit zu realisirender Anspruch auf ein bestimmtes Quantum gemünzten Edelmetalles. Dem Verkehr selbst bliebe es überlassen, von dem letzteren so viel in den Umlauf zu bringen, als seinen Bedürfnissen angemessen ist.

Die Höhe der gesammten Circulation, insofern sie nicht durch die — selbstverständlich gegen Vergütung der genauen Selbstkosten vollständig freizugebende — Ausprägung von Gold auf Privatrechnung allmälig eine Erweiterung erfährt, würde unter den angenommenen Voraussetzungen im Verhältnisse zum heutigen Geldumlauf unverändert bleiben — abzüglich jenes Betrages, welcher gegenwärtig durch die Einlösung der Partialhypothekarscheine periodisch in den Verkehr gebracht wird. Es gilt daher, für diesen Abgang einen Ersatz zu finden.

Das Eigenthümliche dieser Institution besteht nun darin, daß dem Verkehr gegen eine relativ geringe Zinseinbuße ein ganz beträchtlicher Baarmittelvorrath zur Verfügung steht, dessen erhöhte Inanspruchnahme gleichmäßig dem Verkehr und dem Staate (wegen der Zinsersparniß) zu statten kömmt.

Diese Circulationsreserve zu ersetzen, muß ein Modus gefunden werden, der dem Publicum große Summen (hat doch der Umlauf dieser Noten während der letzten Jahre an gewissen Ultimotagen die Höhe von

30 Millionen öfter überschritten, vgl. Tabelle auf Seite 140) zuführt, ohne daß der Staat dadurch belastet oder eine Zinsfußerhöhung der Bank provocirt werden würde.

Dieses Auskunftsmittel kann u. E. lediglich in der Erweiterung des steuerfreien Notencontingentes der Bank gefunden werden. Denn einerseits wird der Staat fortan nicht in der Lage sein, die Hypothekarscheine jederzeit einzulösen; es wäre denn, daß er auch während der Periode des Maximalumlaufes zu diesem Zwecke namhafte Metallbestände bereit hielte. Ebenso große Opfer würde es aber kosten, den Umlauf dieser Scheine durch eine entsprechende Zinsfußpolitik jederzeit auf der Maximalhöhe zu erhalten oder dieselben zu fundiren, eine Methode, welche überdies den geldbedürftigen Verkehr in die Bank drängen und die völlige Aufzehrung der steuerfreien Notenreserve zu einer ganz regelmäßigen, periodisch wiederkehrenden Erscheinung machen müßte.[1]) Die Erweiterung des Notencontingentes hätte jedoch in der Weise zu erfolgen, daß die ausschließliche Verwendung dieses Ueberschusses der Notenemission für den Einlösungsbedarf des Staates gesichert und mit dem letzteren stets in gleicher Höhe erhalten werde.

Dies ist unseres Erachtens in der Weise durchführbar, daß das steuerfreie Contingent der Bank um jenen Betrag erhöht wird, welchen der Verkehr in geldknapper Zeit bisher aus dem Staatsnotenreservoir gezogen hat, also um circa 30—40 Millionen Gulden. Die Bank muß sich dagegen verpflichten, zur Einlösung von Hypothekaranweisungen dem Staate Noten bis zur Maximalhöhe von 40 Millionen zur Verfügung zu stellen, so daß die Staatscasse Salinenscheine bis zu diesem Betrage einfach mittelst Zahlungsanweisungen auf die Bank — nach Analogie der englischen treasury-bills — einlösen könnte. In das Bankgesetz wäre die Bestimmung aufzunehmen, daß diese Anweisungen in die Barbedeckung einzurechnen seien — der zweckmäßigste Modus, um das steuerfreie Contingent entsprechend zu erhöhen und gleichzeitig die Emission dieses steuerfreien Notenplus ausschließlich für diesen Dienst zu sichern. Diese treasury-bills wären der Bank nicht zu verzinsen; doch müßte ihr jedenfalls als Entgelt für den Cassendienst eine entsprechende Provision vergütet werden.

---

[1]) Seltsamer Weise wird gerade dieses den Verkehr wie den Staat gleichmäßig bedrückende Auskunftsmittel vielfach empfohlen: vgl. Perl a. a. O. S. 44; Lieben, Referat S. 17; Lotz a. a. O. S. 35; provisorisch selbst Bunzl a. a. O. S. 78.

Auf diese Weise könnten die Vortheile der gegenwärtigen Staatsnoten-Reserve dem Verkehr in einer den veränderten Verhältnissen angepaßten Form erhalten bleiben. Die von der Bank hiedurch übernommene Verpflichtung, für die Einlösung der gegen Staatsanweisungen ausgegebenen Noten einzustehen, müßte aber selbstverständlich unter die subsidiäre Haftung des Staates gestellt werden.[1]) Dem letzteren käme die periodisch wiederkehrende Herabsetzung der Zinsenlast für einen Theil der Salinenscheine auch fernerhin zugute. Aber auch die Fundirung der Banknoten (die Solvenz der Bank) würde darunter — mit den heutigen Verhältnissen verglichen — nicht leiden; denn in dieser Hinsicht kann es nicht verschlagen, ob die Bank dieses Notenplus gegen Entrichtung einer 5%igen Steuer — wozu sie doch heute schon berechtigt ist — oder gegen Staatsschuldscheine, welche in ihrer Hand keine Zinsen tragen, emittirt. In beiden Fällen ist die Ausübung des Emissionsrechtes über das normale Contingent hinaus auf den Fall wirklichen Geldbedarfes des Verkehrs — respective des Staates — in gleich wirksamer Weise eingeschränkt.

Die Durchführung aller dieser Maßregeln, die Ablösung eines Theiles des Silberbestandes der Bank, die Umwandlung der Staatsnoten zu Edelmetall-Certificaten könnte erfolgen, ohne daß der Verkehr durch die einzelnen Phasen dieser Operation auch nur im geringsten beengt werden würde. Die Reform wäre vollzogen, sobald die Bank und der Staat ihre Einlösungscassen geöffnet hätten. Vielleicht wäre anfänglich und wohl auch später der althergebrachten Gewohnheit zufolge wenig Hartgeld im Verkehr zu erblicken; aber für die Verwirklichung des Gedankens, welchen wir eingangs als das Ziel der Reform bezeichnet haben, die Herstellung eines relativ-stabilen Werthmaßes, gilt es gleich, ob Münze coursirt oder Geldzeichen, welche jederzeit gegen Münze ausgetauscht werden können.

---

[1]) Auch den Bankactionären gegenüber müßte der Staat die Haftpflicht, und zwar principaliter übernehmen. Unter diesem Vorbehalte wird u. E. durch den im Text gemachten Vorschlag den berechtigten Interessen der Bank nicht zu nahe getreten. Unleugbar wird die letztere aus der Währungsreform namhafte moralische und materielle Vortheile ziehen; ein materielles Opfer involvirt aber unser Vorschlag nicht. Ueberdies mag beachtet werden, daß bei der Institution der Salinenscheine eine Verbindung der Bank mit dem Cassen- und Schuldendienste des Staates bereits besteht und nur eine Ausgestaltung in dem bezeichneten Sinne zu erfahren hätte.

Die Relation.

Die Relation.

Die öffentliche Meinung hat sich bisher zu einer klaren Auffassung über die Natur des Problems, welches sich in der Wahl der Relation ausdrückt, nicht durchgerungen. Daß dasselbe nicht mehr dem Gebiete rein wirthschaftlicher Erwägungen angehöre, vielmehr eine Rechtsfrage, richtiger die Rechtsfrage der Währungsreform bilde — das wird eher instinctmäßig empfunden als klar gedacht. Man fühlt, daß — während von der Wahl des Währungssystems, als der Grundlage des ferneren wirthschaftlichen Schaffens, Wohl und Wehe der Zukunft abhängig sei — mit dieser Wahl entschieden werde über jene Ergebnisse vergangenen wirthschaftlichen Schaffens, welche sich bereits in der festen Form subjectiver Rechte verdichtet, krystallisirt hätten. Daß in diese vom Rechte bereits anerkannten Interessensphären materiell nicht stärker eingegriffen werde, als dies durch den Zweck der Währungsreform — die Ersetzung der schwankenden Circulation durch ein werthbeständiges Umlaufsmittel — bedingt wird, ist in der That das für den juristischen Charakter der Frage entscheidende Postulat. Aber es vermag sie nicht völlig und ausschließlich zur Rechtsfrage zu gestalten; denn ihrem ursprünglichen Sinne nach bedeutet die »Relation« doch ein Werthverhältniß, eine Thatsache, ein wirthschaftliches Phänomen. Der Antheil der Rechtswissenschaft an ihrer Ermittlung läßt sich daher mit dürren Worten nicht sondern: in den allgemeinsten Linien geht er dahin, zu verhüten, daß nicht die wirthschaftliche Vermögensverschiebung, welche bei der bevorstehenden Reform wohl nicht ganz zu vermeiden sein wird, sich zu einer Vermögensverschiebung im juristischen Sinne gestalte, das heißt, daß nicht durch die Währungsänderung bestehende Vermögensrechte in ihrer Substanz ergriffen und ohne Willen und Mitwirkung der Betheiligten blos durch die Zwangskraft der Norm inhaltlich alterirt werden.

Die Analyse der einzelnen Functionen des Geldes soll uns ermöglichen, diesen Gegensatz auseinanderzusetzen. Das Geld ist bekanntlich der allgemeine Werthmesser, das allgemeine Tauschmittel: in Geld werden alle Güterpreise bestimmt, gegen Geld sind alle Güter jederzeit käuflich und verkäuflich. Diese Functionen sind juristisch nicht irrelevant; aber ihre ökonomische Bedeutung überwiegt beiweitem: gerade wegen der wirthschaftlichen Unzuverlässigkeit unseres Geldes in dieser Richtung sind wir genöthigt, zur Währungsreform zu schreiten.

Gesetzt nun, es gelänge, dieselbe mit einem Schlage, gleichsam über Nacht durchzuführen, so daß die Goldwährung das Silber- und Papiergeld als Werthmaß und Tauschmittel unmittelbar ablöste, so wäre zweifellos die Tauglichkeit des neuen Geldes, diese Functionen ohne empfindliche Störung der Wirthschaft zu übernehmen, gleichfalls von der Relation abhängig.

Wurde nämlich der Goldwerth der neuen Münzeinheit — gleichgiltig, ob sie als solche in den Verkehr käme oder Rechnungsmünze bliebe — auf Grund des augenblicklich bestehenden Werthverhältnisses unseres Geldes zum Golde bestimmt, die Relation also dem Zeitpunkte des Währungswechsels genau angepaßt, so könnten die Preise, Löhne 2c. von gestern auch ferner aufrecht bleiben, ohne alle Umrechnung könnte der Verkehr mit dem neuen Gelde so sicher und bestimmt wie mit dem alten werthen und tauschen.

Vermögensverschiebungen als Folgen des Wechsels im gewohnten Werthmaße und Tauschmittel wären in diesem Falle ausgeschlossen. Anders, wenn der Goldwerth der neuen Münzeinheit auf Grund einer von dem Coursverhältnisse im Zeitpunkte des Währungswechsels abweichenden, z. B. der Durchschnittsrelation bestimmt werden würde. Denn der Durchschnittscourswerth des Guldens ö. W. während der letzten zehn Jahre weicht von seinem gegenwärtigen Werthe erheblich ab[1]); und da es sich um eine dauernde und aller Welt erkennbare Verschiebung des Geldwerthes handelte, so sähe sich der Verkehr vielfach zu einer Umrechnung der Löhne, Preise 2c. genöthigt. Eine gesetzliche Tarifirung könnte dieselbe vielleicht erleichtern, keineswegs ersetzen; denn in der Tausch- und Werthungsfunction läßt sich das Geld durch Rechtsnormen nicht binden. Aber eine Umrechnung ist nicht Jedermanns Sache: die mit allen Feinheiten der Geldwerthberechnung vertrauten Kreise, Banquiers, Großhändler und -Industriellen 2c. fänden sich bald genug und vielleicht ohne Schaden in die neuen Verhältnisse; der Wechsel vollzöge

---

[1]) Geschrieben im October 1890.

sich ganz auf Kosten derjenigen Schichten, welche der veränderten monetären Situation nicht rasch genug Rechnung zu tragen wüßten, des Kleinverkehrs. Eine Vermögensverschiebung zum Nachtheile des letzteren — die aus kleinen Posten zu einer stattlichen Gesammtziffer sich summiren könnte — wäre die bedauerliche Folge der Reform; aber keiner der Betroffenen wäre berechtigt oder nähme auch nur Anlaß, zu klagen, er sei durch die Wahl der Relation in seinen Rechten gekränkt worden.[1]

Noch schwieriger müßte sich die Anpassung des neuen Geldes in seiner Tauschmittel- und Werthmaßfunction an die Verkehrsbedürfnisse dann gestalten, wenn mit dem Wechsel der Währungsbasis, wie dies wohl auch vorgeschlagen worden ist, ein Wechsel der Münzeinheit, der Uebergang zum Franc- oder Marksystem sich verbände. Bei der großen Empfindlichkeit des heutigen Verkehres auch für geringe Schwankungen wäre diese Maßregel, indem sie die Umrechnung noch complicirter gestaltete, in noch höherem Maße als der früher geschilderte Vorgang geeignet, den wirthschaftlich Stärkeren gegenüber dem Unerfahreneren, Schwächeren in Vortheil zu setzen. Sie verdiente vielleicht und fände darob manchen Tadel; aber auch nicht der leiseste Vorwurf der Rechtswidrigkeit könnte um deswillen wider sie erhoben werden.

Soweit also blos die Function des Geldes als Tauschmittels und Werthmessers in Betracht kommt, fordert wohl die Billigkeit gebieterisch die Berücksichtigung des Werthverhältnisses zur Zeit des Währungswechsels, für das Recht aber bleibt die Wahl der Relation indifferent. Daraus ergibt sich a contrario dasjenige Moment, welches dieser Operation rechtliche Relevanz verleiht, die Function des Geldes als des allgemeinen Zahlungsmittels.

Wäre es möglich und rechtlich zulässig, vor der Reform alle bestehenden Geldschuldverhältnisse in der alten Währung zu tilgen, es gäbe keine Rechtsfragen der Valutaregulirung. Aber indem die Aenderung

---

[1] Ganz die nämlichen Folgeerscheinungen würden aus der Einführung der im vorigen Abschnitte vertheidigten hinkenden Währung resultiren, je nachdem die Relation nach dem Werthe zur Zeit des Ueberganges oder nach einem Durchschnittswerthe bestimmt werden würde. Denn wenn auch bei der hinkenden Währung die heutigen Silbercourantmünzen auch fernerhin als Courantgeld im Verkehre bleiben könnten, so würden sie doch fortan nichts anderes sein, als Repräsentativmünzen der Goldmünze; ihr Verkehrswerth wäre durch den Werth der letzteren bestimmt. Die Wahl des Währungssystems ist demnach für die Frage der Relation ganz irrelevant.

des Umlaufsmittels kraft Rechtsnothwendigkeit auch eine Aenderung des Leistungsgegenstandes aller bestehenden, auf Währungsgeld schlechthin lautenden Schuldverhältnisse bedeutet, übt sie eine Reflexwirkung nicht blos in der Wirthschaftssphäre, sondern im Rechtskreise jedes einzelnen Gläubigers und Schuldners aus. Und da in unserer Epoche des mobilen Capitals ein gewaltiger Theil des gesammten nationalen Vermögens in der Form von Geldforderungen sich angelegt findet, was Wunder, daß jene Wirkung stark genug ist, um den heftigsten Interessenkampf hervorzurufen.

Dieser juristische Kern des Problems wird einigermaßen verhüllt durch die Mehrdeutigkeit des Begriffes Relation.

Wir haben es oben als ein Postulat der Volkswirthschaftspolitik bezeichnet, daß der Goldwerth der neuen Münzeinheit dem Bedürfnisse des Verkehrs, sich ihrer ohne weitere Umrechnung als Tauschmittels und Werthmaßes bedienen zu können, angepaßt werde. Diesem Verlangen kann nur Ein Werthverhältniß, Eine Relation gerecht werden: die im Zeitpunkte des Währungswechsels bestehende. Man gestatte für dieselbe den Terminus: ökonomische Relation, da sie durch die specifisch wirthschaftlichen Functionen des Geldes — Tauschen und Werthen — bestimmt wird. A priori ist nun durch die Wahl der ökonomischen Relation eine Entscheidung über das rechtliche Schicksal der Geldschuldverhältnisse, über die Zahlkraft des neuen Geldes nicht getroffen. In einer besonderen Umrechnungsnorm könnte — müßte vielleicht — festgestellt werden, wie viel Münzeinheiten der neuen Währung für jeden geschuldeten Gulden ö. W. zu zahlen seien; wobei entweder generalisirend Ein Werthverhältniß (z. B. der Durchschnittscourswerth des letzten Jahrzehntes) als gemeinsame Basis für die Umrechnung aller Geldschulden angenommen oder aber individualisirend auf die Eigenart der einzelnen Schuldverhältnisse Bedacht genommen werden könnte. Der Gesetzgeber brächte in dieser selbstständigen Umrechnungsnorm den privatrechtlichen Gehalt der Währungsreform klar und unzweideutig zum Ausdrucke: er könnte, unbeirrt vom augenblicklichen Verkehrsbedürfnisse, bei der Wahl dieses Werthverhältnisses — der juristischen Relation — sich ausschließlich von juristischen Erwägungen leiten lassen.

Bei unserer Währungsreform soll aber gewissermaßen der umgekehrte Weg eingeschlagen werden, die juristische Relation, die Zahlkraft des neuen Geldes, soll die ökonomische Relation bestimmen. Das heißt: dasjenige Gewichtsquantum Goldes, welches auf Grund einer mit Rücksicht auf das Recht, die Billigkeit und vielleicht auch die Zweckmäßigkeit vorzunehmenden Untersuchung sich als geeignet erweisen würde, je einen geschuldeten Gulden ö. W. bei der Zahlung zu substituiren, soll unter dem Namen [1]) »Gulden« die neue Münzeinheit bilden. Eine besondere Umrechnungsnorm für Geldschulden hätte selbstverständlich zu entfallen, wer 100 Gulden ö. W. schuldig war, hat in der neuen Währung gleichfalls 100 (Gold-) Gulden zu zahlen.

Dieses Verfahren hat Einiges wider, Einiges für sich. Es verhüllt dem juristisch nicht geschärften Auge die privatrechtliche Reflexwirkung der Währungsreform. Es erspart — ein nicht geringer Vortheil — Zeit und Arbeit allen jenen Berufen, denen sonst die Umrechnung der Geldschuldverhältnisse obläge, Kaufleuten, die ihre Buchführung umgestalten müßten, Richtern in der Ausübung der freiwilligen Gerichtsbarkeit u. a. Aber andererseits macht es ein wichtiges wirthschaftliches Moment der Währungsreform, den Werth der künftigen Münzeinheit völlig abhängig von der äußerst heiklen, dem juristischen Meinungsstreite und dem heftigsten Interessenconflicte exponirten Vorfrage nach dem Inhalt der auf Währungsgeld lautenden Geldschulden; während die wirthschaftlichen Postulate, denen hier der erste Platz gebührte, Annäherung an eines der großen europäischen Währungssysteme, Vermeidung der dem Verkehre so schädlichen Umrechnung der Preise und Löhne in die neue Währung — hintangesetzt werden müßten. Dieses Verfahren baut die ganze Währungsreform auf den rechtlichen Werth des Guldens, auf den Werth des geschuldeten Guldens, statt auf dessen wirthschaftlichen Werth; trotz alledem läßt es aber dem Gesetzgeber nicht die volle Freiheit, sich rechtlichen Erwägungen hinzugeben, da es eine individualisirende Behandlung der Geldschuldverhältnisse ausschließt; denn nach diesem System kann auch die juristische Relation wohl nur Eine sein für alle Geldschulden.

Die Gegenüberstellung der Begriffe: rechtlicher und wirthschaftlicher Werth mag paradox erscheinen; denn der Werth ist eine wirthschaftliche Erscheinung, eine Thatsache. In Wirklichkeit ist sie allein geeignet, den Schlüssel zur Feststellung des Antheiles der Rechtswissenschaft an der Wahl der Relation zu bieten.

---

[1]) Die Bezeichnung »Nennwerth« ist absichtlich vermieden.

Der wirthschaftliche Werth eines Gutes ist ein subjectives Urtheil über dessen Bedeutung (Nützlichkeit) für den Bedürfnißkreis eines wirthschaftenden Subjectes; auch der Marktwerth (Marktpreis) ist mit Bezug auf die Gesammtheit der Marktbesucher subjectiver Art und daher v er s chieden zu verschiedenen Zeiten, Orten u. s. w. Wo aber das Recht in einem concreten Falle der Werthbestimmung eines Gutes bedarf, kann es auch nur Eine Werthbestimmung brauchen. Es muß daher in abstracto die Voraussetzungen normiren, aus denen dieses einheitliche Resultat, der rechtlich relevante, der rechtliche Werth erschlossen werden soll. Ein Hauptanwendungsfall dieser durch Rechtssätze normirten Methode der Werthermittlung ist im Obligationenrecht gegeben, wenn nämlich an die Stelle des ursprünglichen Leistungsgegenstandes eines Schuldverhältnisses kraft des Gesetzes ein neuer Inhalt tritt. Das Recht (vgl. z. B. Art. 357 H. G. B.) stellt in bindender Weise die Grundlagen, Ort, Zeit und Form der ökonomischen Operation fest, aus welcher sich das Maß der neuen (Surrogat=) Leistung ergibt. Was hier im Einzelnen — vollzieht sich bei der Währungsreform im Großen und Allgemeinen. An die Stelle des gegenwärtigen Inhaltes der auf Währungsgeld lautenden Schuldverhältnisse: Silber in Münzform und dessen Surrogate, tritt kraft Rechtsnothwendigkeit ein neuer: gemünztes Gold und dessen Surrogate.[1]) Demnach fiele dem Rechte bei der Feststellung der Relation die Aufgabe zu, die Factoren der Werthumrechnung, gleichsam das Schema zu bestimmen, in welchem sich diese wirthschaftliche Operation vollziehen soll. Die wichtigsten dieser Factoren sind: der gegenwärtige rechtliche Inhalt der auf Währungsgeld lautenden Schuldverhältnisse, die Basis der Werthumrechnung — und der Zeitpunkt der letzteren. Ort der Werthberechnung (z. B. sind die Wiener oder Pester Course entscheidend?) und Form derselben sind von geringem praktischen Belange.

Kein Zweifel, diese Frage ist rechtspolitischer Natur, denn die Umrechnungsnorm soll ja durch ein Gesetz festgestellt werden; es wird also jedenfalls eine formale Fortbildung des Rechtes stattfinden. Und da — wie sich ergeben wird — das bestehende Recht nicht seinem vollen Inhalte nach und nicht unmittelbar anwendbar ist, so erweist sich auch

---

[1]) Auch dann, wenn — bei der Annahme der hinkenden Währung — die Silbergulden auch fernerhin im Verkehr blieben, würden sie ihren gegenwärtigen rechtlichen Charakter einbüßen und in Surrogat= (Repräsentativ=) Münzen des Goldgeldes sich verwandeln.

eine materielle Fortbildung desselben als nothwendig. Wenn daher das Postulat aufgestellt wird, daß sich die Währungsreform auf dem Boden des geltenden Rechtes vollziehe, so heißt dies nicht den Gesetzgeber zum Gesetzesunterthanen herabdrücken, die Gesetzgebung in den engen Rahmen der Gesetzesauslegung einzwängen wollen — wohl aber heißt dies fordern, daß die Gesetzgebung bei der Regelung der privatrechtlichen Wirkungen der Währungsreform — das ist bei der Festsetzung der Umrechnungsnorm für Geldschulden — das Ziel und die Schranke dieser Rechtsbildung in der Anpassung der aus dem bestehenden Rechte abzuleitenden Rechtsgedanken an die concrete, durch unsere höchst anormale monetäre Geschichte geschaffene Sachlage erblicken solle. Das ist der Gesichtspunkt, der uns leiten soll; angesichts einer Maßregel, welche — mag sie auch nicht juristisch technisch die Merkmale der materiellen Rückwirkung auf bestehende Rechte tragen — theoretisch und praktisch derselben sehr nahe kommt, gewiß kein allzu kühn erhobener Anspruch!

Von den durch das Recht zu bestimmenden Prämissen der Werthberechnung (Relation) ist die wichtigste der gegenwärtige rechtliche Inhalt der auf Währungsgeld lautenden Schuldverhältnisse. Mit anderen Worten: hat als die Grundlage der Umrechnung in die neue Währung der Nennwerth, der Metallwerth oder der Courswerth der im Schuldtitel ausgedrückten Geldsumme zu gelten?

Am nächsten liegt es, die Entscheidung zu Gunsten des Nennwerthes zu treffen. Während des unveränderten Fortbestandes desselben Währungssystems ist in der That nach geltender Rechtsanschauung der Nennwerth der Schuldsumme entscheidend für die zu bezahlende Geldsumme, die Zahlungssumme. Aber wir haben es mit einem Währungswechsel zu thun und hier reicht der Nennwerth als Grundlage für die Werthberechnung — die Bestimmung der Zahlungssumme in der neuen Währung — nicht aus; denn es ist in Wirklichkeit mit diesem Begriffe eine Werthvorstellung nicht verbunden. Trotz der Terminologie, welche ihn unter die Gattung »Werth« subsumirt, drückt der Begriff des Nennwerthes so wenig eine Werthgröße aus, als etwa die sogenannte gesetzliche Werthrelation (z. B. des lateinischen Münzsystems) — ein Werthverhältniß. Er ist wie diese der Ausdruck für eine Rechtsregel, höchstens die Fiction einer Werthgröße. Er bedeutet in Hinblick auf die einzelnen Geldstücke deren gegenseitige Vertretbarkeit ungeachtet ihrer — nicht zu vermeidenden — materiellen

Verschiedenheit an Feingehalt und Gewicht[1]) — in Hinblick auf Geldschulden aber die Rechtsregel, daß während des unveränderten Fortbestandes desselben Währungssystems die Werthschwankungen des Währungsgeldes (scil. im Vergleiche zu den anderen Gütern, die sogenannte Appreciation und Depreciation des Geldes) auf dessen Zahlkraft keinen Einfluß üben sollen. Er bestimmt ferner beim sogenannten Zeichengelde das Maß von dessen Zahlkraft.[2]) In keiner dieser Beziehungen aber drückt er eine reale Werthgröße aus. Wo es sich daher — wie im vorliegenden Falle — um einen Währungswechsel handelt, der eingestandenermaßen durch die abnormen Werthschwankungen des Währungsgeldes veranlaßt worden ist, da ist es klar, daß eine Werthfiction, deren Bedeutung recht eigentlich darin besteht, daß sie von diesen Schwankungen abstrahirt, der Werthberechnung nicht ohne bedenkliche Verletzung der realen Verhältnisse zu Grunde gelegt werden kann.

Allerdings hat es an Versuchen, den Nennwerth nicht als bloße Rechtsfiction, sondern als Werthgröße aufzufassen, wohl auch nicht gefehlt. Dazu gehört Savigny's berühmte Definition: »Nennwerth ist derjenige Werth, welcher jedem Geldstücke nach der Absicht seines Urhebers, des Münzherrn, beizulegen ist.« Bei dieser Auffassung des Nennwerthes ist zu unterscheiden, ob es sich um das die Grundlage des ganzen Geldsystems bildende metallische Courantgeld oder die neben demselben als Währungsgeld circulirenden Surrogate handelt. Wenn von dem Nennwerthe der letzteren[3]) die Rede ist, so ist damit zunächst die Vorstellung eines gewissen Maßes von Zahlkraft, welches sie an Stelle des Courantgeldes bethätigen können, und in zweiter Linie wohl auch eine von letzterem abgeleitete Werthvorstellung verbunden. Diese abgeleitete Werthvorstellung cessirt aber völlig, sobald es sich um das metallische Courantgeld, die Grundlage des Währungssystems, selbst handelt.

---

[1]) Freilich nur bis zu einer gewissen Grenze: Passirgewicht. — Vgl. Hertzka, »Das Wesen des Geldes«, S. 6.

[2]) Diese Bedeutung kommt zwar dem Nennwerth einer Geldsorte blos unter der Voraussetzung ihres Zwangscourses zu (Zwangscours zum Nennwerth). Aber wir gehen von dieser Voraussetzung schlechthin aus — denn ohne sie hat der Nennwerth gar keine, weder wirthschaftliche noch rechtliche Relevanz, er ist ein bloßes Wort, ein Name. Zwangscours ohne Beziehung auf einen bestimmten Nennwerth läßt sich dagegen wohl denken, z. B. Zwangscours zum Courswerthe.

[3]) Staatspapiergeld, metall. Creditgeld, Scheidemünze, uneinlösliche Banknoten mit Zwangscours zum Nennwerthe = Zeichengeld im weitesten Sinne.

Soll in dieser Anwendung der Nennwerth eine Werthgröße darstellen, so kann darunter nur der Werth desjenigen Edelmetallquantums verstanden werden, welches nach der erklärten Absicht des Münzherrn in jedem Geldstücke vorhanden sein soll: der Nennwerth in diesem Sinne ist gleich dem Sollmetallgehalt des Courantgeldes.[1]) So trugen die ehemaligen Vereinsthaler (vgl. Art. 8 des kaiserl. Pat. v. 19. Sept. 1857, Nr. 169 R. G. B.) auf der Reversseite die Umschrift: »Ein Vereinsthaler, XXX Ein Pfund fein,« welche Umschrift ihren Nennwerth (Stempelwerth) bezeichnete. Demgemäß wäre im Sinne der Art. 4 und 5 des citirten Patentes der Nennwerth Eines Silberguldens österr. Währ. gleichzusetzen dem Werthe von $1/45$ Münzpfund feinen Silbers (zuschläglich etwa der Prägungskosten, welche jedoch nach moderner Anschauung auf den Nennwerth keinen Einfluß üben dürfen). Allein im Jahre 1879 hat die österreichische Regierung, der Münzherr also — denn ihre staatsrechtliche Legitimation zu diesem Acte kann jetzt nicht in Frage stehen — in der nie verleugneten Absicht, den Werth des Silberguldens loszulösen von dem Werthe von $1/45$ Münzpfund feinen Silbers, die Prägungen für Rechnung von Privaten eingestellt. Dieses in Anbetracht der drohenden Ueberfluthung der Monarchie mit minderwerthiger Courantmünze durchaus zu billigende Vorhaben ist ihr bekanntlich vollkommen gelungen.[2]) Aber seither kann von einem Nennwerthe unseres Silbergeldes — im Sinne einer realen Werthgröße — keine Rede mehr sein. Der Werth von $1/45$ Münzpfund Silber ist es nicht, denn von dieser durch seine metallische Grundlage gegebenen Werthgröße ist der Werth des Silberguldens losgelöst worden mittelst eines autoritativen Actes: »nach der Absicht und durch einen Willensact des Münzherrn«, und der Silbergulden ist dadurch zu einer Repräsentativmünze gestaltet worden für einen ideellen, durch das Verkehrsbedürfniß bestimmten Werth. Es wüßte in der That Niemand zu sagen, wie groß sein Nennwerth ist. Die einzig mögliche Antwort wäre: der Nennwerth Eines Silberguldens ist Ein Silbergulden. Dieses Urtheil drückt aber keine Werthgröße, sondern eben blos die

---

[1]) Welcher von dessen wirklichem Metallgehalt — Istmetallgehalt — abweichen oder auch mit ihm übereinstimmen kann.

[2]) Der ökonomische Proceß, in welchem diese Loslösung sich vollzogen hat und der einen negativen Charakter trägt — Unterdrückung der Arbitrage — gehört nicht in diese Erörterung.

oben charakterisirte gegenseitige Vertretbarkeit und gleichbleibende Zahlkraft der einzelnen Geldstücke aus.

Als rechtlicher Inhalt der Geldschulden ist auch der Metallwerth (innere Werth) der ausgedrückten Geldsumme bezeichnet worden. In der Wissenschaft hat diese Ansicht wenig Vertreter; aber sie stellt den Standpunkt des allgemeinen bürgerlichen Gesetzbuches dar. Die §§ 988 und 989[1]) normiren zwar ex professo blos das Darleihen; aber der Rechtssatz, den sie über den Einfluß einer Währungsänderung auf Gelddarleihen aufstellen, läßt sich analog auf alle Geldschuldverhältnisse anwenden. Darnach wäre also, um im Geiste unseres a. b. G. B. zu handeln, der Metallwerth des Silberguldens, als der Grundlage unseres gesammten Geldsystems, für die Werthberechnung als Basis anzunehmen.

Dagegen muß aber der oben erhobene Einwand neuerdings geltend gemacht werden. Die erwähnte Maßnahme der Regierung hat bewußt und absichtlich unser Courantgeld von seiner metallischen Grundlage losgelöst. Man mag über die rechtliche Bedeutung dieser im administrativen Wege ergangenen Verfügung streiten — haben doch Urtheile österreichischer Gerichte die analoge Maßnahme der französischen Staatsgewalt, nämlich die mit dem Gesetze vom 5. August 1876 und Decrete vom 6. August 1876 angeordnete Einstellung der freien Ausprägung von Silbercourantmünzen für Private, geradezu als Währungsänderung bezeichnet,[2]) — so viel ist gewiß, daß der Metallwerth unseres Silbergeldes, dem dadurch jede unmittelbare Beziehung auf den Verkehrswerth desselben genommen wurde, seither ebenso wenig als der Nennwerth geeignet ist, als Grundlage für die Werthberechnung zu dienen.

---

[1]) § 988. Gesetzliche Münzveränderungen ohne Veränderung des inneren Gehaltes gehen auf Rechnung des Darleihers. Er empfängt die Zahlung in der bestimmten gegebenen Münzsorte, z. B. von 1000 Stücken kaiserlichen Ducaten oder 3000 Zwanzig-Kreuzer-Stücken, ohne Rücksicht, ob deren äußerer Werth in der Zwischenzeit erhöht oder vermindert worden ist. Wird aber der innere Werth geändert, so ist die Zahlung im Verhältniß zu dem inneren Werthe, den die gegebene Münzsorte zur Zeit des Darleihens hatte, zu leisten.

§ 989. Sind zur Zeit der Rückzahlung dergleichen Münzsorten im Staate nicht im Umlaufe, so muß der Schuldner den Gläubiger mit zunächst ähnlichen Geldstücken in solcher Zahl und Art befriedigen, daß derselbe den zur Zeit des Darlehens bestandenen inneren Werth dessen, was er gegeben hat, erhalte.

[2]) »Proceß der Kaiser Franz Josef-Bahn...,« herausgegeben von Härdtl, Tremel und Weiß, Wien, 1878; vgl. die daselbst abgedruckten Urtheilsgründe.

Andererseits — und dies ist öfter hervorgehoben worden — haben die citirten Bestimmungen des a. b. G. B. blos Münzveränderungen durch Aenderung des Münzfußes, Feingehaltes oder Nennwerthes im Auge — nicht aber den Fall einer Aenderung der Währungsbasis, den Uebergang von der Silber- zur Goldwährung oder umgekehrt. Sie sind daher unmittelbar und ihrem vollen Inhalte nach nicht anwendbar. Bei der kundgegebenen Absicht der Redactoren des a. b. G. B., in diesen Bestimmungen — gegenüber den unklaren Verhältnissen vor dem Erlasse des sogenannten Finanzpatentes (1811) — die Grundsätze der »ewig gleichförmigen, reinen Gerechtigkeit« zur Geltung zu bringen,[1]) ist diese Lücke auffallend genug; und es kann für sie wohl keine andere Erklärung gefunden werden, als daß den Redactoren die Möglichkeit des Ueberganges zur Goldwährung, die Verdrängung des Silbers aus seiner monetären Rolle ebenso fern gelegen ist, als etwa noch Savigny, welcher vier Jahrzehnte später vom Silber sagte: »Jene vorzügliche Stellung — das ist die Function als Währungsbasis — ist meist dem Silber eingeräumt worden, welches namentlich in Deutschland seit dem 16. Jahrhundert fast ohne Ausnahme die Grundlage des Geldwesens bildet« (Obligat. Recht I, S. 412) und daher in seiner classischen Darstellung des Währungsrechtes das Problem des Ueberganges zur Goldwährung völlig unberührt ließ.

Mag auch deshalb die unmittelbare Anwendbarkeit der §§ 988 und 989 a. b. G. B. auf die bevorstehende Währungsreform ausgeschlossen sein, so bleibt es doch unbenommen, auf ihr leitendes Princip, die ratio legis zurückzugehen. Und dafür spricht auch noch ein anderes Moment. Kein gesetzberathendes Collegium hat je die Misère schwankender Währung, die Noth des Zettelwesens, die zerrüttende Wirkung staatlicher Eingriffe in das Geldwesen auf das Vermögen der Einzelnen — in höherem Maße vor Augen gehabt, als die Redactoren unseres Gesetzbuches. Und wie in so vielen anderen zeichnen sich auch in dieser Materie ihre Berathungen durch das tiefe, von theoretischen Scheingründen ebenso wenig als von der Opportunität des Augenblicks beeinflußte Eindringen in die Natur der Sache aus; man beachte blos das durch Freimuth und Tiefe gleich bewundernswerthe und den herrschenden Anschauungen seiner Zeit weit voraneilende Votum v. Pratobevera's (Ofner Berath. Prot. II, S. 636 ff.). Ihre ausgesprochene Absicht ging

---

[1]) Vgl. Aeußerung Zeiller's (Ofner Berath. Prot. II, S. 646) und die Voten Pratobevera's (ibid. S. 648) und Sonnenfels' (ibid. S. 160).

dahin, in den bleibenden Bestimmungen des Civilcodex — der lex perpetuo valitura, wie ihn Sonnenfels gerade in Bezug auf diesen Gegenstand nennt, solche Rechtssätze aufzustellen, welche geeignet wären, bei staatlichen Eingriffen in das Geldwesen »das wirkliche Eigenthum der Staatsbürger zu sichern«. In diesem Sinne sprachen sie in den citirten Paragraphen das Princip aus, daß bei Münzveränderungen der neue Inhalt der Geldschuldverhältnisse (die Zahlungssumme) aus dem ursprünglichen Inhalte (der Schuldsumme) mit Zuhilfenahme und durch Vergleichung an einem von staatlicher Willkür unabhängigen und wirthschaftlich möglichst stabilen Factor berechnet werden solle. Beiden Anforderungen entsprach der Metallwerth der geschuldeten Geldstücke. Denn der Metallwerth — das ist in dieser Auffassung der wirkliche Metallwerth, der Istmetallgehalt im Gegensatz zum Sollmetallgehalt (Nennwerth) — »hat an sich eine bleibende, von bloßer Willkür unabhängige Natur« (Savigny). Und an der Werthbeständigkeit des Währungsmetalles (Silbers) zu zweifeln, lag für sie kein Grund vor. Ihr Syllogismus ging dahin: Es soll dem Gläubiger dieselbe Vermögensmacht verschafft werden, als zur Zeit der Entstehung des Schuldverhältnisses durch die im Schuldtitel ausgedrückte Geldsumme repräsentirt war; diese Vermögensmacht wird ihm verschafft — oder genauer: es wird angenommen, daß sie ihm verschafft werde — wenn der Gläubiger in Münzen der neuen Währung die gleiche Quantität edlen Metalles erhält, als er in der alten Währung hingegeben oder sich bedungen hat. Denn wenn auch das Währungsmetall selbst Schwankungen seines Werthes erfahre — so seien doch dieselben gering genug, um vernachlässigt werden zu können, und es erfordere das Verkehrsbedürfniß, daß sie vernachlässigt werden müssen. Ein ähnlicher Vorstellungskreis, der aber auf andere thatsächliche Voraussetzungen aufgebaut war, hat Savigny auf die Courswerththeorie hingeführt.

Beide Voraussetzungen nun, von welchen die Redactoren als von unbestrittenen geschichtlichen Wahrheiten ausgehen durften, haben sich in den letzten zwei Decennien als falsch erwiesen. Wir haben erfahren, daß das Währungsmetall selbst — das Silber — wirthschaftlicher Werthconstanz gänzlich ermangle, und daß der Einfluß des Metallgehaltes auf die Kaufkraft des Courantgeldes durch staatliche Maßregeln gänzlich illudirt[1]) werden könne, ohne daß sich dieselben äußerlich als

---

[1]) Die erwähnte Einstellung der Prägungen.

Münzveränderungen darstellten. Wollen wir heute durch Vergleichung mit einem von staatlicher Willkür unabhängigen und erfahrungsgemäß werthbeständigen Factor ermitteln, welche Vermögensmacht durch die geschuldete Geldsumme repräsentirt worden sei: so müssen wir diese Rolle, welche die Redactoren des a. b. G. B. dem Währungsmetalle (Silber) wegen seiner vermuthlichen Werthconstanz zugewiesen haben — auf das Gold übertragen. Die ratio legis unseres Gesetzes weist uns daher auf den Courswerth der geschuldeten Geldsumme gegen Gold als die Grundlage für deren Umrechnung in die neue Währung, und zwar auf den Cours zur Zeit der Schuldentstehung.

Ein Mißverständniß ist vorerst auszuschließen. Fern liegt uns die Annahme, es sei bis jetzt — während des unveränderten Fortbestandes des gegenwärtigen Währungssystems — der Courswerth der geschuldeten Geldsummen von rechtlicher Bedeutung gewesen. Die Entwerthung unseres Geldes hätte noch weiter fortschreiten oder aber völlig sanirt werden können; äußerlich hätte die Verbindlichkeit eines Währungsschuldners dadurch nicht die geringste Modification erfahren. Das eben ist die Folge der absoluten Geltung der Nennwerththeorie, der Rechtsfiction einer Werthbeständigkeit des Währungsgeldes, welche in Wirklichkeit niemals existirt, und deren Unwahrheit gerade von unserem Verkehre so stark empfunden worden ist, daß er sich den empfindlichen Störungen eines Währungswechsels gerne unterzieht. Was wir bekämpfen, ist, daß diese Rechtsfiction auch der lex ferenda gegenüber aufrecht erhalten und verwerthet werde; denn das will uns gleichbedeutend erscheinen mit der Hervorkehrung des formalen, technischen Momentes im Rechte bei der Behandlung eines Problems, welches seine Lösung durchaus von den aus unserem positiven Rechte und der Natur der Sache zu abstrahirenden, materiellen Rechtsgedanken erwartet.

Die relative Berechtigung jener Fiction de lege lata kann nicht in Abrede gestellt werden. Sie ist ein Gebilde der juristischen Technik; sie ist, um Jhering's Terminus zu gebrauchen, die »analytische Vereinfachung« eines sehr complicirten wirthschaftlichen Thatbestandes. Das heißt aus der Rechtssprache übersetzt: das Recht verkennt keineswegs daß, wer Geld verspricht, Geld darleiht, ein bestimmtes Werthquantum, ein gewisses Maß von Vermögensmacht im Sinne hat, welches er seinerzeit zu übertragen sich verpflichtet oder dem Darlehensempfänger gegen Rückerstattung überträgt. Die Geldstücke, die versprochen oder dargeliehen werden, fungiren blos als sinnliche Repräsentanten jenes abstracten Werthes, als die äußeren Träger eines Quantums von Vermögensmacht. Das Recht verkennt ebenso wenig, daß das Maß von Werth, welches durch die Geldstücke dargestellt wird, daß deren allgemeine Kaufkraft eine wechselnde Größe ist. Wenn es dessen ungeachtet — während des unveränderten Fortbestandes einer Währung — die Geldsumme i. e. die concrete Zahl der Geldstücke entscheidend sein läßt für die Höhe einer auf Währungsgeld lautenden Schuldverbindlichkeit: so ist dieses Verfahren gerechtfertigt durch die Schwierigkeit, in einem seiner organisirten Wirthschaftssysteme die Werthschwankungen des Geldes zu constatiren; durch die Rechtslogik, welcher es widerspräche, wenn der Werth des allgemeinen Werthmessers durch Vergleichung mit einem anderen Werthmaße von Fall zu Fall festgestellt werden müßte; endlich durch die relative Geringfügigkeit der Werthschwankungen eines wohlfundirten, metallischen Geldsystems.[1]) Bedarf es wohl einer Hervor-

---

[1]) Wir betonen die Relativität der letzterwähnten Voraussetzung. Selbst das Gold, nach der heutigen Anschauung das werthbeständigste Gut, macht Schwankungen seiner Kaufkraft (sogenannte Appreciation und Depreciation) in solchem Maße durch und vermag dadurch in Goldwährungsgebieten sociale Erscheinungen von so ernster Natur zu zeitigen, daß die Berücksichtigung dieser Werthschwankungen im Geldschuldenrecht auch während des Fortbestandes desselben Währungssystems als Forderung der wirthschaftlichen Gerechtigkeit erscheinen kann. Sie wird neuerdings aufgestellt von Theodor Laves: »Die Waarenwährung als Ergänzung der Edelmetallwährung« in Schmoller's Jahrbuch für Gesetzgebung xc., Jahrg. 1890 (auch als Sep.-Abdr. erschienen). Hierher gehört auch L. Walras': »billon régulateur.« Der Rechtsbildung der Zukunft mag hier ein Problem von weittragender Bedeutung gestellt sein.

Ueberhaupt wäre es verfehlt, die Geltung der Nennwerththeorie auf ein absolutes Postulat der Rechtsvernunft zurückzuführen. Sie entspringt vielmehr — wie jede andere Rechtsregel — einerseits einem Verkehrsbedürfnisse — das nämlich hier darauf gerichtet ist, die auf das allgemeine Tauschgut lautenden Obligationen zu Schulden von ziffermäßig bestimmtem Inhalte (Summenschulden) zu gestalten — und beruht andererseits auf gewissen rationalen Voraussetzungen, welch' letztere aber von geschichtlich gegebenen Verhältnissen abstrahirt sind und daher durchaus keine Geltung über deren Bestand hinaus beanspruchen können. Dem Kenner der Dogmengeschichte des Geldes braucht nicht gesagt zu werden, daß eine durch Jahrhunderte herrschende Doctrin als die einzige rationale Voraussetzung der Nennwerththeorie — als deren Rechtsprincip — den Willen des Münzherrn angesehen hat. Weil auf letzterem die Geltung der Münze überhaupt beruhe — so lautete das officielle Sophisma — so hänge von ihm auch das Maß dieser Geltung ab. Das war die Epoche des morbus numericus, der chronischen, zwar bewußt und absichtlich, aber im Hinblick

hebung, daß keines dieser Momente — welche die rationalen Voraussetzungen der Nennwerththeorie bilden — bei unserer bisherigen Valuta sowie bei dem vorliegenden legislativen Problem, der Festauf diese Theorie nicht mala fide betriebenen Münzverschlechterung. — Die Reaction, welche dagegen eintrat, gipfelte in der Auffassung, daß die unerläßliche rationale Voraussetzung des Nennwerthdogmas durch die Uebereinstimmung des Nennwerthes i. e. des Sollmetallgehaltes des Courantgeldes mit dem wirklichen Metallgehalte desselben gebildet werde, bei deren Abgang daher das Nennwerthdogma ein gesetzlich sanctionirtes Unrecht bedeute (Folgesätze: Verminderung der Toleranz, Schlagschatz darf nicht vom Münzgewichte abgezogen werden zc.). In Bezug auf Geldschulden besagt diese Auffassung, daß deren Inhalt gleich sei dem versprochenen Quantum Edelmetalles in Münzform. Sie ist derzeit noch herrschend. Ihr liegt — nicht immer klar bewußt — der aus der geschichtlichen Entwicklung der letzten Jahrhunderte abstrahirte Gedanke zu Grunde, daß die Werthschwankungen des Währungsmetalles nicht so bedeutend seien, um nicht dem oben bezeichneten Verkehrsbedürfnisse zu Liebe vernachlässigt werden zu können; wenn daher der Gläubiger das gleiche Quantum Edelmetalles erhalte, als er hingegeben oder sich bedungen habe, so erhalte er dasselbe Werthquantum, könne daher als befriedigt gelten — ebenso der Schuldner in umgekehrter Richtung. Von Einfluß war auch der Gedanke, daß, weil das Edelmetall in Münzform rechtlich zur Function des Werthmaßes berufen sei, seine eigenen Werthschwankungen rechtlich nicht in Betracht kommen könnten. — Die enormen Werthschwankungen aber, welche das eine der beiden Edelmetalle während der letzten zwei Decennien erfuhr, haben nun in Bezug auf das Silber das Nennwerthdogma seiner rationalen Voraussetzungen völlig beraubt. Die positiven Rechtssätze jedoch, die aus demselben hervorgegangen waren, blieben aufrecht; das Recht im formellen Sinne, das Gesetz, trat in Conflict mit den materiellen Rechtsgedanken. Unglücklicher Weise gelangte derselbe zunächst zur Austragung vor die Gerichte, und zwar einerseits vor solche, welche an das positive Recht unbedingt gebunden waren, theils vor fremde Gerichte, welche dem letzteren nach Wegfall seiner rationalen Voraussetzungen die Achtung versagen zu müssen glaubten. Das war die Aera der leidigen sogenannten Couponsprocesse, der »Rechtspanik«, um mit Bekker zu sprechen, wo die obersten Gerichtshöfe zweier Staaten stricte gegeneinander — zu Gunsten ihrer Landsleute! — judicirten, und die häßlichen Worte »Raub« und »Bankerott« auf den Lippen der einen und der anderen Partei schwebten. Abgesehen von den Streitfragen des internationalen Privatrechtes, die hineinspielten, war aber der Standpunkt beider Gerichte gleich berechtigt: der deutschen, welche der Umrechnungsnorm des Art. 14 Reichsmünzgesetz vom 9. Juli 1873 Gehorsam zollen mußten, sowohl als der österreichischen, deren Urtheilen der Gedanke zu Grunde lag, daß die unerläßliche ratio juris, das Rechtsprincip jener Norm — die Werthconstanz des weißen Metalles nämlich — weggefallen war. Dieser Conflict blieb bekanntlich unentschieden und konnte füglich durch die Judicatur nicht zur Lösung gebracht werden.

setzung der Umrechnungsnorm, in dem Maße zutrifft, um die An=
nahme der Nennwerththeorie nothwendig zu machen oder auch nur
rechtfertigen zu können? Die für den Richter nicht überwindliche
Schwierigkeit, während des Fortbestandes desselben Währungssystems
die Werthschwankungen der geschuldeten Geldsumme von Fall zu Fall
zu constatiren, steht dem Gesetzgeber nicht im Wege, der bei der ein=
maligen Festsetzung der Umrechnungsnorm sich auf größere Zeiträume,
erheblichere Schwankungen beschränken und zu deren Ermittlung sich der offi=
ciellen Aufzeichnungen über die Coursschwankungen unseres Geldes gegen Gold
bedienen kann; die Rechtslogik versagt, da wir offen eingestehen müssen, daß
unser derzeitiges Währungsgeld die Function eines Werthmessers nur höchst
mangelhaft versehen hat, und da als das relativ unveränderliche Werth=
maß, an welchem die Werthschwankungen des ersteren auch nach rück=
wärts constatirt werden können, das Gold, die künftige Währungsbasis,
sich von selbst darbietet. Was aber die dritte rationelle Voraussetzung der
Nennwerththeorie — ein wohlfundirtes metallisches Geldsystem — an=
langt, so dürfen wir in der gegenwärtigen monetären Situation gewiß
dessen Gegentheil, ja eine in der neueren Münzgeschichte unerhörte Sachlage
erblicken.

Als die deutsche Währungsreform zur Berathung stand, war es
Minister Camphausen, der im Reichstage äußerte: »Es habe während
der Verhandlungen, die seit Monaten Deutschland bewegt hätten, zuweilen
einen wahrhaft unheimlichen Eindruck auf ihn gemacht, daß die Rela=
tion, dies eigentliche Problem der Frage, diese schwierigste Seite der Frage
kaum zur Erörterung gezogen worden sei . . .« (Soetbeer, »Deutsche Münz=

<small>Die juristische Schwierigkeit des unserer Legislative de lege ferenda ge=
stellten Problems liegt nun darin, daß sie berufen ist, durch positive Rechts=
sätze den oben dargestellten Conflict zu überbrücken; daß sie bei der Beurtheilung
der bisher in österreichischer Währung (das ist in einer Silbervaluta) be=
gründeten Geldschulden vom Nennwerthdogma in Ermanglung seiner ratio=
nellen Voraussetzungen nicht ausgehen kann — während eine andere Rechts=
anschauung sich bisher zur Herrschaft nicht hat durchringen können. Die legislativen
Factoren stehen also nicht blos vor einer Aufgabe der Gesetzgebung, sondern
vor der Aufgabe der Rechtsbildung im höheren Sinne. Für sie gilt es, in die
»Natur der Sache«, »in das Innere« der durchaus abnormen Verhältnisse ein=
zudringen, welche durch die Werthschwankungen des die rechtliche Grundlage
unseres bisherigen Währungssystems bildenden Metalles im Geldschuldenrecht
geschaffen worden sind, und die denselben immanente Rechtsregel aufzudecken,
dennoch aber den Zusammenhang mit dem geltenden Rechte fest=
zuhalten.</small>

verfassung«, S. 31). Wie hätte ein so zartes Gewissen den Schwierigkeiten unserer Lage ins Auge sehen mögen! Die deutsche Währungsreform fand als Grundlage für die Werthberechnung der Geldschulden eine gesunde, ehrliche Hartgeldcirculation vor; als Maßstab für dieselbe bot sich dar — um nicht zu sagen drängte sich auf — das französische Werthverhältniß $(1:15^{1}/_{2})$, von welchem im Laufe von sieben Jahrzehnten die Weltmarktrelation um nicht mehr als etwa $1^{1}/_{2}\%$ abgewichen war: wogegen wir nicht blos mit Werthschwankungen der metallischen Grundlage unseres Währungssystems von einer in der monetären Geschichte beispiellosen Intensität, sondern auch mit dem Umstande zu rechnen haben, daß unser Währungssystem seit 1879 einer metallischen Grundlage überhaupt entbehrt; so daß in unserem Vaterlande jenes System von Zeichengeld mit ideellem Werthe fast verwirklicht erscheint, dessen Möglichkeit vertheidigt zu haben, Autoren vom Range eines Mommsen den wohlwollenden Hinweis auf das Horaz'sche: »Quandoque dormitat bonus Homerus« ... eingetragen hat — eine Währung monstro tantum similis! —

Was die Redactoren des a. b. G. B. bei der Berathung der auf Münzveränderungen sich beziehenden Bestimmungen fast einstimmig ausgesprochen haben, »daß man bei Festsetzung der Rechte und Verbindlichkeiten nicht mit Worten spielen dürfe, sondern daß die Pflicht des gerechten Gesetzgebers erfordere, das wirkliche Eigenthum der Staatsbürger zu sichern« (Ofner, II., 618), ist daher würdig, auch der bevorstehenden Gesetzgebung als Zielgedanke zu dienen. Und wenn sie unmittelbar darauf hervorheben, daß die Nennwerththeorie ihre Berechtigung einbüße, »wenn der Staat selbst ... erklärt, daß der Nennwerth seines Papiergeldes dem wahren Werth desselben bei Weitem nicht mehr entspreche, wenn er selbst dasselbe nicht mehr nach dem Nennwerthe, welcher mit der klingenden Münze gleichlautend ist, annimmt,« so hat die hier geschilderte monetäre Situation — abgesehen von dem damals unvergleichlich höheren Grad der Zerrüttung — nah' verwandte Züge mit der heutigen aufzuweisen: man substituire nur das Wort »Papiergeldes« im ersten Satze durch »Silbercourantgeldes« und erinnere sich der Prägungseinstellung, sowie etwa der Vorschriften über die Entrichtung der Zölle.[1]) Der einzige wesentliche Unterschied — fürwahr nicht zu Gunsten einer leichteren juristischen Beurtheilung der heutigen Verhält-

---

[1]) Ges. vom 25. Mai 1882, Nr. 47 R.-G.-Bl., Art. XIV.

nisse — liegt darin, daß damals das Silbercourantgeld — die Conventionsmünze — jene unveränderliche Werthgröße bildete, an welcher die Werthschwankungen der auf Währungsgeld schlechthin (Bankozettel) lautenden Geldschuldverhältnisse gemessen werden konnten: während wir heute die Werthschwankungen der metallischen Grundlage des Währungssystems selbst zu berücksichtigen und am Golde zu messen genöthigt sind, d. i. an einem Metalle, welches rechtlich unserem Währungssystem bisher ferne gestanden ist.

Freilich — um der Gerechtigkeit Genüge zu thun — muß anerkannt werden, daß die monetäre Zerrüttung damals, vor dem Erlasse des s. g. Finanzpatentes vom Jahre 1811, durch die nothgedrungene Ueberfluthung des Landes mit uneinlöslichem Papiergelde geschaffen worden war; während wir heute vornehmlich unter den Folgen der Katastrophe leiden, welche unabhängig von unserem Willen über das weiße Metall hereingebrochen ist. Allein dieses Moment verschlägt wenig in juristischer Beziehung. Und zudem, wenn man die fortgesetzte Ausprägung von unterwerthigem Silbercourantgeld nach dem Jahre 1879 in Betracht zieht, so läßt sich die abnorm starke Depression unseres Geldes — vornehmlich in den Jahren 1884—1888 — nicht ganz auf Rechnung einer monetären force majeure setzen.

Aufgefordert, ihr Votum abzugeben »über die zu treffenden Verfügungen in Rücksicht der Zahlungen solcher Summen, welche die Schuldner in Conventionsmünze oder nach dem Werthe derselben erhalten haben« (Ofner, II., 622), erklärten die Redactoren des a. b. G.=B. (mit allen gegen die Stimme v. Aichen's) in Bezug auf Geldschulden, welche in einer stark schwankenden Valuta contrahirt worden waren oder getilgt werden sollten, die Nennwerththeorie de lege ferenda für unanwendbar; es vereinte sich die Mehrheit der Stimmen auf dem Vorschlage Ehrenberg's und v. Gärtner's, die Umrechnungsnorm derart festzusetzen, daß der Courswerth der schwankenden Valuta (der Bankozettel) gegen die werthbeständige Valuta (Conventionsmünze) zur Zeit der Entstehung des Geldschuldverhältnisses zur Basis der Werthberechnung genommen werden[1] solle.

---

[1] Wörtlich: »... ich vereinige mich ... mit der Meinung des Herrn Hofrathes von Ehrenberg, nach welcher der Werth des Papiergeldes dergestalt nach dem jedesmaligen Course zu berechnen ist, daß der Gläubiger zur Zeit der Zahlung mit den empfangenen Bankozetteln ebensoviele Gold= und Silbermünzen eintauschen könne, als er zur Zeit, wo ihm die Zahlung zugesichert worden

Das s. g. Finanzpatent vom 20. Hornung 1811, J. G. S. Nr. 929, hat denn auch — so tief es durch die sonstigen Bestimmungen in die Privatrechtsverhältnisse eingegriffen haben mag — in dieser Beziehung der von den Redactoren namens der natürlichen Rechtsgrundsätze erhobenen Forderung Gehör geschenkt, indem es für die Umrechnung der in der früheren schwankenden Valuta (Bankozettel) contrahirten Geldschulden in die neue Papiervaluta (Einlösungsscheine), deren Werthconstanz man voraussetzte und ehrlich zu sichern bestrebt war, den Courswerth zur Zeit der Entstehung der Geldschulden zu Grunde legte (§§ 12—14 Fin.-Pat.). Um die Berechnung des Courswerthes zu erleichtern, war dem Patente eine nach Monaten abgestufte Scala der Courschwankungen des Währungsgeldes anhangsweise beigegeben. Die herbe Beurtheilung, welche das Finanzpatent erfahren hat, kann diese Bestimmungen nicht treffen; sie sind es augenscheinlich, welche dem Gesetze im Munde Zeiller's, eines Mannes von seltenem Freimuthe, das Epitheton »ebenso weise als wohlthätig« (Ofner, II, 647) eingebracht haben.

Das juristische Kriterium des heute gestellten Problems gegenüber der damaligen Sachlage ist, wie wir neuerlich hervorheben, blos darin gelegen, daß damals der Courswerth der schwankenden Valuta (des Papiergeldes) an der werthbeständigen metallischen Grundlage des Geldsystems (der Conventionsmünze) gemessen und bestimmt werden konnte, während heute die Werthschwankungen gerade des metallischen Courantgeldes in Frage stehen, deren Höhe nur am Golde gemessen werden kann. Das Gold ist nun allerdings bisher kein rechtlicher Bestandtheil unseres Währungssystems gewesen.[1]) Ist dies aber wohl hinreichend, um de lege ferenda die Werthschwankungen unserer Valuta,

---

ist, für die versprochene Summe des damals coursirenden Geldes erhalten haben würde.« (Ofner, II, 642.) Es abhcrirten v. Scheppl und v. Pratobevera. Zeiller und v. Hahn nahmen eine zwischen Cours- und Nennwerththeorie, für welche letztere v. Aichen allein sich erklärte, vermittelnde Meinung an.

[1]) Die öffentliche Meinung hat wohl eine Zeit lang dem Irrthume gehuldigt, es komme der Relation $1:15^{1}/_{2}$ auch in Oesterreich rechtliche Bedeutung zu. Aber eine Tarifirung der österreichischen Goldmünzen im Rechtssinne hat nie stattgefunden; die letzte Alinea des Ges. vom 9. März 1870, Nr. 22 R.-G.-Bl., spricht das Gegentheil aus. Die etwas mißlungene Stylisirung der Alinea 3 dieses Gesetzes mag im Hinblicke auf § 4 Alin. 1 des Kaiserl. Patentes vom 27. April 1858, Nr. 63 R.-G.-Bl., allerdings dem Irrthume Vorschub leisten, der Nennwerth der Goldmünzen sei mit 8 fl. ö. W. respective 4 fl. ö. W. festgesetzt worden.

über die wir in den Coursen der fremden Devisen officielle Aufzeichnungen besitzen — bei der Werthberechnung der Geldschulden als rechtlich non avenues zu behandeln?

Darin nämlich gipfelt die Argumentation der herrschenden Meinung. Sie schließt folgendermaßen: Weil kraft der Rechtsfiction von der Werthconstanz des Währungsgeldes dessen Schwankungen während des unveränderten Fortbestandes der Währung — also bis zum Augenblicke des Währungswechsels — irrelevant sind, so ist für die Umrechnung der Geldschulden in die neue Währung der Cours unserer Valuta im Zeitpunkte des Währungswechsels — u. zw. für alle bestehenden Geldschuldverhältnisse der gleiche Courswerth — maßgebend.

Dagegen glauben wir nachgewiesen zu haben, daß dem Standpunkte des österreichischen Rechtes die individualisirende Berücksichtigung des zur Entstehungszeit der Geldschuldverhältnisse bestandenen Courswerthes allein entspricht.

Auf die Unzulässigkeit, die Rechtsfiction des Nennwerthes de lege ferenda aufrechtzuhalten — einer Sachlage gegenüber, welche von den rationalen und thatsächlichen Voraussetzungen dieser Fiction in so hohem Maße abweicht — haben wir bereits hingewiesen.[1]) Mit dieser Prämisse steht aber und fällt die herrschende Meinung.

Es mag wohl auch das naheliegende Argument geltend gemacht werden, daß, wenn die bestehenden Verbindlichkeiten vor dem Währungswechsel fällig würden, die Zahlung ohne Widerrede in Silber- und Papiervaluta angenommen werden müßte. Allein dieser Einwand ist nicht durchschlagend. Ebensowohl könnte man auch behaupten, daß ohne den Währungswechsel unsere Valuta binnen kurzem oder langem auf das Werthverhältniß $1:15^{1}/_{2}$ sich erheben werde, und daher jede andere

---

[1]) Umsoweniger kann es zulässig sein, die Geltung der Rechtsfiction des Nennwerthes zu Gunsten der alten Währung über den Zeitpunkt des Währungswechsels hinaus zu verlängern und der Umrechnung der Geldschulden in die neue Währung den Cours des Fälligkeits- oder wirklichen Zahlungstages zu Grunde zu legen; zumal da mit dem Uebergange zur Goldwährung sowohl a priori als auch erfahrungsgemäß ein neues, die Entwerthung des verlassenen Währungsmetalles förderndes Moment gegeben ist, und es sich zudem nie constatiren läßt, welchen Werth in Gold das alte Währungsgeld in jenem Zeitpunkt repräsentirt hätte, wäre seine Geltung nicht beschränkt oder aufgehoben worden. Unhaltbar ist es daher auch, für die Zeit nach dem Währungswechsel dem Metallwerth des geschuldeten Silbercourantes rechtliche Bedeutung beizumessen. (Gegen A. Menger in der »N. Fr. Pr.« Nr. 9394.)

Relation einer materiellen Verletzung der Gläubiger gleichkäme. Aus fictiven Voraussetzungen lassen sich eben nach Willkür Schlüsse ziehen. — Zudem darf nicht übersehen werden, daß eine Währungsreform sehr wohl de lege ferenda Rechtsfragen aufwerfen mag, die während des unveränderten Fortbestandes desselben Währungssystems — eben wegen der Geltung der Nennwerththeorie de lege lata — latent waren und latent geblieben wären.

Die herrschende Ansicht bietet dem Angriffe aber noch eine andere verwundbare Stelle dar. Das ist die Schwierigkeit, um nicht zu sagen Unmöglichkeit, die im Zeitpunkte des Währungswechsels bestehende Relation objectiv zu constatiren. Diese Schwierigkeit ist von Bekker (Couponprocesse, S. 109) — wiewohl blos aus dem Gesichtspunkte der lex lata — treffend hervorgehoben worden und hat selbst einer der gediegensten, heimischen Schriften über die Währungsfrage (Karl Bunzl, »Die Währungsfrage in Oesterreich-Ungarn«, Wien 1887, S. 55) den Wunsch eingeflößt, daß über sie »mit einem kühnen Anlaufe hinweggesetzt« werde — wobei freilich für diese chevaleresque Lösung ein Zeitraum in Anspruch genommen wird, in welchem die Werthrelation »minder heftig oscillirt«: ein Postulat, welchem der gegenwärtige Zeitraum kaum entsprechen dürfte. Von der Berechnung der Relation nach dem juristischen Zeitpunkte des Währungswechsels — mag man nun darunter den Erlaß des betreffenden Gesetzes (im Sinne der herrschenden staatsrechtlichen Lehre: die Sanction) oder den Beginn seiner Wirksamkeit im Auge haben, kann selbstverständlich nicht die Rede sein, da demselben jedenfalls schon legislative Verhandlungen und Beschlüsse über die Relation vorangehen müssen, in denen der Goldcours des entscheidenden Zeitpunktes geradezu anticipirt werden müßte; — es wäre denn, daß man unter dem Zeitpunkte des Währungswechsels die ganze Periode der legislativen Verhandlungen verstünde, in denen jedoch dieser Cours wohl öfters eine Verschiebung erfahren kann. Dies Alles mag dann allerdings von sehr geringer praktischer Bedeutung sein, wenn der Währungswechsel in eine Zeit constanten Geldwerthes fällt, wie dies bei der deutschen Währungsreform der Fall war; ganz anders aber, wenn die Ankündigung des Währungswechsels — wie dies bei uns die Erfahrung gezeigt hat — procentweise Schwankungen des Geldwerthes an einem Tage bewirkt.

Aber abgesehen von diesen Schwierigkeiten ließe es sich objectiv gar nicht constatiren, ob die gesetzliche Relation durch das Verhältniß auf offenem Markte bestimmt worden sei oder umgekehrt.

Da diese Worte zu Papier gebracht werden, ist der Wiener Geld=
cours für Vista London = 114·95 fl. ö. W. Brächte nun die Regierung
in nächster Zeit einen Gesetzentwurf ein — oder kündigte ihn auch nur
officiös an — in welchem eine andere Relation, als die aus diesem
Course sich ergibt, vorgeschlagen wäre, so würde der Geldmarkt in einem
Nu die Course der Devisen der vorgeschlagenen Relation anpassen: und
so weiter durch alle Wechselfälle parlamentarischer Verhandlungen, Aus=
schußberichte, Plenarberathungen im Unter= und Oberhause, in Cis= und
Transleithanien ꝛc. ꝛc.! Die Quecksilbersäule kann den Luftdruckschwan=
kungen nicht treuer folgen, als die Devisencourse dem Schicksale der
gesetzlichen, angeblich »von der Marktlage abstrahirten« Relation! Man
hat wohl auch dieses Phänomen künstlich hervorrufen wollen, indem die
Regierung aufgefordert wurde, mittelst einer autoritativen Erklärung über
die Relation »eine Periode größerer Stabilität auf dem Devisenmarkte
einzuleiten«. Man übersah blos, daß sich alsdann auch Leute finden
könnten, welche die Behauptung, die gesetzliche Relation sei gegründet
auf den Goldcours zur Zeit des Währungswechsels, mit ungläubigem
Humor aufnehmen würden. In keiner anderen Frage aber ist strengste
Gewissenhaftigkeit von solchem Belange für die Würde und den Credit
der Gesetzgebung, als hier [1]). Die Regierung hat solchen Rath nach Ge=
bühr ignorirt; denn es steht Größeres auf dem Spiele. Als Einleitung
zu einer großartigen Creditoperation wäre dieser Vorgang keinesfalls
zu empfehlen. —

Das Bewußtsein, daß die Momentrelation — man gestatte
diese Bezeichnung für den Courswerth zur Zeit des Währungswechsels —
ebenso schwer zu constatiren, als in ihrer objectiven, unbeeinflußten
Wahrheit zu vertheidigen wäre, hat nicht minder als die völlig uner=
wartete Erholung unserer Valuta, welche manche Interessen ernstlich
gefährdet, dazu beigetragen, die herrschende Meinung auf das Auskunfts=

---

[1]) Die Verhandlungen des deutschen Reichstages über die Währungsreform
bieten hiefür ein beachtenswerthes Beispiel. An dem Tage, als die Relation zur
Verhandlung stand, entsprach der Londoner Silbercours (60⅞—60¾ d) genau der
vorgeschlagenen gesetzlichen Relation = 1 : 15½. Abg. Dr. Bamberger ergriff
das Wort, um auf diese seltsame Coincidenz aufmerksam zu machen, wobei er
sagte: »... wenn wir nicht eine so honnete und über allen Verdacht der
künstlichen Macherei erhabene Reichsregierung hätten, so würde ich wirk=
lich den Argwohn schöpfen können, daß das Reichsministerium eine gewisse Quan=
tität Silber an der Londoner Börse gekauft hätte.... Natürlich glaube ich
nicht an einen solchen Grund....« (Soetbeer, S. 30.)

mittel der einheitlichen Durchschnittsrelation hinzulenken. Denn der durchschnittliche Courswerth während eines längeren Zeitraumes scheint zum mindesten ein objectiv erfaßbares Moment zu sein, welches weder von den Launen des Zufalls noch von willkürlichen Machinationen weiter beeinflußt werden könne. Als Anfangsgrenze für den Zeitraum, der bei der Berechnung dieser Durchschnittsrelation in Betracht zu ziehen wäre, wird in der Regel das Jahr 1879 bezeichnet, in dessen Verlauf die mehr erwähnte Verfügung gefallen ist, welcher unser Geldwesen von seiner metallischen Grundlage trennte.

Mit geringen Ausnahmen sind die publicistischen Verfechter der Momentrelation zur Durchschnittsrelation übergegangen. Für diese Ansicht sprechen in der That mehrere gewichtige Gründe: wir haben dieselben rückhaltlos hervorgehoben. Aber vom Standpunkte der herrschenden Meinung ist sie ein Ergebniß von deren innerer Schwäche; sie ist keine Verbesserung der Momentrelation, sondern deren Verleugnung. Daher kehren alle juristischen Argumente, welche für die letztere sprechen, ihre Spitze gegen die Durchschnittsrelation. Die Fiction der Werthconstanz des Währungsgeldes bis zum Augenblicke des Währungswechsels, die Theorie von der juristischen Relevanz dieses Zeitpunktes, als in welchem alle Geldschuldverhältnisse mit dem neuen Inhalte sich füllen, in der neuen Währung gleichsam krystallisiren — diese Argumente alle müssen zu Gunsten der Durchschnittsrelation ebenso energisch verleugnet werden, als sie von uns zu Gunsten der Entstehungszeit der einzelnen Geldschuldverhältnisse bekämpft worden sind. Dagegen besteht juristisch eine gewisse Verwandtschaft der Durchschnittsrelation mit dieser oben verfochtenen Ansicht, insofern auch die erstere die Werthschwankungen des Währungsgeldes in der Vergangenheit nicht unbeachtet läßt. Aber während die letztere den Zeitpunkt der Entstehung des concreten Geldschuldverhältnisses hervorhebt, einen juristisch ebensowohl als wirthschaftlich für dasselbe bedeutsamen Zeitpunkt — greift diese Durchschnittsrelation auf Zeiträume zurück, welche für irgend ein concretes Schuldverhältniß gänzlich irrelevant sein mögen, vielleicht vor dessen Entstehung gefallen sind. Was kümmern nun den Gläubiger — könnte man fragen — welcher erst im Jahre 1890 seinen Anspruch erworben hat, alle die früheren Leidensstationen unseres Geldes im letzten Decennium, der unerhörte Preisfall des Silbers 1886—1889, die Revolution in Philippopel, die Septennatsrede des Fürsten Bismarck? Und doch soll er in der Durchschnittsrelation, welche auch für seine im Jahre 1890 begründete Forderung maßgebend wäre, all diese Wechselfälle zu erneuter Wirkung concentrirt und für alle Zukunft stabilisirt sehen. Das nämliche gilt — in umgekehrter Richtung — von den Schuldnern aus der Zeit der tiefsten Depression. Wenn man die Berücksichtigung der Entstehungszeit mit einer restitutio in integrum verglichen und als solche bekämpft hat, so könnte die allgemeine einheitliche Durchschnittsrelation mit demselben Fuge als ein Rückgriff in die Vergangenheit bekämpft werden: denn sie ist der heutigen Situation gegenüber eine reformatio in pejus.

Die Annahme dieser Durchschnittsrelation erschiene daher gleichbedeutend mit einer starken Vermögensverschiebung im juristischen sowohl als im wirthschaftlichen Sinne. In letzterer Beziehung könnte sich im Großen und Ganzen der Volkswirthschaft vielleicht eine Ausgleichung vollziehen; das einzelne wirthschaftende Subject im Inlande jedoch, sowie ganz im Allgemeinen die ausländischen Gläubiger und Schuldner würden je nach ihrer Rechtsstellung sich ohne eigenes Zuthun, blos durch die Zwangskraft der Umrechnungsnorm, in Vortheil oder Nachtheil gesetzt sehen.

Und wenn es auch wahr ist, daß keine große wirthschaftliche Reform sich ohne Hintansetzung von Einzelinteressen durchführen läßt: so soll die letztere doch nicht so weit gehen, um in den Betroffenen den Zweifel zu hinterlassen, ob auf das Postulat des Schutzes erworbener Rechte — soweit dasselbe nur irgendwie mit dem Ziele der Währungsreform vereinbar war — Bedacht genommen wurde.

Die Durchschnittsrelation bedarf daher noch einer juristischen Begründung; denn a priori hat sie ihre Berechtigung blos nach einer Periode stabilen und normalen Geldstandes; beide Voraussetzungen treffen aber für das letzte Jahrzehnt durchaus nicht zu. Kaum irgend ein anderer Zeitraum der Friedensepoche seit 1866 hat solche Schwankungen des Geldwerthes aufzuweisen; und deren anormale, durch fortgesetzte Ausprägung unterwerthigen Courantgeldes, Kriegsbefürchtungen und Rüstungen ꝛc. bewirkte und geförderte Gestaltung steht wohl außer Frage.

Wenden wir uns nun zu den Einwänden, welche gegen die Berücksichtigung der Entstehungszeit der Obligationen bei der Berechnung ihres Courswerthes gegen Gold geltend gemacht worden sind.

Von geringerer Bedeutung ist die Behauptung, daß sowohl vom Standpunkte der Parteiintention als von dem des objectiven Rechtes das Werthverhältniß des Währungsgeldes gegen Gold bei der Entstehung des Schuldverhältnisses rechtlich ebenso irrelevant gewesen sei, als etwa das Maß seiner Tauschkraft den übrigen Gütern gegenüber.

Was die Parteiintention anbetrifft, so ist auf deren Unzuverlässigkeit als Interpretationsmittel des wahren Inhaltes von Geldschulden bereits von Bekker in seiner Kritik der Couponprocesse (S. 3) auf das treffendste hingewiesen worden;[1]) der auf sie gestützte Einwand ist daher an sich nicht durchschlagend. In dieser Allgemeinheit ist er aber überdies unrichtig; denn die Berufung auf die Parteiintention dürfte in den wichtigsten Einzelfällen des hier erörterten Problems eher zu Gunsten der von uns vertretenen Auffassung den Ausschlag geben. Das sind die großen Creditgeschäfte der landwirthschaftlichen und industriellen Production, aus denen in erster Linie jene langsichtigen, auf Jahre hinaus fällig gestellten Geldschuldverbindlichkeiten hervorgehen, deren Conversion in die neue Währung das punctum saliens des Problems bildet. Geld aber, das zu Productionszwecken aufgenommen wird, pflegt nicht allzu lange brach zu liegen; je rascher dasselbe in die Form eines zur technischen Production unmittelbar geeigneten Gütervorrathes überführt werden kann, desto zweckmäßiger und energischer kann ja der Credit ausgenützt werden. In einem feiner organisirten Wirthschaftssystem bildet zweifelsohne Raschheit dieses Verfahrens die Regel. Da aber die Güterpreise — und zwar um so enger, je näher die betreffenden Artikel dem Weltverkehre stehen — an die Werthschwankungen des internationalen Geldes sich anschmiegen, so glauben wir mit der Annahme, daß der Stand der fremden (Gold-)Valuten zur Entstehungszeit dieser Schuldverhältnisse ein Element — zum mindesten des schuldnerischen Calcüls — gebildet habe, nicht fehl zu gehen. Freilich könnte man auch einwenden, daß es ja den Parteien freigestanden habe, um den Werthschwankungen des Währungsgeldes sich zu entziehen, in Goldvaluta zu contrahiren; aber thatsächlich war dieses Auskunftsmittel während des unveränderten Bestandes unserer jetzigen Währung, in der ja doch die Steuern, Löhne u. s. w. geleistet und der größte Theil der Einnahmen angenommen werden mußten, mit solchen Gefahren für die Schuldner verbunden, daß dieselben sich lieber dem Risico der schwankenden Valuta aussetzten. Aber dies galt eben nur während des Fortbestandes unserer heutigen Valuta, und man muß sich hüten daraus zu schließen, daß die Parteien das Werthver-

---

[1]) »Der Grundfehler ist überall derselbe: Die Parteien ... treffen ihre Dispositionen nur für gewisse Eventualitäten, andere Eventualitäten bleiben unvorhergesehen; das Schicksal aber scheint diese unvorhergesehenen Eventualitäten mit Vorliebe ins Leben zu rufen.« An die Eventualität eines Währungswechsels haben wohl die wenigsten Parteien gedacht.

hältniß zum Golde gar nicht im Auge gehabt hätten. Denn wenn sie mit der Geldsumme, die sie versprachen oder creditirten, überhaupt eine Werthvorstellung verbanden: welcher Art konnte dieselbe sein — vornehmlich seit dem Jahre 1879 — wenn nicht eine durch die Beziehung auf das Gold gegebene Werthvorstellung?

Ebenso unbegründet ist jenes Argument, welches gegen die Berücksichtigung der Entstehungszeit einwendet, daß vom Rechtsstandpunkte aus das Werthverhältniß des Währungsgeldes den anderen Gütern — also auch dem Golde — gegenüber irrelevant sei. Dieser Einwand ist — wie leicht erkenntlich — ein Kind der Nennwerththeorie, und die Unanwendbarkeit der letzteren bei der Lösung des vorliegenden Problems haben wir oben bereits nachgewiesen. Er steht aber andererseits auch mit dem Inhalte und der ratio legis der §§ 988 und 989 a. b. G.=B.[1]) in offenbarem Widerspruche. Denn diese Rechtsnormen stehen keineswegs auf dem Boden der Nennwerththeorie. Sie bestimmen vielmehr, daß im Falle einer Münzveränderung der Geldwerth der Schuldverhältnisse in der neuen Währung durch Vergleichung derselben mit einem unveränderlichen Factor, dem Metallgehalte (innerem Werthe), zu ermitteln sei. In dieser Richtung sind sie allerdings, wie bereits hervorgehoben, unmittelbar nicht anwendbar, weil das Silber ein solch unveränderlicher Factor nicht mehr ist; diese Eigenschaft kommt derzeit blos dem Golde zu. Sie bestimmen aber ferner, daß für diese Vergleichung, d. i. für die **Feststellung des rechtlichen Inhaltes der Geldschuldverhältnisse** (der Schuldsumme), der Zeitpunkt der Entstehung dieser letzteren maßgebend sein solle; und in dieser Hinsicht liegt kein Grund vor, ihre Anwendbarkeit auf das vorliegende Problem in Abrede zu stellen.

Es widerspricht endlich der monetären Rolle des Goldes, demselben in Bezug auf die Werthschwankungen unserer derzeitigen Valuta dieselbe Stellung anzuweisen, wie allen übrigen Gütern. Mag auch das Gold bisher im Rechtssinne blos eine Waare gewesen sein: so gewinnen doch de lege ferenda seine wechselnden Werthverhältnisse zu unserem **Gelde eben dadurch eine besondere**, von den Werthschwankungen aller

---

[1]) Es ist unrichtig, die Anwendbarkeit dieser Paragraphe auf Geldsortendarlehen (Valutaschulden) einzuschränken. Aber selbst in dieser Beschränkung wären dieselben nicht ohne Bedeutung für die Lösung unseres Problems: sollen doch — nach der herrschenden Ansicht — Geldsortendarlehen auf klingende Münze (Silbergeld) auf Grund derselben Relation in die neue Währung umgerechnet werden, wie Währungsschulden schlechthin.

anderen Güter abweichende Bedeutung, daß wir das Gold zum Währungsmetalle erheben und unsere Schulden in Goldschulden zu convertiren im Begriffe sind. Auf welches andere Argument könnte sich denn auch die allgemeine Durchschnittsrelation stützen, als gerade auf diese retrospective Bedeutung, welche die Werthschwankungen unserer Valuta gegen Gold durch die bevorstehende Währungsreform annehmen?

Weitaus der beachtenswertheste Einwand, welcher gegen die hier vertretene Auffassung geltend gemacht worden ist, betrifft ihre Praktikabilität: die Berücksichtigung der Entstehungszeit der Geldschuldverhältnisse sei in ihrer praktischen Verwirklichung mit unlöslichen Schwierigkeiten verbunden.

So wie dieser Einwand die Grenzen der Rechtstheorie überschreitet, so kann er auch nicht theoretisch widerlegt, er muß vielmehr in seiner relativen Bedeutung anerkannt werden und insofern für die Anpassung unseres Rechtsprincips an die gegebenen Verhältnisse als Richtschnur dienen.

In dieser Hinsicht ist es aber ein bedeutender Unterschied, ob es sich um einen Rechtssatz, dessen Durchführung dem Richter überlassen ist, oder um einen Rechtsgedanken handelt, dessen Verwirklichung von dem Gesetzgeber verlangt wird. Stünde die von uns vertretene Ansicht etwa in der Fassung: »Der Courswerth zur Entstehungszeit der Geldschulden ist für ihre Umrechnung in die neue Währung maßgebend« — als Rechtssatz da: so müßte der Richter — zweifelsohne unter Schwierigkeiten sondergleichen — bei jedem einzelnen Geldschuldverhältnisse auf den Tag der Entstehung zurückgehen: während es dem Gesetzgeber freisteht, Monate, Jahre, ja noch längere Zeiträume zu einheitlichen Perioden zusammenzufassen, deren Durchschnittscursstand für die während ihres Verlaufes entstandenen Geldschulden die Umrechnungsrelation zu bilden hätte. Während ferner der Richter ohne Rücksicht darauf, ob das concrete Geldschuldverhältniß Jahrzehnte oder nur wenige Monate vor dem kritischen Zeitpunkte des Währungswechsels entstanden ist, in der Ermittlung der Entstehungszeit und deren Coursstandes die gleiche umständliche Genauigkeit walten lassen müßte: kann der Gesetzgeber die rechtsbegründende und rechtstilgende Kraft der Zeit zur Geltung bringen, indem er mit um so größerer Freiheit bei der Feststellung der Durchschnittsperioden vorgeht, je weiter zurück in der Vergangenheit dieselben gelegen sind.

Es kann nun keineswegs davon die Rede sein, daß das theoretische Rechtsprincip, welches wir aufgestellt haben, de lege ferenda bis in seine äußersten theoretischen Consequenzen durchgeführt werde, so daß die Relation für jedes einzelne Schuldverhältniß besonders berechnet oder aber alle Schwankungen des Geldwerthes seit Einführung der österreichischen Währung in gleicher Weise berücksichtigt werden müßten.

Aber ebenso wie vor diesem Extreme muß der Gesetzgeber vor jenem anderen sich hüten, welches Rechtsverhältnisse, deren materielle Grundlage eine ganz verschiedene ist, mit einer generalisirenden Formel abthut, für welche — in Hinblick auf den öfter hervorgehobenen **anormalen Charakter** der monetären Situation, als deren Abschluß die Währungsreform erscheint, — kein Präcedenzfall, keine wissenschaftlich begründete communis opinio,[1]) keine aus der Natur der Sache sich ergebende Nothwendigkeit spricht.

Man setze, um sich dessen klar zu werden, zwei im Jahre 1870 entstandene Geldschuldverhältnisse, von denen das eine als Valutaschuld durch Hingabe und Stipulation von 10.000 Gulden in klingender Münze, das andere in dem damals gegen Silber um circa 22% entwertheten Papiergelde begründet worden ist, und die beide nun auf Grund der gleichen Relation convertirt werden sollen.

---

[1]) Die herrschende Meinung spricht sich für die Relation zur Zeit des Währungswechsels aus. Vgl. Hartmann, »Ueber den rechtlichen Begriff des Geldes ꝛc. . . . .« (1868), S. 84; Knies »Geld und Credit«, I, S. 341; Bekker, »Couponprocesse«, S. 114; Windscheid, »Pandekten«, 5. Aufl., S. 256, Anm. 31; Goldschmidt, »Handelsrecht«, I, S. 1175, spricht sich zu Gunsten der Entstehungszeit aus, hat sich aber später »Zeitschrift für Handelsrecht«, XIX. Bd., S. 327, der Ansicht von Knies angeschlossen, vgl. jetzt »System des Handelsrechtes im Grundriß«, 2. Aufl., S. 130. Wohl zu beachten ist aber, daß keiner der Genannten die durchaus anomalen Verhältnisse unseres Geldwesens vor Augen hat, da sie sämmtlich eine Periode relativ stabilen Geldwerthes unmittelbar vor der Währungsreform voraussetzen; zudem hat für diese Autoren, welche auf dem Boden des gemeinen Rechtes stehen, das aus dem Inhalt und der ratio legis der §§ 988 und 989 a. b. G. B. geschöpfte — für uns hochbedeutsame — Argument keine Relevanz, wodurch es sich erklärt, daß z. B. Hartmann und Bekker den Mangel ausreichender Gründe für die Berücksichtigung der Entstehungszeit hervorheben. Vgl. auch Grünhut in der »N. Fr. Pr.« Nr. 9405; Schey »Obligationsverhältnisse« S. 128, Anm. 98. — Für eine allgemeine einheitliche Durchschnittsrelation, die in Zeiten günstigeren Geldstandes durch Rückgriff auf eine frühere anomale und stark schwankende Periode gewonnen werden soll, findet sich kaum eine Stimme in der Wissenschaft.

Wer blos die wirthschaftliche Seite der Frage ins Auge faßt kann unmöglich verkennen, daß das Productivvermögen des Valuta= schuldners durch den Schuldbegründungsact einen weitaus beträcht= licheren Werthzuwachs erfahren habe, als das des anderen Schuldners; und aus dem Productivvermögen müssen Capital und Zinsen des Dar= lehens schließlich gezahlt werden; denn »nummus nummum parere non potest«.

Wer aber in einer formal juristischen Auffassung den Gläubiger, welcher klingende Münze stipulirt hat, darauf verweisen wollte, daß er ja selbst das Schicksal seiner Forderung den Werthschwankungen des Silbers preisgegeben habe: der müßte mit Fug die Antwort erwarten, daß er (Gläubiger) die Depression des Silbers zwar ohne Widerspruch und Klage hingenommen, darin aber eine Verletzung erblicke, daß ihm die endlich bevorstehende Erholung in doppelt empfindlicher Weise ab= geschnitten werde: einerseits durch Stabilisirung seiner Forderung in Gold, andererseits durch die Annahme einer Durchschnittsrelation, welche ihn die Coursverluste vergangener Tage noch einmal in concentrirter Form ertragen lasse. Mag auch das eine Uebel unlösbar mit der Währungsreform verknüpft sein: so erscheint es um so eher geboten, das andere vermeidliche hintanzuhalten.

Ein Versuch, bei der legislativen Verwirklichung des oben er= mittelten Rechtsprincips — Berücksichtigung der Entstehungszeit der Geld= schuldverhältnisse — auch dem Postulate der Praktikabilität zu entsprechen, müßte daher die folgenden Grundlinien innehalten:

1. Geldschulden, deren Entstehung in jene Periode fällt, in welcher ein Silberagio bestand, nach ihrer Qualität als Valutaschulden (Forderungen auf klingende Münze) und Währungsschulden schlecht hin — differenziren.

2. Unter Festhaltung dieses Unterschiedes den ganzen Zeitraum seit der Einführung der österreichischen Währung (1. November 1858) bis zum Währungswechsel in staffelförmig gegen den letzteren sich verkürzende, mindestens aber einjährige Perioden ein= theilen, deren durchschnittliche Relation als Umrechnungsnorm für die während ihres Verlaufes entstandenen Schuldverbindlichkeiten zu gelten hätte.

Die vor dem 1. November 1858 contrahirten Geldschulden wären bezüglich des Umrechnungscourses den in der ersten Periode nach diesem Zeitpunkte begründeten gleich zu halten.

Folgende Durchschnittsperioden ergeben sich bei der Betrachtung der monetären Geschichte aus inneren Gründen:

I. Für Silber=Valuta=Schulden:

1. Der Zeitraum vom 1. November 1858 bis inclusive des Jahres 1871. Constante Relation (mit geringen Abweichungen zu Gunsten des Silbers) $= 1 : 15^1/_2$.

2. Die Periode der Silberdepression vom Beginne des Jahres 1872 bis zur Erreichung des Paripunktes gegen Papiergeld, Ende 1878. Durchschnittsrelation $= 1 : 16·76$.

Vom Beginne des Jahres 1879, in welches auch die Einstellung der Silberprägungen fällt, waren Schulden auf klingende Münze und auf Währungsgeld (Bankvaluta) schlechthin gleich zu behandeln.

II. Für Währungsschulden schlechthin.

1. Die Periode der ausschließlichen Banknotencirculation vom 1. November 1858 bis Mitte 1866, genauer bis zur Geltung des Gesetzes vom 5. Mai 1866, Nr. 51 R. G. B. Durchschnittscours 100 Gulden Gold $= 122·32$ Gulden österr. Währ.

Die Staatsnotenperiode von da ab bis zum Beginne des Jahres 1879 wäre zu theilen in drei Durchschnittsperioden:

2. Von Mitte 1866 bis Ende 1871. Durchschnittscours (nach J. Gruber, »Statistische Beiträge ꝛc.« berechnet) $= 122·31$ Gulden.

3. Von Anfang 1872 bis Ende 1875. Durchschnittscours $= 111·03$ Gulden.

4. Von Anfang 1876 bis Ende 1878. Durchschnittscours $= 119·88$ Gulden.

Vom Beginne des Jahres 1879 bis inclusive 1887 wären etwa dreijährige Zeiträume,[1] von da ab jedes einzelne Kalenderjahr als selbstständige Durchschnittsperiode für die Ermittlung der Relation, nach welcher die in demselben entstandenen Geldschulden in die neue Währung umzurechnen wären, zu behandeln.

---

[1] Durchschnittscourse: 1879—1881 $= 116·58$, 1882—1884 $= 119·56$, 1885—1887 $= 124·55$. Positive juristisch relevante Momente für die Ab= grenzung dieser Zeiträume anzugeben, ist unmöglich. Je kürzer dieselben angesetzt werden, desto mehr wird dem Rechtsprincip, je länger, desto eher der Prakti= kabilität Genüge geleistet. Hier konnte es sich nur darum handeln, beide Momente festzustellen und zu sondern; ihre Ausgleichung muß dem Spiel der Interessen überlassen werden.

Durch die vorgeschlagene Eintheilung des gesammten zu berücksichtigenden Zeitraumes in längere Durchschnittsperioden lassen sich die Schwierigkeiten, welche sich etwa der logischen Durchführung eines mit unserem Principe gleichlautenden Rechtsfatzes durch den Richter entgegenstellen könnten, zum großen Theile beseitigen; denn es dürfte wohl in den seltensten Fällen der Zeitpunkt der Entstehung einer Geldschuld so zweifelhaft sein, daß seine Zugehörigkeit zu einer dieser, ein Jahr oder gar mehrere Jahre umfassenden Durchschnittsperioden nicht leicht festzustellen wäre. Inwiefern das Postulat der Praktikabilität noch weitere Abschwächungen der theoretischen Consequenzen unseres Princips rechtfertigen könnte — z. B. die Abrundung der Relation auf eine für die Umrechnung bequemere Ziffer — kann hier füglich außer Erörterung bleiben.

Daß aber die von uns vorgeschlagenen Durchschnittsperioden keineswegs unbedeutende Werthdifferenzen involviren, ergibt sich wohl schon aus der Vergleichung, z. B. der unter II. 2, II. 3 und II. 4 erwähnten Zeiträume, deren Durchschnittsrelation um circa 10% differirt.

Praktisch wäre mit der Annahme dieses Grundsatzes das nicht zu unterschätzende Resultat erzielt, daß der Gesetzgeber bei der Bestimmung des Goldgehaltes der neuen Münzeinheit — der ökonomischen, monetären Relation — sich ausschließlich von Erwägungen wirthschaftlicher Art leiten lassen könnte, statt, wie dies sonst vorgeschlagen wird, das Gewicht der neuen Münzeinheit mit Außerachtlassung der Tausch- und Werthmesserfunction des Geldes, allein durch das Maß der Zahlkraft, welche ihr in Bezug auf die bestehenden Geldschulden zukommen soll, bestimmen zu lassen.

Theoretisch aber ist unseres Erachtens damit das Princip gewonnen, welches — bei aller Berücksichtigung des Postulates der Praktikabilität — die Lösung der Relationsfrage auf den Boden des bestehenden Rechtes stellt. Es ist dies das einzige Mittel, die Schuldner — in erster Linie die mit Leihcapitale arbeitende Landwirthschaft — gegen die Folgen der jetzigen, **außerhalb ihres ursprünglichen Calcüls**[1]) gelegenen Steigerung des Geldwerthes zu schützen, ohne zugleich den Gläubigern Anlaß zur Klage

---

[1]) Denn über diese Steigerung können sie sich dann wohl nicht mit Fug beklagen, wenn das Geld zur Zeit der Entstehung der Geldschuld denselben oder einen höheren Tauschwerth gegen Gold besaß.

zu geben, daß ihnen die Verluste, welche sie durch die Depression des Geldwerthes bereits erlitten, durch eine staatliche Maßregel neuerlich auferlegt würden. Und insofern durch seine Verwirklichung eine Vermögensverschiebung gegen die augenblickliche Situation der Schuldner und Gläubiger sich vollzöge — trüge sie den kaum anfechtbaren Charakter einer objectiven Remedur gegen die in Zeiten sehr labilen Geldwerthes öfter bis zur Unerträglichkeit gesteigerten Wirkungen der Nennwerththeorie, nicht aber den einer mehr oder weniger willkürlichen Festsetzung. Die angeführten Vortheile sind unseres Erachtens wohl geeignet, den Schwierigkeiten, welche durch die individualisirende Behandlung der Geldschulden entstehen könnten, die Wage zu halten.

Diese Schwierigkeiten müssen eben, wie betont, durch eine zweckbewußte legislative Anpassung des Princips an die concreten Verhältnisse umgangen werden. — Allein es steht noch eine Frage offen. Sie betrifft die abstracten Geldschuldverhältnisse, insbesondere jene, welche in Papieren auf den Inhaber verkörpert sind. Es ist nämlich nicht zu verkennen, daß bei diesen Papieren, welche zum allergrößten Theile börsengängige Effecten sind, die Berücksichtigung der Entstehungszeit den Anlaß zu einer heftigen Verschiebung ihres Marktpreises, zu einer wilden Speculation, endlich zu dem durchaus ungewöhnlichen Phänomen bieten würde, daß Schuldpapiere von nominell gleicher Verzinsung und gleicher Sicherheit starke Coursdifferenzen aufzuweisen hätten.

Trotz dieses praktischen Mißstandes wäre die Berücksichtigung unseres Principes auch bei diesen — einen so beträchtlichen Theil aller Geldforderungen bildenden — Obligationen, und zumal bei diesen wegen ihres großentheils internationalen Charakters, aus den oben dargelegten Gründen zu befürworten, — wäre nicht die rechtliche Natur und der Rechtsverkehr dieser Classe von Schuldverhältnissen so eigenartig, daß Rechtsgründe von großer Bedeutung eine besondere Behandlung derselben nicht blos rechtfertigen, sondern geradezu fordern. Der leitende Gedanke, welcher uns auf die Entstehungszeit der Geldschuldverhältnisse zurückführte, war die Berücksichtigung der **materiellen Grundlage**, des wirthschaftlichen Substrates, technisch gesprochen der **Causa obligandi**. Am schärfsten läßt sich diese materielle Grundlage des Schuldverhältnisses beim Darlehen in der sogenannten **Darlehensvaluta** constatiren, am deutlichsten hier der Beweis erbringen, daß bei einer Aenderung der Währungsbasis, welche uns des durch die Fiction der Werthconstanz des Geldes gebotenen technischen Hilfsmittels,

über deſſen Werthſchwankungen hinwegzukommen, beraubt — nichts übrig
bleibe, als auf das materielle Subſtrat des Schuldverhältniſſes zurück=
zugreifen. Wir haben daher die Darlehensgeldſchuld mit Vorliebe für
die Erörterung verwendet, obgleich ſich das Zurückgreifen auf jenes
Moment ebenſo wohl rechtfertigen ließe, z. B. bei creditirten Kauf=
ſchillingsforderungen, Forderungen auf Rückſtellung eines in Geld ge=
gebenen Heiratsgutes — im Allgemeinen bei allen Verbindlichkeiten,
deren Rechtsbeſtand und Inhalt durch einen materiellen Schuldtitel be=
ſtimmt wird, ſpeciell aber bei Verbindlichkeiten aus ſolchen Verträgen,
»bei denen nach dem Willen der Parteien der Beſtimmungsgrund des
Verſprechens maßgebend für den Inhalt der Leiſtung iſt« (Windſcheid,
II, §. 319), den ſogenannten materiellen Verträgen. Denn was iſt
dieſer Beſtimmungsgrund anders, als ein ökonomiſches Werth=
urtheil im weiteſten Sinne, für welches die Geldſumme, deren
Leiſtung vereinbart wurde, eben nur ein Ausdrucksmittel bildet? Und
was bleibt, da dieſes Ausdrucksmittel der neuen Währung gegenüber
verſagt und inhaltslos wird, übrig, als zurückzugehen auf den ökono=
miſchen Inhalt dieſes Werthurtheils, das iſt auf die Tauſchkraft, welche
der Geldſumme zur Zeit der Entſtehung der Verbindlichkeit inne=
wohnte — gemeſſen am Golde, nicht blos, weil es das relativ werth=
beſtändigſte Gut iſt, ſondern auch, weil es berufen iſt, fernerhin als
der legale Werthmeſſer zu fungiren.

Die Obligationen, welche ſich in Inhaberpapieren verkörpern, ſind
aber bekanntlich die bedeutſamſte Claſſe [1]) jener Schuldverhältniſſe, welche
in ihrem Rechtsbeſtande und Inhalte von einem materiellen Verpflich=
tungsgrunde, der causa obligandi, unabhängig ſind. Ohne auf ihre
vielumſtrittene Theorie hier näher einzugehen, genügt es, darauf hin=
zuweiſen, daß bei dieſen Papieren der Zeitpunkt der Entſtehung der
Schuldverbindlichkeit — der Emiſſion — beträchtlich abweichen kann
vom Zeitpunkte der Entſtehung des Schuldpapieres — der Creation,

---

[1]) Selbſtverſtändlich handelt es ſich hier blos um Inhaberpapier=Obli=
gationen auf Geld, nicht um alle Arten von Inhaberpapieren, z. B. Actien,
für deren Umrechnung in die neue Währung ein ganz anderes Princip maß=
gebend iſt. — Die anderen Claſſen abſtracter Obligationen, als Verbindlichkeiten
aus Wechſeln und kaufmänniſchen Anweiſungen wurden bei unſerer Erörterung,
wiewohl ſie ebenſo wie die Inhaberobligationen behandelt werden müßten, des=
halb übergangen, weil dieſelben in aller Regel auf ſehr kurze Sicht geſtellt
ſind und daher der Ermittlung der Relation keine Schwierigkeiten bieten.

Ausstellung, daß der Inhalt der Schuldverbindlichkeit vom Emissionscourse unabhängig ist, daß — mag auch nicht das Forderungsrecht in der Person jedes neuen Inhabers geradezu neu entstehen — doch kein Inhaber dasselbe als Rechtsnachfolger des früheren erwirbt; daß endlich der Rechtsverkehr in diesen Obligationen in Anlehnung an ihre sachliche Seite sich in der Form des Kaufes, vornehmlich des börsenmäßigen Kaufes mit wechselnden Coursen vollzieht. Das sind Momente, welche die Berücksichtigung der Entstehungszeit einerseits als undurchführbar, andererseits als rechtlich nicht geboten erscheinen lassen.

Wenn nun auch mit der Ausscheidung der abstracten Obligationen und insonderheit der Schuldpapiere auf den Inhaber aus der Einflußsphäre unseres Principes das letztere an praktischer Bedeutung eine namhafte Einbuße erleidet — so bleibt doch noch übrig ein weites Gebiet des landwirthschaftlichen Hypothekar- und industriellen Productionscredites, welchem jene auf lange Frist fällig gestellten Schuldverbindlichkeiten entstammen, deren Umrechnung in die neue Währung nicht blos theoretisch die größten Schwierigkeiten bietet, sondern auch dem allerschärfsten Interessenkampfe Raum gibt.

Wo aber, wie bei den abstracten Schuldverhältnissen, die individualisirende legislative Behandlung durch Rückgriff auf den Cours zur Entstehungszeit ausgeschlossen ist, da kann die Vereinigung des oben formulirten allgemeinen Rechtsprincips mit dem Postulate der Praktikabilität allerdings nicht anders erfolgen als durch eine einheitlich angenommene Durchschnittsrelation; und zwar könnte hier — um überhaupt einen objectiven Anhaltspunkt für die Feststellung des maßgebenden Zeitraumes zu gewinnen — auf den Zeitpunkt der Einstellung der Prägungen zurückgegangen werden.

Mit den hier formulirten Vorschlägen sind vielleicht — wir stehen nicht an, das anzuerkennen — nicht alle praktischen Schwierigkeiten beseitigt. Zu den letzteren gehören die Umrechnung der Steuerschuldigkeiten; die Rechtsverhältnisse solcher juristischer und physischer Personen, welche correlative Forderungen und Verpflichtungen besitzen, z. B. der Pfandbriefinstitute, bei denen zu besorgen wäre, daß in dem Verhältnisse ihres Activ- zum Passivstande durch ungleichartige Umrechnungsnormen eine Verschiebung entstünde u. a. m. Die Ausgleichung dieser Schwierigkeiten kann aber füglich nicht Gegenstand einer theoretischen Erörterung, sondern nur das Product des lebendigen Interessenspieles bei der legislativen Behandlung des Problems bilden.

Dagegen fließen aus der vorstehenden Erörterung folgende Sätze:

1. Die ökonomische, münztechnische Relation (Schrot und Korn der neuen Münzeinheit) ist zu sondern von der juristischen Relation (Zahlkraft der neuen Münzeinheit).

2. Die ökonomische Relation ist zu bestimmen nach dem Courswerth des Guldens österr. Währ. zur Zeit des Währungswechsels.

3. Für die Bestimmung der juristischen Relation sind maßgebend:

a) das Rechtsprincip: Individualisirung der Geldschulden nach dem Zeitpunkte der Entstehung;

b) das Postulat der Praktikabilität.

Die Anpassung des Rechtsprincips an dieses Postulat ist Sache wirthschaftlicher Interessenausgleichung; das Extrem dieser Anpassung würde die allgemeine einheitliche Durchschnittsrelation für alle Geldschulden ergeben, jedoch in dieser Erweiterung nicht mehr die Durchführung, sondern die Negation des Rechtsprincips bedeuten.

4. Irrelevant für die Bestimmung der juristischen Relation ist im Sinne des gefundenen Rechtsprincips — der Courswerth zur Zeit des Währungswechsels.

Tabelle, die Bewegung des internationalen
des Decenniums 1881

(Mit Benützung von »The Economist« (London), L'Économiste Français,
moller's Jahrb., Jahrg. 1886, 1887, 1888, 1889, 1890, Verwaltungsberichte

Zeitraum	Datum des Bankausweises	Bank von England: Bank- Discont %	Bank von England: Privat- Discont %	Bank von England: Totalreserve (1000 Pfd. St.)	Bank von England: Baarvorrath (1000 Pfd. St.)	Bank von Frankreich: Bank- Discont %	Bank von Frankreich: Privat- Discont %	Goldprämie ‰[2]	Baarschatz: Gold (Millionen Francs)	Baarschatz: Silber (Millionen Francs)	Notenumlauf (Millionen Francs)
1881	4. 8.	2 1/2	1 7/8—2	13·329	25·246	3 1/2	3 3/8	2 1/2	632·9	1241·9	2546·9
Ueber=	17. 8.	3	2 3/4-7/8	13·284	24·551	4	3 1/4	2 1/2	626·6	1245·8	2519·6
culation in	31. 8.	4	3 3/4-7/8	12·579	23·517	4	4	2 1/2	613·5	1244·0	2556·8
rdamerika	14. 9.	4	3 1/8-1/4	12·569	23·044	4	3 5/8	3	606·7	1239·5	2568·8
d auf dem	28. 9.	4	3 3/8-1/2	12·508	23·069	4	3 7/8	3	608·6	1230·1	2602·5
ontinente.	13. 10.	5	4 3/8-1/2	9·918	21·074	4	4	3 1/2	599·5	1207·0	2682·1
eldklemme	27. 10.	5	4—4 1/8	10·801	21·246	5	5	2	604·0	1197·4	2705·4
New=York	10. 11.	5	3 1/2-5/8	10·367	20·727	5	4 5/8-3/4	2	622·2	1184·4	2749·1
	24. 11.	5	4 3/8	10·809	20·610	5	4 3/4	2	634·2	1175·4	2748·0
	8./12.	5	4 1/4-3/8	11·089	20·785	5	4 3/4-7/8	2	647·7	1169·2	2722·0
	15./12.	5	4 3/8-1/2	11·249	20·792	5	4 3/4	2	648·8	1166·9	2771·0
	29./12.	5	4 5/8-3/4	10·556	20·316	5	5	2	655·6	1161·4	2778·4
1882	13. 1.	5	4 1/8-1/4	10·074	20·262	5	4 7/8—5	2	647·6	1144·8	2885·2
ntourkrise	26. 1.	5	4 1/2	10·976	20·400	5	5	2	686·9	1149·1	2852·3
n Paris	2. 2.	6[1]	5 3/8-1/2	9·175	18·772	5	5	2	729·5	1146·8	2877·5
	9. 2.	6	5 1/2-5/8	9·935	19·301	5	4 1/4	2	806·4	1133·8	2838·9
	23./2.	5	4 1/2-3/8	12·417	21·200	4 1/2	3 1/4	2	825·8	1132·1	2775·1
	9. 3.	4	3 1/2-5/8	13·218	22·293	4	3	2	841·6	1133·5	2722·2
	23. 3.	3	2 1/2-5/8	15·112	23·960	3 1/2	2 3/4	2	860·1	1142·6	2644·5
	6. 4.	3	2 1/2-3/8	12·729	23·317	3 1/2	3 1/8	2	870·6	1145·8	2680·5
1884	1. 5.	2 1/2	1 1/4-3/8	15·325	25·325	3	2 1/2	2	1007·6	1003·6	2974·9
örsenkrise	8. 5.	2 1/2	1 5/8-3/4	15·189	25·325	3	2 3/8	2	1022·3	1005·5	2947·1
New=York,	15. 5.	2 1/2	1 3/4-7/8	15·075	24·953	3	2 1/2	2	1028·7	1055·7	2960·1
sbruch am	22. 5.	2 1/2	1 7/8	15·360	25·034	3	2 1/4	2	1031·8	1009·7	2911·0
5. Mai	29. 5.	2 1/2	2—2 1/8	15·552	25·138	3	2 1/4	2	1035·5	1012·6	2902·7
	12. 6.	2 1/2	1 7/8—2	15·348	24·886	3	2 3/8	2	1036·6	1013·7	2895·7
	26. 6.	2	1 3/8-5/8	15·875	25·441	3	2 3/4	2	1044·3	1015·5	2867·2
	10./7.	2	1 1/16-1/4	14·225	24·701	3	2 1/2	2	1042·7	1012·9	2934·1
	24./7.	2	1 1/8-1/4	14·560	24·555	3	2 5/8	2	1044·4	1015·8	2903·0
	14. 8.	2	1 3/4—2	12·751	23·442	3	2 3/8	2	1050·6	1020·9	2864·0

[1]) Seit 1. Februar.
[2]) Da die Höhe der Prämie im Gegensatze zur Discontrate nicht officiell
en Letzteren zukommende Autorität beanspruchen.

Geldmarktes während kritischer Perioden bis 1890 darstellend.

Semaine financière (Paris), Struck, »Der internationale Geldmarkt« in der Reichsbank (Berlin), »Actionär« (Frankfurt), »Neue Freie Presse« (Wien)

Datum des Bankausweises	Deutsche Reichsbank				Datum	Wechselcourse					
	Bank Discont	Privat Discont	Baardeckung	steuerfreie Notenreserve		Paris auf London k. S. in Francs	Berlin auf London k. S. in Mark	Berlin auf Paris k. S. Mark	New-York auf London k. S. in Dollars	Wiener Cours für Napoleons fl. ö. W.	Silber in London Pence
			Millionen Mark								
7. 8.	4	3³⁄₈	636·1	+185·7	4. 8.	25·19	20·47	81·20 4·84¹⁄₂	9·31¹⁄₂	51¹⁄₄
23. 8.	4	3³⁄₈	625·6	186·9	18. 8.	25·27	20·49	81·10 4·84	9·34	51⁹⁄₁₆
31./8.	5	4³⁄₈	618·2	152·2	2. 9.	25·28	20·42	81·10 4·83	9·36	51³⁄₄
15./9.	5	4⁷⁄₈	608·6	158·2	16. 9.	25·34	20·44¹⁄₂	80·65 4·84	9·35	51¹¹
30. 9.	5	4⁷⁄₈	578·3	13·6	30. 9.	25·34	20·39¹⁄₂	80·55 4·83¹⁄₂	9·36	51³⁄₄
15./10.	5¹⁄₂	5¹⁄₁	574·4	49·8	14. 10.	25·43	20·46	80·50 4·83¹⁄₄	9·37	51¹⁄₁₆
31./10.	5¹⁄₂	5	558·5	41·2	28./10.	25·22	20·41	80·80 4·85¹⁄₂	9·38¹⁄₂	51⁷⁄₈
15./11.	5¹⁄₂	5	573·3	83·4	11./11.	25·27¹⁄₂	20·43	80·85 4·85¹⁄₂	9·37¹⁄₂	51¹⁵⁄₁₆
23./11.	5¹⁄₂	5	578·8	115·8	25. 11.	25·23¹⁄₂	20·38	80·75 4·84	9·41	51⁷⁄₈
7./12.	5	4⁵⁄₈	569·5	105·6	9. 12.	25·23	20·42	80·97 4·84³	9·42	52
15. 12.	5	4⁷⁄₈	595·4	125·1	16. 12.	25·21	20·39¹⁄₂	80·75 4·84³	9·43	51³⁄₄
31. 12.	5	4⁷⁄₈	559·4	—26·0	30. 12.	25·21¹⁄₂	20·38	80·80 4·83³	9·42	51⁷⁄₈
15. 1.	5	4¹⁄₂	570·7	+55·6	13. 1.	25·21	20·42	80·90 4·86¹	9·44	52¹⁄₈
23. 1.	5	4¹⁄₂	584·7	102·6	27. 1.	25·14	20·34	81·35 4·89¹⁄₂	9·53	52
31. 1.	6¹⁄₂	4¹⁄₂	587·1	103·8	3. 2.	25·16	20·43	81·35 4·90	9·56	52
7. 2.	6	4	581·3	138·1	10. 2.	25·29	20·47	81·05 4·90	9·54¹⁄₂	52¹⁄₁₆
23. 2.	5	3³⁄₈	602·7	103·9	24. 2.	25·28¹⁄₂	20·46	81·0 4·89¹⁄₄	9·54	52
7. 3.	4	3	613·6	212·4	10. 3.	25·30	20·46	81·05 4·89	9·53	51¹⁵⁄₁₆
23. 3.	4	3	617·9	222·5	24. 3.	25·28¹⁄₂	20·47	80·95 4·89	9·53	52
7. 4.	4	3³⁄₈	593·6	118·7	7./4.	25·27¹⁄₂	20·43	80·90 4·89	9·50	52¹⁄₁₆
30. 4.	4	3	649·1	+178·8	2./5.	25·17	20·41¹⁄₂	81·05 4·89¹⁄₂	9·65	50¹³⁄₁₆
7. 5.	4	2⁷⁄₈	653·5	205·9	9./5.	25·19¹⁄₂	20·41¹⁄₂	81·05 4·89	9·64¹⁄₂	50³⁄₄
15. 5.	4	2⁷⁄₈	664·0	241·7	16. 5.	25·17¹⁄₂	20·42	81·10 4·86	9·67	50¹³⁄₁₆
23. 5.	4	2⁵⁄₈	673·7	261·2	23. 5.	25·20	20·43	81·10 4·85¹	9·69	50¹⁵⁄₁₆
31. 5.	4	2⁵⁄₈	674·1	250·4	28./5.	25·20	20·45	81·05 4·85¹	9·69	50⁷⁄₁₆
15. 6.	4	2⁷⁄₈	672·5	254·2	11. 6.	25·21	20·46	81·15 4·86¹	9·67¹⁄₂	50⁷⁄₈
30. 6.	4	3¹⁄₁	648·5	103·3	27./6.	25·19	20·43	81·15 4·83¹	9·69	50⁵⁄₈
7. 7.	4	2¹⁄₂	640·0	121·4	11. 7.	25·16¹⁄₂	20·43	81·15 4·84³	9·67	50³⁄₈
23./7.	4	2⁵⁄₈	648·7	201·0	23. 7.	25·16	20·40	81·10 4·84¹	9·67	50³⁄₈
15. 8.	4	2¹⁄₂	645·5	219·4	15. 8.	25·19¹⁄₂	20·82	81·10 4·84¹	9·66	50³⁄₈

bekanntgemacht wird, so können die den obigen Quellen entnommenen Angaben an

Zeitraum	Datum des Bankausweises	Bank von England				Bank von Frankreich					
		Bank Discont %	Privat Discont %	Total reserve	Baarvorrath 1000 Pfd. St.	Bank Discont %	Privat Discont %	Goldprämie ⁰/₀₀	Baarschatz Gold	Baarschatz Silber	Notenumlauf
									Millionen Francs		
1885 Mitte Februar bis Ende Mai, englisch-russische Verwicklungen wegen Afghanistan	4. 2.	4	3¹/₂-⁵/₈	13·986	22·546	3	2³/₄	3—4	1002·1	1030·7	2985·6
	18. 2.	4	3¹/₂-⁵/₈	15·924	23·696	3	2³/₄	gegen	1004·3	1037·4	2924·3
	4. 3.	4	3¹/₂	16·489	24·575	3	2³/₄	Ende	1003·0	1044·7	2928·3
	18. 3.	3¹/₂	2⁷/₈ -3	18·270	25·863	3	2³/₄	Febr. auf	1007·7	1053·9	2885·7
	1. 4.	3¹/₂	2³/₄	16·466	25·663	3	2⁷/₈	6 bis	1007·5	1061·7	2920·4
	15. 4.	3¹/₂	2⁵/₈	16·698	25·572	3	2⁵/₈	7⁰/₀₀	1037·4	1062·9	2906·6
	29. 4.	3¹/₂	2¹/₂-⁵/₈	18·034	26·878	3	2⁵/₈	3—4	1053·2	1063·2	2924·9
	6. 5.	3	1⁷/₈	17·786	26·990	3	2³/₄	2	1072·2	1065·8	2834·0
	20. 5.	2¹/₂	1	17·908	26·624	3	2¹/₄	2	1083·8	1066·7	2794·3
1886—87 November bis Jänner Börsenkrise in New-York Höhepunkt am 15. December 1886. Die Verschlimmerung Ende Jänner - Anfang Februar 1887 ist veranlasst durch Kriegsbefürchtungen (Kampf um das Septennat)	6. 10.	3¹/₂	2³/₈	10·723	20·555	3	2	4¹/₂	1363·7	1136·5	2710·9
	20. 10.	4	3¹/₈	10·792	20·149	3	2³/₈	4¹/₂	1347·8	1138·0	2717·8
	3. 11.	4	3¹/₂-⁵/₈	10·456	19·810	3	2⁵/₈	5	1331·5	1138·9	2755·4
	17. 11.	4	2⁷/₈	11·293	20·119	3	2¹/₂		1318·2	1141·3	2733·4
	1. 12.	4	3-3¹/₈	11·364	20·003	3	2¹/₄		1296·0	1142·4	2735·9
	15. 12.	5	4¹/₄-¹/₂	11·644	19·994	3	2¹/₂	5-6	1271·1	1142·7	2718·3
	29. 12.	5	4³/₈-¹/₂	10·133	18·820	3	3		1240·3	1144·5	2790·0
	5. 1.	5	3¹/₂	10·230	19·307	3	2⁷/₈		1227·5	1138·3	2858·7
	19. 1.	5	3¹/₂-⁵/₈	11·711	20·030	3	2³/₄	4-5	1218·3	1134·6	2877·5
	2. 2.	4	2³/₈-⁷/₁₆	12·735	21·429	3	2⁷/₈		1218·2	1141·9	2890·5
1888—89 Zweites Halbjahr. Periode allgemeiner Ueberspeculation, Emission argentinischer Werthe in London, Operationen des Kupfersyndicates in Paris Hausse der Montanwerthe in Berlin	4. 7.	2¹/₂	1¹/₈	12·670	21·708	2¹/₂	2³/₈	2	1112·4	1223·5	2669·1
	18. 7.	2¹/₂	1¹/₂-¹/₁	12·632	21·315	2¹/₂	2¹/₄		1107·6	1215·7	2616·2
	1. 8.	2¹/₂	2¹/₁₆	11·562	20·603	2¹/₂	2¹/₄	5¹/₂	1099·6	1221·4	2605·1
	15. 8.	3	2³/₄	11·148	19·951	2¹/₂	2¹/₄	bis	1098·5	1223·9	2546·3
	29. 8.	3	2³/₄	12·630	20·835	2¹/₂	2¹/₄	6¹/₂	1095·4	1231·2	2547·6
	12. 9.	4	3¹/₂-⁵/₈	12·696	20·770	3¹/₂	3	7-8	1080·7	1231·4	2559·6
	26. 9.	4	3⁷/₈	12·214	20·804	3¹/₂	3¹/₄	5-7	1069·0	1230·9	2545·3
	10. 10.	5	3⁵/₈-³/₄	11·093	20·329	4¹/₂	3³/₄		1042·5	1220·0	2615·7
	24. 10.	5	3¹/₂	12·098	20·681	4¹/₂	4	6-7	1021·0	1228·2	2608·7
	7. 11.	5	3—3¹/₂	10·983	19·611	4¹/₂	3⁷/₈		1024·6	1229·3	2625·7
	21. 11.	5	4	10·999	18·466	4¹/₂	3⁵/₈		1024·7	1232·0	2594·6
	5. 12.	5	4¹/₄-⁵/₁	10·652	18·304	4¹/₂	3³/₄	4-5	1016·9	1231·3	2619·6
	19. 12.	5	4¹/₄	11·220	18·637	4¹/₂	4¹/₈		1016·3	1233·4	2600·7
	26. 12.	5	4	11·622	19·289	4¹/₂	4¹/₄		1016·2	1235·2	2616·8
	2. 1.	5	3¹/₂	11·087	19·366	4¹/₂	4¹/₄	3—4	1005·1	1225·5	2765·2
	16. 1.	4	2³/₄	13·173	20·818	4	3¹/₂	2	998·4	1225·3	2776·5
	30. 1.	3	2—2¹/₄	14·546	21·617	3¹/₂	3	2	1000·8	1230·0	2829·4

¹) Am 10. März.
²) Am 11. Mai.

Datum des Bankausweises	Deutsche Reichsbank			Wechselcourse					
	Bank Privat Discont %	Baardeckung Millionen Mark	steuerfreie Notenreserve	Datum	Paris auf London t. S. in Francs	Berlin auf London t. S. in Mark	Paris t. S. Mark	New-York auf London t. S. in Dollars	Wiener Cours für Napoleons fl. ö. W.	Silber in London Pence
7. 2.	4 2¹⸍₂	593·1	+173·33	7. 2.	25·36	20·495	80·95 4·86¹		9·77	49³⸍₈
23. 2	4 2¹⸍₂	612·6	221·51	21. 2.	25·37	20·485	80·80 4·85³⸍₁		9·81	48⁷⸍₈
7. 3.	5 ¹⸍₂ 2³⸍₈	610·6	212·47	7. 3.	25·36	20·53	80·90 4·85³⸍₁		9·79	49
23. 3.	5 3¹	612·7	218·29	21. 3.	25·35	20·50	80·85 4·85³⸍₁		9·79¹⸍₂	49³⸍₁₆
7. 4.	4¹⸍₂ 3¹⸍₈	587·6	110·41	4. 4.	25·35	20·49	80·80 4·86¹⸍₁		9·80	49¹⸍₈
22. 4.	4¹⸍₂ 3⁷⸍₈	596·0	173·47	18. 4.	25·35	20·455	80·70 4·87¹⸍₁		9·86	49⁵⸍₁₆
30. 4.	4¹⸍₂ 4¹⸍₈	603·2	145·79	25. 4.	25·36	20·425	80·50 4·88		9·96	49¹⸍₂
7. 5.	4²)2⁷⸍₈	610·8	175·80	9. 5.	25·30	20·455	80·85 4·88		9·87¹⸍₂	49⁷⸍₈
23. 5.	4 2³⸍₄	642·7	242.08	23. 5.	25·23	20·41	80·85 4·88¹⸍₁		9·88¹⸍₂	49
7. 10	3 2¹⸍₈	687·8	+41·91	9. 10.	25·31	20·39	80·65 4·84¹⸍₁		9·91	44¹¹⸍₁₆
23. 10.	3¹⸍₂ 2⁷⸍₈	687·5	100·66	23. 10.	25·34	20·40	80·50 4·84		9·90¹⸍₂	45³⸍₁₆
7. 11.	3¹⸍₂ 2¹⸍₂	680·3	91.10	6. 11.	25·37	20·425	80·60 4·84¹⸍₁		9·88	46¹⸍₁
23. 11.	3¹⸍₂ 3¹⸍₂	700·8	154·48	20. 11.	25·35	20·39	80·50 4·85		9·94¹⸍₁	46¹⁵⸍₁₆
30. 11.	4 3	708·0	137·84	4. 12.	25·36	20·39	80·45 4·84¹⸍₁		9·96¹⸍₁	45
15. 12.	4 3⁵⸍₈	723·9	164·70	18. 12.	25·41	20·38	80·25 4·83		9·97¹⸍₁	46¹⸍₁
31. 12.	5 4³⸍₈	699·5	—34·16	31. 12.	25·36	20·39	80·50 4·84¹⸍₁		9·97	46
7. 1.	5 3¹⸍₂	703·1	+11·53	8. 1.	25·35	20·39	80·55 4·85		9·99	46⁷⸍₁₆
23 .1.	4 3¹⸍₄	733·4	130·16	22. 1.	25·36	20·385	80·40 4·87		10·04¹⸍₂	47
7. 2.	4 3¹⸍₄	758·3	201·80	5. 2.	25·39	20·355	80·30 4·88¹⸍₁		10·04	47
7. 7.	3 1¹⸍₂	1017·5	+287·06	7. 7.	25·27	20·40	80·75 4·88³⸍₁		9·91	42¹⸍₈
23. 7.	3 1³⸍₈	1018·3	369·33	21. 7.	25·30	20·425	80·75 4·88³⸍₁		9·88	42¹⸍₁₆
7. 8.	3 1³⸍₈	1021·0	370·14	4. 8.	25·32	20·455	80·55 4·87¹⸍₁		9·77	42
23. 8.	3 2	1006·0	368·21	18. 8.	25·37	20·47	80·75 4·87³⸍₁		9·78	42
7. 9.	3 1¹⸍₂	983·8	334·08	1. 9.	25·39	20·495	80·75 4·88		9·74	42¹⸍₁₆
23. 9.	4 2⁷⸍₈	957·0	293·71	15. 9	25·42	20·45	80·45 4·88¹⸍₁		9·65	44
7. 10.	4 3³⸍₈	892·4	105·13	29. 9.	25·41	20·425	80·30 4·87³⸍₁		9·58	43
23. 10.	4 3¹⸍₄	893·3	181·38	13. 10.	25·37	20·445	80·55 4·88¹⸍₁		9·61¹⸍₂	43
7. 11.	4 2³⸍₄	883·9	169·92	27. 10.	25·31	20·38	80·50 4·87³⸍₁		9·64	43¹⸍₁
23. 11.	4 3¹⸍₄	889·0	224·62	10. 11.	25·31	20·365	80·60 4·88		9·64¹⸍₂	43¹⸍₁
7. 12.	4¹⸍₂ 3³⸍₈	902·3	189·51	24. 11.	25·31	20·385	80·50 4·88³⸍₁		9·65	43¹⸍₈
23. 12.	4¹⸍₂ 3³⸍₈	869·9	182·80	8. 12.	25·32	20·385	80·50 4·88¹⸍₁		9·65¹⸍₂	42⁹⸍₁₆
31. 12.	4¹⸍₂ 3¹⸍₂	883·4	66·14	22. 12.	25·34	20·39	80·45 4·89		9·58¹⸍₂	42⁵⸍₁₆
7. 1.	4¹⸍₂ 2⁵⸍₈	887·6	107·3	29. 12.	25·33	20·39	80·50 4·89		9·54	42⁷⸍₁₆
23. 1.	4 1⁷⸍₈	927·9	248·5	5. 1.	25·30	20·39	80·60 4·88¹⸍₁		9·54¹⸍₂	42⁹⸍₁₆
31. 1.	4 1⁵⸍₈	938·6	262·3	19. 1.	25·30	20·39	80·70 4·89¹⸍₁		9·53¹⸍₂	42⁵⸍₁₆
7. 2.	3 1¹⸍₂	942·7	292·7	2. 2.	25·25	20·395	80·85 4·89		9·56¹⸍₂	42⁹⸍₁₆

Zeitraum	Datum des Bankenausweises	Bank von England				Bank von Frankreich					
		Bank Discont %	Privat Discont %	Totalreserve	Baarvorrath	Bank Discont %	Privat Discont %	Goldprämie ⁰/₁₀₀	Baarschau (Gold)	(Silber)	Notenumlauf
				1000 Pfd. St.					Millionen Francs		
1889	6. 3.	3	2⁵/₈	14·817	22·008	3	2¹/₈		1008·6	1230·2	2740·9
März-April,	13. 3.	3	2⁷/₈	15·259	22·161	3	2³/₈		1008·8	1228·7	2812·4
Zusammen	20. 3.	3	2⁷/₈ —3	15·459	22·355	3	2¹/₂		1008·9	1223·2	2827·9
bruch des	27. 3.	3	2¹/₂	15·216	22·682	3	2³/₄ —3	2—2¹/₂	1013·3	1235·3	2851·3
Kupfersyndi	3. 4.	3	1³/₄	14·337	22·631	3	2⁵/₈		1024·6	1237·1	2887·9
cates am	10. 4.	3	1³/₄—⁷/₈	14·424	22·616	3	2¹/₄		1006·5	1233·4	2916·1
6. März 1889	17. 4.	2¹/₂	1¹/₂—⁵/₈	13·985	22·351	3	2¹/₈		1008·6	1236·0	2926·5
	24. 4.	2¹/₂	1⁵/₈	14·202	22·287	3	2¹/₄		1012·4	1236·8	2869·1
1890	3. 7.	4	3³/₈	12·078	21·234	3	2⁷/₈		1320·8	1271·8	3097·8
Zweites Halb	17. 7.	4	4—4¹/₈	11·676	20·501	3	2³/₄		1314·2	1264·0	3076·3
jahr, Krisis in	31. 7.	5	4³/₄	12·035	20·912	3	2³/₄	3	1315·8	1265·8	3088·5
Südamerika	7. 8.	5	4¹/₄	11·426	20·622	3	2¹/₂	3	1317·4	1267·2	2972·3
	14. 8.	5	3⁷/₈	13·315	22·087	3	2¹/₂	3	1315·1	1266·9	2955·0
	21. 8.	4	3¹/₈	14·287	22·653	3	2³/₈	3	1316·7	1269·9	2919·0
	28. 8.	4	3¹/₂	14·322	22·686	3	2⁵/₈	3	1313·6	1270·7	2905·2
Beginn der	4. 9.	4	3⁵/₈	14·219	22·688	3	2¹/₂	3	1304·3	1267·9	2942·3
Goldkrise in	11. 9.	4	3⁵/₈	13·993	22·237	3	2¹/₄	4	1292·0	1261·8	2954·4
New-York	18. 9.	4	4	13·672	21·741	3	2³/₈	4	1281·0	1259·8	2962·0
	25. 9.	5	4³/₈	13·163	21·043	3	2⁵/₈	4	1268·5	1258·9	2948·9
	2. 10.	5	5	11·121	20·080	3	2⁷/₈	4	1255·8	1253·8	3021·8
	9. 10.	5	4⁷/₈	10·591	19·422	3	2³/₄	4	1242·8	1247·8	3044·1
	16. 10.	5	5	11·194	19·793	3	2¹⁵/₁₆	5	1219·3	1247·3	3086·4
	23. 10.	5	4³/₄	11·518	19·601	3	3	5	1206·7	1245·4	3053·7
	30. 10.	5	4⁷/₈	11·602	19·759	3	2¹⁵/₁₆	5	1199·1	1246·7	3091·9
Ausbruch der	6. 11.	6	5³/₈	11·206	19·544	3	3	5	1196·7	1244·8	3074·3
Krise in New-	13. 11.	6	6	11·104	19·137	3	3	5	1195·4	1244·7	3080·1
York, Baring-	20. 11.	6	6¹/₄	14·551¹)	22·557	3	3	5	1114·6¹)	1247·7	3065·0
krise in London	27. 11.	6	4³/₄	16·502	24·683	3	2⁷/₈	5	1114·9	1246·3	3061·3
	4. 12.	5	3⁵/₈	16·672	24·895	3	2³/₄	4	1121·0	1245·0	3073·5
	11. 12.	5	4¹/₄	17·007	24·831	3	2⁵/₈	4	1120·5	1244·6	3061·0
	18. 12.	5	4¹/₄	16·763	24·375	3	3	4	1124·1	1246·5	3062·0
	26. 12.	5	4¹/₄	14·894	23·358	3	3	3	1126·0	1246·2	3051·7
1891	2. 1.	5	3³/₈	14·801	23·465	3	3	3	1120·1	1240·8	3186·0
	8. 1.	4	2⁵/₈	15·531	24·143	3	3	3	1122·5	1237·7	3204·3
	15. 1.	4	2	16·799	25·016	3	1¹/₂	3	1123·8	1240·5	3222·4

¹) Goldanlehen der Bank von England bei der Bank von Frankreich in der 1,500,000 Pfd. Sterl.

Datum des Bankausweises	Deutsche Reichsbank					Wechselcourse						Silber in London Pence
	Bank= Discont	Privat Discont	Baar= deckung	steuerfreie Noten= reserve	Datum	Paris auf London t. S. in Francs	Berlin auf London t. S. in Mark	Berlin auf Paris t. S. Mark	Berlin auf Mark	New= York auf London f. S. in Dollars	Wiener Cours für Na= poleons fl. ö. W.	
			Millionen Mark									
7. 3.	3	1$^1/_2$	963·8	+359·4	9. 3.	25·31	20.47	80·85	4.89	9·61$^1/_2$	42$^1/_2$	
15. 3.	3	2	961·1	367·7	16. 3.	25·33	20·47$^1/_2$	80·70	4·89	9·63	42$^1/_2$	
23. 3.	3	1$^7/_8$	969·3	359·8	23. 3.	25·28	20·46$^1/_2$	80·85	4·89	9·60$^1/_2$	42$^5/_8$	
31. 3.	3	2	940·9	194·4	30. 3.	25·25$^1/_2$	20·43	80·80	4·89	9·57	42$^1/_2$	
7. 4.	3	1$^1/_2$	939·3	209·5	6. 4.	25·25	20·45	80·80	4·89	9·57	42$^1/_4$	
15. 4.	3	1$^3/_8$	963·1	280·1	13. 4.	25·28	20·46	81·—	4·89	9·51$^1/_2$	42$^1/_8$	
23. 4.	3	1$^1/_2$	965·5	298·3	20. 4.	25·26$^1/_2$	20·45$^1/_2$	80·95	4·89	9·51	42$^3/_{16}$	
30. 4.	3	1$^5/_8$	970·4	250·9	27. 4.	25·26	20·45$^1/_2$	80·95	4·89	9·49	42$^1/_8$	
7. 7.	4	3$^3/_8$	870·8	+114·1	4. 7.	25·19	20·36$^1/_2$	80·85	4·88$^1/_4$	9·28$^1/_2$	47$^3/_4$	
15. 7.	4	3$^1/_4$	880·8	183·4	18. 7.	25·26	20·42$^1/_2$	80·85	4·89	9·25$^1/_4$	50$^5/_{16}$	
31. 7.	4	3$^1/_4$	870·8	187·7	1. 8.	25·31$^1/_2$	20·43	80·80	4·89$^3/_8$	9·22	50$^7/_8$	
7. 8.	4	3$^1/_8$	861·3	199·0	8. 8.	25·35$^1/_2$	20·46	80·80	4·89$^1/_4$	9·20	50$^{13}/_{16}$	
15. 8.	4	3$^1/_8$	858·1	208·4	15. 8.	25·31	20·44	80·70	4·88	9·16	51$^1/_8$	
23. 8.	4	3	841·3	184·8	22. 8.	25·29	20·41	80·75	4·87	9·03	54$^1/_4$	
31. 8.	4	3$^1/_8$	826·8	142·9	29. 8.	25·26	20·38	80·65	4·86$^1/_2$	8·96	54$^1/_8$	
7. 9.	4	3	818·9	135·4	5. 9.	25·29	20·38	80·65	4·87	8·89	54	
15. 9.	4	3$^3/_8$	812·5	128·3	12. 9.	25·27$^1/_2$	20·36$^1/_2$	80·55	4·86	8·96	53$^5/_8$	
23. 9.	4	3$^5/_8$	803·5	104·0	19. 9.	25·27	20·37	80·60	4·85$^1/_2$	8·91	53$^3/_8$	
30. 9.	5	4$^1/_4$	752·2	—87·4	26. 9.	25·29$^1/_2$	20·36$^1/_2$	80·50	4·85$^1/_2$	8·94	52	
7. 10.	5	4$^1/_2$	705·3	—100·1	3. 10.	25·31	20·37$^1/_2$	80·50	4·87$^1/_2$	8·88$^1/_2$	51$^1/_2$	
15. 10.	5	4$^3/_8$	726·4	—29·8	10. 10.	25·32	20·35$^1/_2$	80·40	4·87	9·11	50	
23. 10.	5$^1/_2$	5$^3/_8$	743·6	+19·8	17. 10.	25·29$^1/_2$	20·32$^1/_2$	80·40	4·86$^3/_8$	9·09	49$^8/_8$	
31. 10.	5$^1/_2$	4$^3/_8$	745·8	—14·9	24. 10.	25·28	20·33$^1/_2$	80·40	4·87$^1/_2$	9·10	49$^1/_8$	
7. 11.	5$^1/_2$	4$^3/_8$	757·0	+39·5	31. 10.	25·26$^1/_2$	20·33$^1/_2$	80·40	4·86$^1/_2$	9·12	48$^3/_8$	
15. 11.	5$^1/_2$	5$^1/_8$	784·2	88·5	7. 11.	25·33	20·34$^1/_2$	80·50	4·85$^1/_2$	9·13	48	
23. 11.	5$^1/_2$	5$^1/_4$	796·6	129·2	14. 11.	25·35$^1/_2$	20·38	80·40	4·86	9·14	47$^3/_8$	
30. 11.	5$^1/_2$	5$^1/_4$	795·4	117·6	21. 11.	25·37$^1/_2$	20·38	80·40	4·87$^1/_2$	9·14	45$^1/_4$	
7. 12.	5$^1/_2$	5$^1/_4$	794·0	143·7	28. 11.	25·30	20·36	80·40	4·88$^3/_8$	9·11	47$^1/_8$	
15. 12.	5$^1/_2$	4$^7/_8$	803·3	162·6	5. 12.	25·26	20·35	80·45	4·86$^1/_2$	9·11	48$^1/_8$	
23. 12.	5$^1/_2$	5$^1/_4$	809·9	108·7	12. 12.	25·28$^1/_2$	20·31^1	80·35	4·84	9·11	47$^3/_8$	
31. 12.	5$^1/_2$	5$^1/_4$	787·2	—23·2	19. 12.	25·25	20·32	80·55	4·85$^1/_2$	9·09	49$^1/_2$	
7. 1.	5$^1/_2$	5	798·2	+32·3	27./12.	25·21$^1/_2$	20·33$^1/_2$	80·55	4·84$^1/_4$	9·06	49$^1/_2$	
15. 1.	5$^1/_2$	4$^3/_4$	821·3	110·8	2. 1.	25·20	20·33$^1/_2$	80·65	4·84$^1/_2$	8·99	48	
23. 1.	5$^1/_2$	3$^1/_2$	848·5	181·8	9. 1.	25·18	20·35$^1/_2$	80·60	4·86$^1/_2$	9·07	48$^1/_8$	
31. 1.	4	3$^1/_8$	859·8	199·0	16. 1.	25·25	20·32$^1/_2$	80·50	4·88$^1/_2$	9·04	48$^1/_2$	

Höhe von 3,000.000 Pf. Sterl., Golderlös vom russischen Staatsschatz in der Höhe von

Druckfehler und Berichtigung.

Auf Seite 20 Z. 9 v. oben statt »geschlossen« lies »beschlossen«.
 » 67 Anm. 2 Z. 4 v. unten statt »45—50 Mill.« lies »35—40 Mill.«